Deutschland

Bundesländer, Regionen und Städte im Überblick

NEUER
KAISER
VERLAG

Inhalt

Deutschland

Geschichte – Politik – Wirtschaft –
Sozialstaat – Bildungswesen – Bevölkerung –
Kulturgeschichte – Geographie und Umwelt

DEUTSCHLAND

Lage: Mitteleuropa

Fläche: 357 386 km²

Einwohner: 83,1 Millionen

Bevölkerungsdichte: 233 Einwohner pro km²

Bevölkerungsentwicklung: + 0,2 % pro Jahr

Amtssprache: Deutsch

Währung: Euro

Bruttoinlandsprodukt (2020):
3,3 Billionen Euro

Hauptstadt: Berlin

Einwohner der Hauptstadt: 3,6 Millionen

Höchster Berg: Zugspitze (2962 m)

Größter See: Bodensee
(305 km², deutscher Anteil)

Längster Fluss: Rhein
(865 km, deutscher Anteil)

Größte Insel: Rügen (930 km²)

Anzahl Bundesländer: 16

Politisches System: Parlamentarische
Demokratie

Staatsoberhaupt: Bundespräsident/-in

Regierungschef/-in: Bundeskanzler/-in

Gründung BRD: 23. Mai 1949

Nationalfeiertag: 3. Oktober (Tag der
Deutschen Einheit)

Schwarz, Rot und Gold sind seit mehr als 50 Jahren die Farben der deutschen Flagge. Sie ist das Symbol für Einigkeit, Freiheit und Demokratie.

Geschichte

■ Die Entstehung Deutschlands

Die Entstehung Deutschlands lässt sich nicht an einem Datum festmachen – sie war ein jahrhundertelanger Prozess. Eines der ersten Völker, die das Land besiedelten, waren die Germanen. Sie waren kein einheitliches Volk, sondern bestanden aus verschiedenen Stämmen, die das Gebiet des heutigen Mitteleuropa bewohnten. Bereits in den Jahren vor Christus hatte sich in Europa das Römische Reich gegründet. Die Römer drangen bis in den Süden des heutigen Deutschland vor und bauten zur Sicherung ihrer Grenze den Limes, von dem heute noch Teile erhalten sind. Die Römer sprachen Latein, weshalb man heute noch in der deutschen Sprache verwandte Begriffe findet. Im 4./5. Jahrhundert drangen die Hunnen, ein asiatisches Reitervolk, nach Europa vor und eroberten unter ihrem König Attila viele Gebiete. Zahlreiche germanische Stämme flüchteten vor den Hunnen in andere Gebiete, was den Beginn der Völkerwanderung markierte.

Nach dem Untergang des Römischen Reiches entstand das Fränkische Reich, dessen wichtigster Herrscher Karl der Große war. Damals, im 8. Jahrhundert, entstand „Deutsch" als Sprache, die Bezeichnung „deutsch" etablierte sich dann im Laufe der Zeit auch für den regionalen Lebensraum. Nach dem Tode Karls des Großen brach das Fränkische Reich auseinander, der Westen wurde zum heutigen Frankreich und der Osten gehörte zu Deutschland.

Überreste eines römischen Wachturms des Limes.

Kaiser Wilhelm I. regierte das Deutsche Kaiserreich.

Mit der Krönung Ottos I. zum Kaiser begann 962 das Heilige Römische Reich. Wie am Namen ablesbar, spielte die Religion, die damals von dem katholischen Glauben gebildet wurde, eine wesentliche Rolle. So bestand das Gesellschaftssystem aus drei Ständen: erstens die Geistlichen, der sogenannte Klerus, mit dem Papst an der Spitze, zweitens der Adel mit einem König oder Kaiser, der als von „Gott ausersehen" galt und drittens die Leibeigenen, das einfache Volk von Bauern und Handwerkern. Dieser Feudalismus dauerte über das Mittelalter hinaus an und wurde erst mit dem Zeitalter der Aufklärung im 18. Jahrhundert beendet.

Anfang des 16. Jahrhunderts legte die Reformation, eine kirchliche Erneuerungsbewegung, die von dem Theologen Martin Luther ausging, den Grundstein für die Spaltung in katholische und evangelische Kirche. Die Unzufriedenheit mit der Kirche hatte zahlreiche Aufstände zur Folge, unter anderem den Bauernkrieg 1525, die erste revolutionäre Bewegung der deutschen Geschichte. Die Religion war auch der wesentliche Auslöser des Dreißigjährigen Krieges, der 1618 begann und 1641 mit dem Westfälischen Frieden beendet wurde. Der Krieg fand vor allem in Deutschland statt – ein Drittel der Deutschen kam dabei ums Leben –, es waren aber auch andere europäische Länder beteiligt.

Nach dem Dreißigjährigen Krieg entwickelte sich in Europa und auch in Deutschland der Absolutismus. Das bedeutet,

Reformator Martin Luther

Napoleon Bonaparte auf einem Gemälde von Jacques-Louis David.

dass ein einzelner Herrscher die uneingeschränkte Macht für sich beansprucht. Dagegen lehnten sich die Bürger Frankreichs 1789 mit der Französischen Revolution auf. Das Ziel waren Freiheit und Gleichheit sowie die Abschaffung des Feudalismus. In Deutschland fand die revolutionäre Bewegung zunächst keine große Unterstützung, zumal das Nachbarland wegen der Besetzungen durch Napoleon zum Gegner wurde. Nach der Niederlage Napoleons wurde beim Wiener Kongress 1814/15 eine Neuordnung Europas beschlossen. Die Hoffnung vieler Deutscher auf einen einheitlichen Nationalstaat erfüllte sich nicht; stattdessen entstand der Deutsche Bund, in dem mehrere Einzelstaaten zusammengefasst wurden, unter anderem die größten und einflussreichsten Staaten Preußen und Österreich.

Für die Deutschen sollte es noch 30 weitere Jahre dauern, bis sie – auch als Folge der inzwischen einsetzenden Industrialisierung – gegen die alte Ordnung aufbegehrten. Anfang des Jahres 1848 kam es zu landesweiten Erhebungen des Volkes und im Mai des gleichen Jahres versammelten sich in der Frankfurter Paulskirche die Mitglieder des ersten deutschen Parlaments, um eine freiheitliche Verfassung zu verabschieden. Die Revolution scheiterte allerdings, da sich der preußische König Friedrich Wilhelm IV. weigerte, die Verfassung zu unterschreiben.

In den folgenden Jahren entwickelte sich Deutschland zum Industrieland und auch hier hatte Preußen die Vormachtstellung. 1866 entzündete sich an den Konflikten zwischen den beiden stärksten Mitgliedern des Deutschen

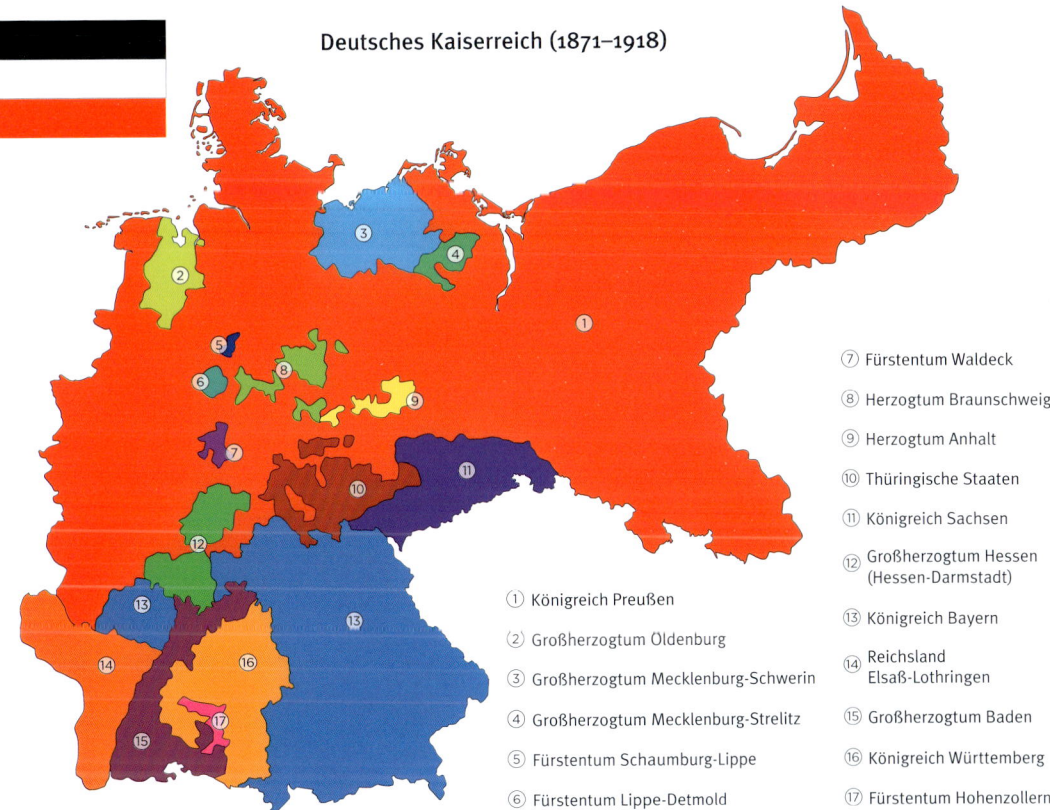

Deutsches Kaiserreich (1871–1918)

⑦ Fürstentum Waldeck

⑧ Herzogtum Braunschweig

⑨ Herzogtum Anhalt

⑩ Thüringische Staaten

⑪ Königreich Sachsen

⑫ Großherzogtum Hessen (Hessen-Darmstadt)

⑬ Königreich Bayern

⑭ Reichsland Elsaß-Lothringen

⑮ Großherzogtum Baden

⑯ Königreich Württemberg

⑰ Fürstentum Hohenzollern

① Königreich Preußen

② Großherzogtum Oldenburg

③ Großherzogtum Mecklenburg-Schwerin

④ Großherzogtum Mecklenburg-Strelitz

⑤ Fürstentum Schaumburg-Lippe

⑥ Fürstentum Lippe-Detmold

Bundes, Preußen und Österreich, der Deutsche Krieg, in dessen Folge Österreich den Bund verließ. Aufgrund des Betreibens von Otto von Bismarck wurde das Deutsche Reich gegründet und König Wilhelm I. von Preußen 1871 zum Deutschen Kaiser ernannt.

■ Der Erste Weltkrieg und die Weimarer Republik

Mit der zunehmenden Industrialisierung und dem damit einhergehenden Wirtschafts- und Bevölkerungswachstum wurde das Deutsche Reich zur bedeutendsten Volkswirtschaft in Europa. Es rüstete auch militärisch auf, erwarb Kolonien und trachtete nach einer Erweiterung seiner Einflusssphäre. Andere europäische Staaten fürchteten Expansionspläne und schlossen sich zusammen.

Dieser europäische Machtkampf entlud sich im Ersten Weltkrieg. Auslöser war im Juni 1914 die Ermordung des österreichischen Thronfolgers bei einem Attentat in Sarajewo. Daraufhin erklärte Österreich-Ungarn Serbien, dem Heimatland des Attentäters, den Krieg. Deutschland stellte sich auf die Seite Österreichs, Russland, Frankreich und Großbritannien auf die Seite Serbiens. Im Laufe des Krieges beteiligten sich immer mehr Länder an den Kampfen, sodass bald ein Großteil der Welt davon betroffen war. In den folgenden vier Kriegsjahren gab es so viele Opfer wie nie zuvor:

Otto von Bismarck

Es gab fast 10 Millionen Tote und 20 Millionen Verwundete. Außerdem wurden große Teile der Infrastruktur zerstört und die Zivilbevölkerung litt unter Hungersnöten. 1918 bekamen die Verbündeten Großbritannien, Frankreich und Russland Unterstützung von den USA, sodass das Deutsche Reich und dessen Verbündete den Krieg verloren. Die militärische Niederlage war zugleich eine politische und Kaiser Wilhelm II. musste abdanken.

1919 wurde in Weimar die Nationalversammlung gewählt und eine Verfassung verabschiedet – die Weimarer Republik war geboren. Staatsoberhaupt wurde nun der erste Reichspräsident Friedrich Ebert, ein Sozialdemokrat. Allerdings führten die wirtschaftliche Not der Nachkriegszeit und die Folgen des Vertrags von Versailles, den Deutschland nach dem Krieg hatte akzeptieren müssen und der neben großen Gebietsabtretungen auch Reparationszahlungen vorsah, zu einer skeptischen Haltung vieler Bürger gegenüber der neuen Republik. Manche wünschten sich den Kaiser zurück, andere wiederum vertraten extreme Positionen. Das endgültige Aus für die junge demokratische Republik kündigte sich mit der Weltwirtschaftskrise 1929 an: Die wirtschaftliche Situation verschlechterte sich rapide und die Zahl der Arbeitslosen stieg stark an. Dies bereitete den Nährboden für die Ideologie der Nationalsozialisten.

■ Der Nationalsozialismus und der Zweite Weltkrieg

Nach dem Niedergang der Weimarer Republik gab es im Reichstag keine regierungsfähige Mehrheit. Radikale Gruppierungen nutzten diese Situation und die Notlage der Bevölkerung, um ihre Ziele durchzusetzen. Die Nationalsozialisten mit ihrem antidemokratischen und antisemitischen Programm

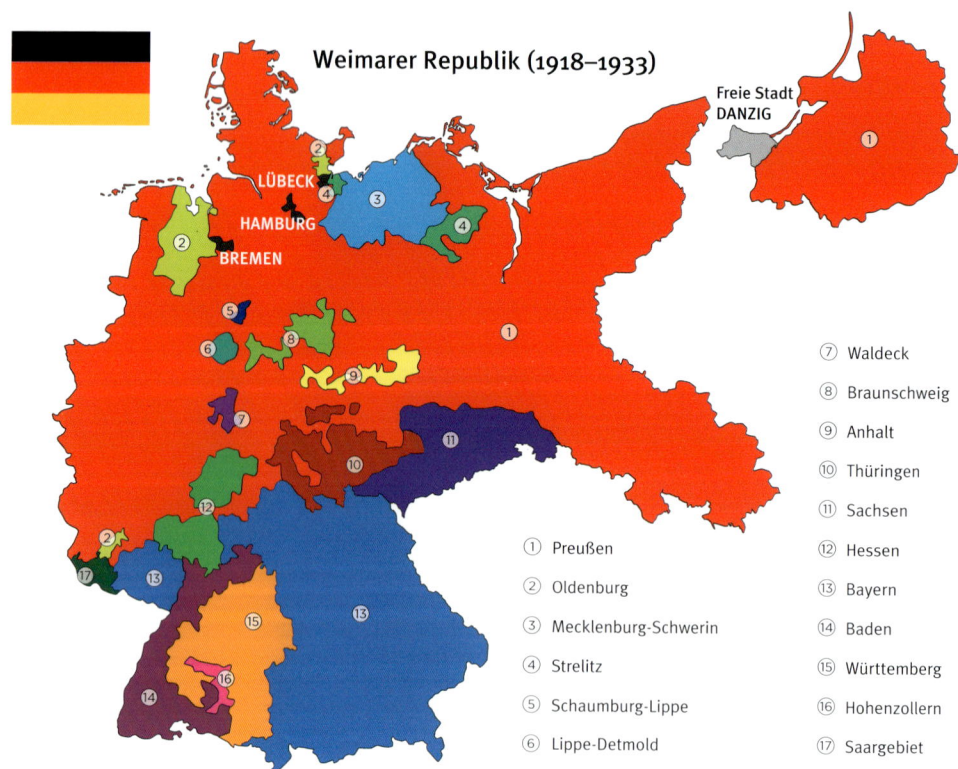

Weimarer Republik (1918–1933)

Freie Stadt DANZIG

LÜBECK
HAMBURG
BREMEN

① Preußen
② Oldenburg
③ Mecklenburg-Schwerin
④ Strelitz
⑤ Schaumburg-Lippe
⑥ Lippe-Detmold
⑦ Waldeck
⑧ Braunschweig
⑨ Anhalt
⑩ Thüringen
⑪ Sachsen
⑫ Hessen
⑬ Bayern
⑭ Baden
⑮ Württemberg
⑯ Hohenzollern
⑰ Saargebiet

Im Konzentrationslager Auschwitz wurden etwa eine Million Menschen ermordet.

Adolf Hitler (1889–1945)

stiegen zur stärksten Partei auf und im Januar 1933 wurde ihr Anführer Adolf Hitler Reichskanzler. Er erließ ein Ermächtigungsgesetz, das ihm das alleinige Sagen zusicherte und alle anderen Parteien verbot. Nun herrschte in Deutschland die nationalsozialistische Diktatur: Wer Widerstand leistete, wurde in Konzentrationslager deportiert oder umgebracht. Verschont blieb nur, wer es schaffte, rechtzeitig ins Ausland zu flüchten. Auch Andersdenkende und Menschen, die nicht in das nationalsozialistische Bild der „arischen Rasse" passten, wie z. B. Sinti, Roma oder Homosexuelle, wurden verfolgt. Ein wesentlicher Bestandteil der menschenverachtenden Ideologie der Nationalsozialisten war der Antisemitismus, der zur Verfolgung der Juden führte und schließlich zum Holocaust, der Ermordung von ca. sechs Millionen Juden in den Jahren von 1941 bis 1945.

Hitler wollte seine Herrschaft über ganz Europa ausdehnen und bereitete deshalb einen Krieg vor. Im September 1939 griffen deutsche Truppen das Nachbarland Polen an und lösten damit den Zweiten Weltkrieg aus. In den besiegten Ländern, zu denen unter anderen Dänemark, Norwegen und Frankreich gehörten, etablierten die Nationalsozialisten ein Besatzungsregime. Hitler verbündete sich mit dem Diktator Mussolini, der in Italien ebenfalls ein faschistisches Regime errichtet hatte.

Als die deutsche Armee die mächtige Sowjetunion 1941 angriff, schlossen sich die USA, Großbritannien und Frankreich mit der Sowjetunion zu einem Bündnis gegen Deutschland zusammen. Diese Länder, die Alliierten genannt, kämpften auch gegen Hitlers Verbündete, Italien und Japan. Nachdem die Alliierten immer mehr von deutschen Armeen besetzte Gebiete befreit hatten, beging Hitler am 30. April 1945 Selbstmord. Am 8. Mai kapitulierte Deutschland, womit der Krieg in Europa beendet war. Die verheerenden Atombombenabwürfe auf Hiroshima und Nagasaki führten zur Kapitulation Japans am 2. September 1945 und damit zum Kriegsende auch in Asien. Der Zweite Weltkrieg hatte sechs Jahre gedauert, viele Städte in Schutt und Asche gelegt und fast 60 Millionen Opfer gefordert.

Der Zweite Weltkrieg bricht aus. Nach anfänglichen Erfolgen muss Deutschland nach und nach Niederlagen einstecken.

Drittes Reich/Großdeutschland 1942 (zum Zeitpunkt der größten Ausdehnung)

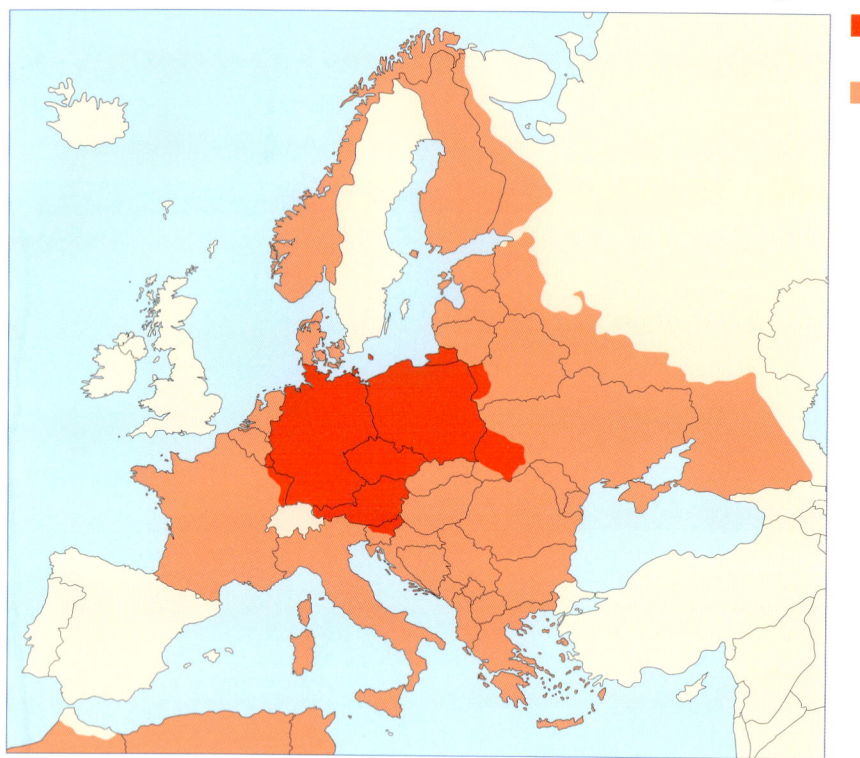

Drittes Reich/
Großdeutschland

Deutsche Verbündete
oder unter deutscher
Besetzung

■ Die Teilung Deutschlands: BRD und DDR

Nach dem Ende des Zweiten Weltkriegs berieten die Siegermächte über eine Nachkriegsordnung. Deutschland sollte entnazifiziert, entmilitarisiert, demokratisiert und dezentralisiert werden. Zu diesem Zweck wurde das Land in vier Zonen aufgeteilt, die von den Siegern kontrolliert wurden: Die USA, Frankreich und Großbritannien waren für den Westen zuständig, die damalige Sowjetunion für den Osten. Auch die Hauptstadt Berlin wurde dementsprechend in vier Sektoren aufgeteilt. Da die Westmächte andere Vorstellungen von der Entwicklung Deutschlands hatten als die Sowjetunion, entstanden grundlegende Interessenskonflikte, die schließlich 1949 zur Teilung des Landes in zwei deutsche Staaten führten: im Westen die Bundesrepublik Deutschland (BRD) und im Osten

die Deutsche Demokratische Republik (DDR). Auch die Hauptstadt Berlin, die mitten in der DDR lag, wurde in Ost- und Westberlin geteilt.

Am 23. Mai 1949 wurde das Grundgesetz verabschiedet, die Basis für die Demokratie in der BRD. Da das sozialistische System der DDR in der Praxis

Ein Band aus Pflastersteinen markiert den Verlauf der ehemaligen innerstädtischen Mauer und erinnert an das geteilte Berlin.

Warnhinweis an der Berliner Mauer an der Grenze zur DDR.

die Freiheit und die Rechte der Bürger einschränk-
te, beschlossen viele, in den Westen zu gehen. Um
dies zu verhindern, wurde die Grenze mit Stachel-
draht gesichert. Die Machthaber ließen 1961 eine
Mauer errichten, die quer durch Berlin verlief und
zum Symbol des geteilten Deutschland wurde.
Fluchtversuche wurden hart bestraft und mehr
als tausend Menschen wurden auf der Flucht
aus der DDR getötet

■ Die Wiedervereinigung

Die DDR war politisch eng mit der Sowjetunion
verbunden und erst als dort Ende der 1980er-Jahre
unter Michail Gorbatschow ein freiheitlicherer
Kurs eingeschlagen wurde, begannen auch die
Menschen in der DDR sich aufzulehnen. In einigen
Städten fanden die sogenannten „Montagsdemonstrationen" statt, die schließlich am 9. November 1989 zur Öffnung der Mauer führten. Ein
knappes Jahr später, am 3. Oktober 1990, folgte
die offizielle Wiedervereinigung der beiden deutschen Staaten.

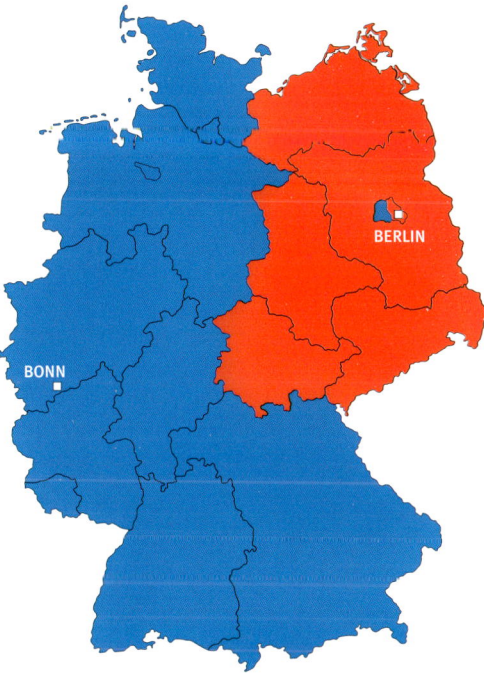

Geteiltes Deutschland (1949–1989)

BERLIN

BONN

■ Bundesrepublik Deutschland (BRD)
■ Deutsche Demokratische Republik (DDR)

*Nach der Grenzöffnung stürmen Menschen aus Ost- und
Westberlin in der Nacht des 9. November 1989 die Mauer
am Brandenburger Tor.*

*Nach dem 2. Weltkrieg gab es in Ost- und
Westdeutschland **verschiedene Währungen.**
Hier abgebildet ist die Währung der DDR –
die **Ost-Mark**.*

Politik

◼ Bundeskanzler

Der Bundeskanzler ist der Regierungschef Deutschlands. Gewählt wird er nicht vom Volk, sondern vom Bundestag. Der Bundeskanzler schlägt dem Bundespräsidenten die Minister vor und ist für die Tagespolitik verantwortlich. Eine Amtsperiode dauert vier Jahre.

◼ Bundespräsident

Er ist das Staatsoberhaupt der Bundesrepublik und vertritt den Staat im In- und Ausland. Zu seinen Aufgaben gehört es, nach der Wahl den Kanzler zu benennen. Wenn nach drei Wahlgängen keine absolute Mehrheit zustande kommt, kann der Bundespräsident Neuwahlen veranlassen. Außerdem segnet er Gesetze ab und ist für Verträge mit dem Ausland verantwortlich.

◼ Bundestag

Der Bundestag setzt sich aus den Abgeordneten verschiedener Parteien zusammen. In der Vollversammlung aller Abgeordneter, die Plenum genannt wird, debattieren die Politiker und stimmen über Gesetze ab. Außerdem wählen sie den Bundeskanzler und entscheiden über den Bundeshaushalt, in dem festgelegt wird, wie viel Geld die Regierung ausgeben darf und wofür.

Der deutsche Bundestag in Berlin.

Bundespräsident
Frank Walter Steinmeier

Bundeskanzler
Olaf Scholz

Deutsche Bundeskanzler seit 1949

Konrad Adenauer	CDU	15. September 1949 bis 16. Oktober 1963
Ludwig Erhard	CDU	16. Oktober 1963 bis 1. Dezember 1966
Kurt Georg Kiesinger	CDU	1. Dezember 1966 bis 21. Oktober 1969
Willy Brandt	SPD	21. Oktober 1969 bis 7. Mai 1974
Helmut Schmidt	SPD	16. Mai 1974 bis 1. Oktober 1982
Helmut Kohl	CDU	1. Oktober 1982 bis 27. Oktober 1998
Gerhard Schröder	SPD	27. Oktober 1998 bis 22. November 2005
Angela Merkel	CDU	22. November 2005 bis 8. Dezember 2021
Olaf Scholz	SPD	8. Dezember 2021 bis heute

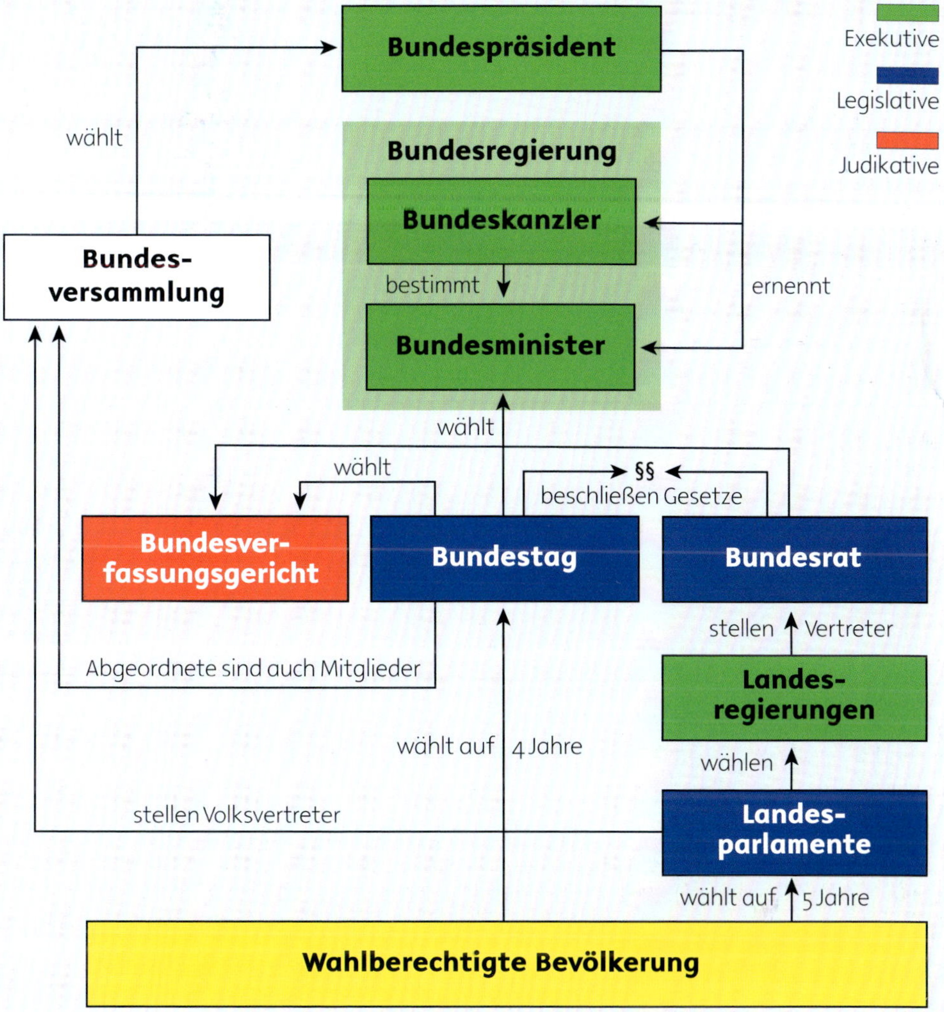

Bundespräsident

■ Exekutive
■ Legislative
■ Judikative

Bundesregierung

Bundeskanzler

Bundes-versammlung

wählt

bestimmt

Bundesminister

ernennt

wählt

wählt

§§
beschließen Gesetze

Bundesver-fassungsgericht

Bundestag

Bundesrat

stellen ▲ Vertreter

Abgeordnete sind auch Mitglieder

Landes-regierungen

wählen ▲

wählt auf │ 4 Jahre

stellen Volksvertreter

Landes-parlamente

wählt auf ▲ 5 Jahre

Wahlberechtigte Bevölkerung

*Die gläserne Kuppel
des Reichstags wurde
1999 fertiggestellt.*

Ablauf von Bundestagswahlen

1. In den Wahlkreisen gibt es Wahllokale, die mit Wahlkabinen ausgestattet sind. Die Wahlberechtigten müssen ihre Stimme unbeobachtet abgeben.

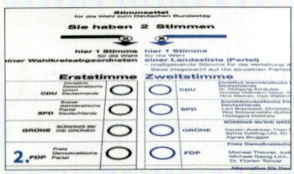

2. Jeder Wähler darf genau zwei Stimmen abgeben. Mit der Erststimme wählt man einen Kandidaten aus dem eigenen Wahlkreis. Damit wird sichergestellt, dass jede Region im Bundestag vertreten ist. Mit der Zweitstimme wird eine Partei gewählt und diese Stimme entscheidet über die Mehrheitsverhältnisse im Bundestag. Die Parteien wählen später den Bundeskanzler, weshalb die Wahrscheinlichkeit groß ist, dass der Kandidat der Partei mit den meisten Sitzen im Bundestag Bundeskanzler wird.

3. Wenn beide Kreuze gemacht sind, faltet man den Wahlzettel, steckt ihn in einen Umschlag und wirft ihn in die Wahlurne.

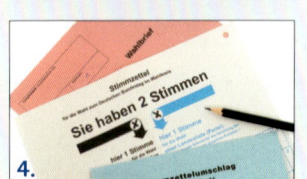

4. Nachdem die Wahllokale geschlossen haben, werden die Stimmen ausgezählt und die Ergebnisse bekannt gegeben. Es gibt auch die Möglichkeit der Briefwahl. Jeder Wahlberechtigte kann diese ohne besonderen Grund beantragen und erhält die Wahlunterlagen per Post. Diese müssen am Wahltag bis spätestens 18 Uhr bei der Wahlbehörde eingegangen sein.

■ Bundestagswahl

Alle vier Jahre wird der Bundestag gewählt. Bei der Wahl wird darüber entschieden, welche Abgeordneten im Bundestag vertreten sein werden. Wahlberechtigt sind alle Deutschen, die über 18 Jahre alt sind und seit mindestens drei Monaten in Deutschland wohnen – unabhängig von Geschlecht, Glaube oder Beruf. Jede Stimme zählt gleich viel und es gilt das Prinzip der freien Wahl: Durch geheime Wahlen soll gewährleistet werden, dass jeder eine freie Wahlentscheidung treffen kann, ohne unter Druck gesetzt oder beeinflusst werden zu können.

■ Bundesrat

Je nach Einwohnerzahl hat jedes Bundesland 3 bis 6 Stimmen bzw. Vertreter im Bundesrat. Die wichtigste Aufgabe des Bundesrates besteht darin, bei der Gesetzgebung mitzuwirken – kein Bundesgesetz kommt ohne Beteiligung des Bundesrates zustande. Zum einen müssen die Gesetzentwürfe des Bundestags abgesegnet werden, zum anderen kann auch der Bundesrat Gesetze beschließen.

Ergebnis der Bundestagswahl am 26.09.2021

■ CDU 152 Sitze	■ FDP 92 Sitze	■ CSU 45 Sitze
■ SPD 206 Sitze	■ Grüne 118 Sitze	■ SSW 1 Sitz
■ AfD 83 Sitze	■ Die Linke 39 Sitze	

■ Grundgesetz

Am 23. Mai 1949 wurde das Grundgesetz feierlich verkündet und trat einen Tag später in Kraft. Das Grundgesetz ist die Verfassung der Bundesrepublik und beinhaltet die Grundsätze für das Zusammenleben in Deutschland. Die darin enthaltenen Rechte und Pflichten gelten für alle Bürgerinnen und Bürger des deutschen Staates. Die 146 Artikel des Grundgesetzes sind in verschiedene Abschnitte aufgeteilt: An erster Stelle kommen die Grundrechte, die dem Schutz jedes einzelnen Staatsbürgers dienen. Sie gelten gegenüber dem Staat, Gerichten und Behörden, sind aber auch für den Umgang miteinander wichtig.

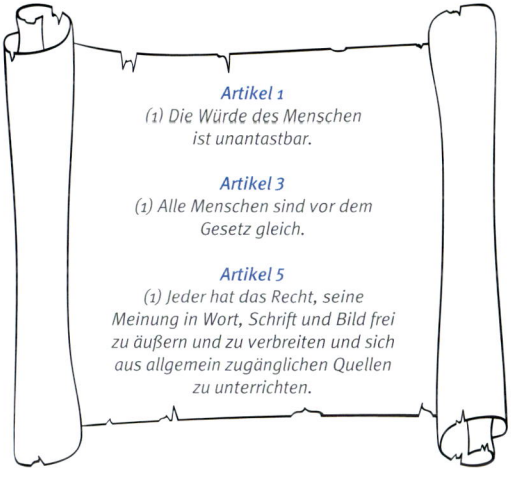

Artikel 1
(1) Die Würde des Menschen ist unantastbar.

Artikel 3
(1) Alle Menschen sind vor dem Gesetz gleich.

Artikel 5
(1) Jeder hat das Recht, seine Meinung in Wort, Schrift und Bild frei zu äußern und zu verbreiten und sich aus allgemein zugänglichen Quellen zu unterrichten.

In weiteren Abschnitten werden auch die verschiedenen politischen Ämter, z. B. Bundeskanzler, Bundesrat und Gerichte, zusammen mit deren Aufgaben und Rechten aufgeführt.

Das Grundgesetz darf in seinem Kern nicht geändert werden. Für kleine Änderungen bedarf es eine Zwei-Drittel-Mehrheit im Bundestag und Bundesrat.

Gewaltenteilung

Die Gewaltenteilung ist ein Grundprinzip der Demokratie. Die staatliche Gewalt ist in drei Bereiche aufgeteilt, die sich gegenseitig kontrollieren und so die staatliche Macht begrenzen sollen. Dadurch sollen die Bürger vor Machtmissbrauch geschützt werden.

 **Legislative — gesetzgebende Gewalt**

Bundestag, Bundesrat und die Landtage befassen sich mit der Verabschiedung von Gesetzen. Dort werden die Gesetze entworfen und über sie abgestimmt. Bevor die Gesetze in Kraft treten, müssen sie jedoch vom Bundespräsidenten unterzeichnet werden. Die erlassenen Gesetze sind für die anderen Gewalten bindend.

 Exekutive — ausführende Gewalt

Die Exekutive besteht aus den Regierungen des Bundes und der Länder, aber auch Polizei und Behörden wie das Finanz- oder Gesundheitsamt sind Teil davon. Die Regierung sorgt dafür, dass die Gesetze durch Beamte und Polizei umgesetzt werden.

 Judikative — rechtsprechende Gewalt

Die Gerichte bilden gemeinsam mit Richtern die Rechtsprechung. Sie ist an Recht und Gesetz gebunden und für die Einhaltung und rechtmäßige Ausführung dieser verantwortlich. Dazu gehört auch, Verstöße gegen das Gesetz zu bestrafen. Die Judikative handelt dabei erst, wenn Klage erhoben wird oder die Staatsanwaltschaft gegen einen Gesetzesverstoß ermittelt. Besonders wichtig ist, dass die Judikative neutral und unabhängig vom Staat ist.

Nationalhymne – Ein Lied für Deutschland

Im Jahr 1841 schrieb Hoffmann von Fallersleben „Das Lied der Deutschen", das später die deutsche Nationalhymne wurde. Der Dichter thematisiert darin die Sehnsucht nach Freiheit und den Wunsch nach einer geeinten Nation. Fallersleben schuf sein Gedicht zur Melodie des Liedes „Gott erhalte Franz, den Kaiser", das Joseph Haydn im Jahr 1797 komponiert hat. 1922 wurde das Lied zur deutschen Nationalhymne ernannt. Da später die Nationalsozialisten vor allem die erste und zweite Strophe der Hymne missbraucht haben, wird heute nur noch die dritte Strophe gesungen.

Hoffmann von Fallersleben

„Einigkeit und Recht und Freiheit für das deutsche Vaterland!
Danach lasst uns alle streben brüderlich mit Herz und Hand!
Einigkeit und Recht und Freiheit sind des Glückes Unterpfand –
blüh' im Glanze dieses Glückes, blühe, deutsches Vaterland!"

■ Föderalismus

Im Jahr 1949 wurde das Prinzip des Föderalismus im Verfassungsrecht verankert. Charakteristisch für das föderale System ist, dass mehrere begrenzt eigenständige Gliedstaaten in einem Gesamtstaat zusammengeschlossen sind. In Deutschland bestehen diese Glieder aus den Bundesländern, die beispielsweise jeweils eigene Landesparlamente besitzen und eigenständige politische Entscheidungen treffen. Zusammengeschlossen sind sie im Bund, mit dem sie eng zusammenarbeiten. Durch den Föderalismus soll den Bürgern ein hohes Mitbestimmungsrecht eingeräumt werden.

■ Europäische Union

Im Jahr 1950 begann die Geschichte der EU. Damals beschlossen Deutschland, Frankreich, Italien, die Niederlande, Luxemburg und Belgien einen Wirtschaftsverband zu gründen. 1952 nahm die daraus entstandene Europäischen Gemeinschaft für Kohle und Stahl (EGKS) ihre Arbeit auf. Ziel war es, die wirtschaftliche Zusammenarbeit zu stärken und den Frieden untereinander zu fördern. Später wurden weitere Wirtschaftsgemeinschaften gegründet und immer mehr Länder waren an einer Zusammenarbeit interessiert, sodass 1993 schließlich die Europäische Union geschaffen wurde. Heute – nach dem Austritt des Vereinigten Königreichs – besteht die EU aus 27 Mitgliedstaaten.

Der Euro hat die D-Mark 2002 als einheitliche Währung ersetzt.

EUROPÄISCHE UNION

Mitgliedstaaten: 27 (hier blau)   **Fläche:** ca. 4,2 Millionen km²

Einwohnerzahl: ca. 450 Millionen   **Rechtsform:** Staatenverbund

Sitz der Organe:

Europäischer Rat: Brüssel (Ministerrat)   Europäisches Parlament: Straßburg
Europäischer Rechnungshof: Luxemburg   Kommission: Brüssel
Europäische Zentralbank: Frankfurt am Main   Gerichtshof der Europäischen Union: Luxemburg

Amtssprachen: 24

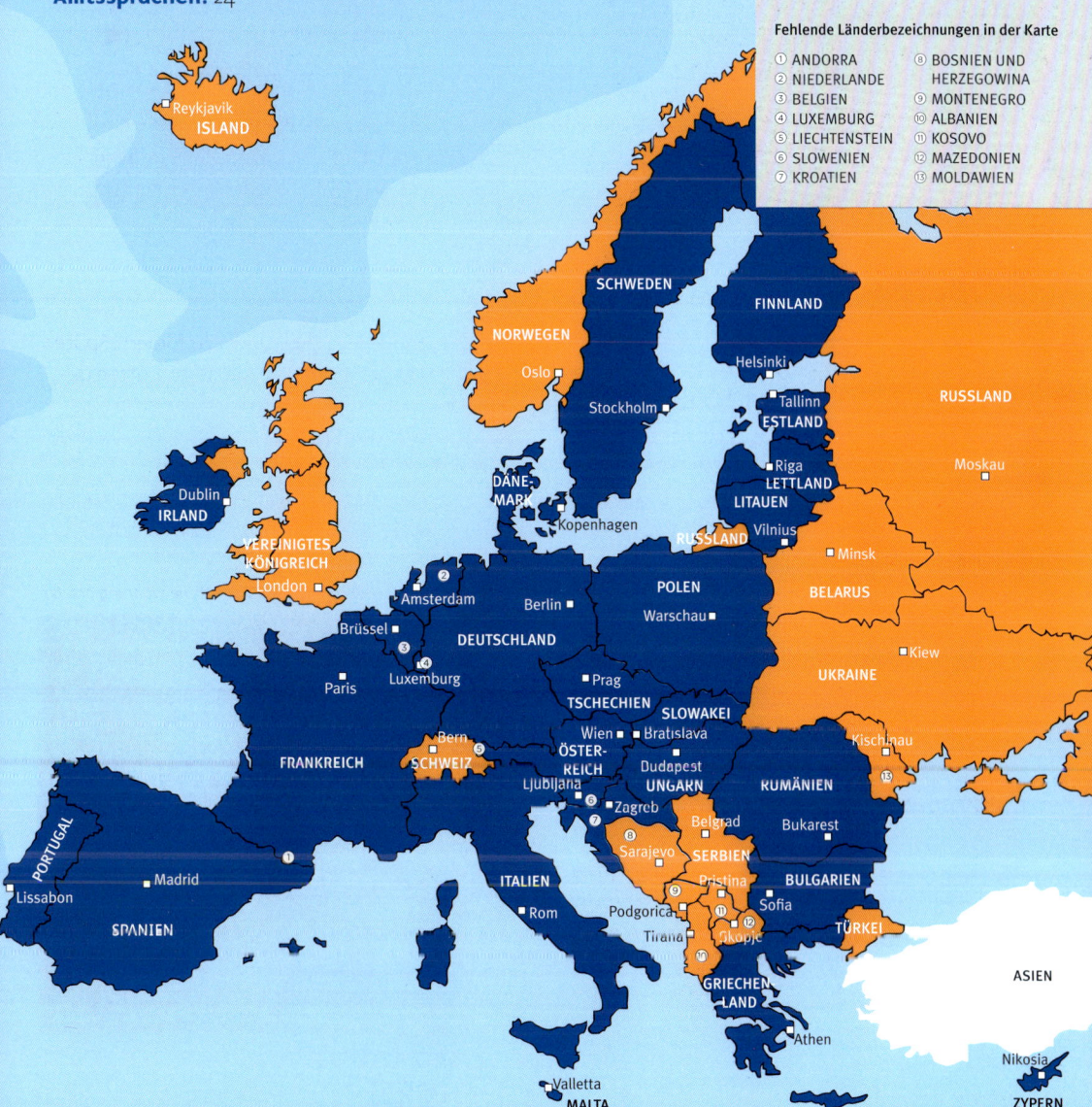

Fehlende Länderbezeichnungen in der Karte

① ANDORRA
② NIEDERLANDE
③ BELGIEN
④ LUXEMBURG
⑤ LIECHTENSTEIN
⑥ SLOWENIEN
⑦ KROATIEN
⑧ BOSNIEN UND HERZEGOWINA
⑨ MONTENEGRO
⑩ ALBANIEN
⑪ KOSOVO
⑫ MAZEDONIEN
⑬ MOLDAWIEN

Wirtschaft

■ Soziale Marktwirtschaft

Ludwig Erhard führte als Bundeswirtschaftsminister (1949–1963) unter Bundeskanzler Adenauer in Deutschland die soziale Marktwirtschaft ein. Diese hat den größtmöglichen Wohlstand bei bestmöglicher sozialer Sicherheit zum Ziel. Anders als bei der freien Marktwirtschaft greift hier der Staat regulierend in das Wirtschaftsgeschehen ein, das zyklischen Schwankungen unterliegt.

■ Exportland

Neben den USA und China ist Deutschland eines der größten Exportländer weltweit. Schon seit den 1950er-Jahren werden jährlich in Deutschland mehr Waren ausgeführt als eingeführt. Jedoch ist die Bundesrepublik auch auf Importe angewiesen, wie beispielsweise im Bereich Energie.

■ „German Mittelstand"

Zu den umsatzstärksten Branchen Deutschlands gehören neben Fahrzeugbau und Elektroindustrie auch Chemie und Maschinenbau. Vor allem letzterer ist mittelständisch geprägt – wie die komplette wirtschaftliche Landschaft Deutschlands.

So zählen über 99 Prozent der deutschen Unternehmen zum Mittelstand, was im Ausland gewürdigt wird und zur Bezeichnung „German Mittelstand" führte, die ein internationales Markenzeichen wurde.

■ Globalisierung

Durch die Entwicklung neuer Technologien wurde die Welt immer vernetzter. Weltweite Märkte für Waren, Kapital und Dienstleistungen entstanden. Die Globalisierung wird jedoch kontrovers diskutiert: Während die einen darin ungeahnte Möglichkeiten sehen, ruft sie bei anderen Ängste, wie den Verlust der regionalen Vielfalt, hervor.

Hochkonjunktur (Boom)

Löhne, Preise und Aktienkurse steigen

Arbeitskräfte werden gesucht

Aufschwung (Expansion)

Produktion und Absatz steigen

Rückschlag (Rezession)

Produktion und Absatz sinken

Löhne, Preise und Aktienkurse sinken

Arbeitskräfte werden entlassen

Neuer Aufschwung

Konjunkturzyklus in der Marktwirtschaft

Tiefstand (Depression)

Durch die Corona-Pandemie kam es im Jahr 2020 in Deutschland zu einer Rezession.

Made in Germany

Diese Erfindung macht Kinder froh …

… und Erwachsene ebenso. 1922 war die
Geburtsstunde des Gummibärchens.
Erfunden wurde es von Hans Riegel.

Die vollautomatische Rechenmaschine

Den Z3, den ersten funktionsfähigen Rechner
der Welt, entwickelte Konrad Zuse 1941.

Kommt Zeit, kommt Rad

So auch im Jahr 1817, als Karl Drais die Draisine
entwickelte, die Urform des heutigen Fahrrads.

Wer Lesen kann, ist klar im Vorteil

1540 erfand Johannes
Gutenberg den Buchdruck
mit beweglichen Lettern
und revolutionierte dabei
die Buchproduktion.

Die Deutschen haben den Durchblick

Im Jahr 1895 entdeckte
Conrad Wilhelm Röntgen
zufällig die Röntgen-
strahlen – ein Meilenstein
in der Wissenschaft.

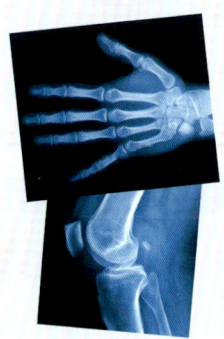

Mehr Musik für unterwegs

Das MP3-Format wurde ab
1982 am Fraunhofer Institut
entwickelt und veränderte
schließlich die Musikbranche.

Schmerz ade

Im 19. Jahrhundert synthetisierte der junge
Chemiker Felix Hoffmann den Wirkstoff
Acetylsalicylsäure, der fiebersenkend, ent-
zündungshemmend und schmerzstillend
wirkt – besser bekannt als Aspirin.

Sozialstaat

*Als Sozialstaat be-
müht sich Deutsch-
land um die soziale
Sicherheit der Bürger.*

■ Solidaritätsprinzip

Im Grundgesetz ist festgelegt,
dass Deutschland ein sozialer
Bundesstaat ist. Das bedeutet,
dass sich der Staat um die so-
ziale Sicherheit seiner Bürger bemüht. Dazu zählt
zum einen, dass Menschen unterstützt werden,
die sich in einer schwierigen Lage befinden, wie
z. B. durch Krankheit oder Arbeitslosigkeit. Zum anderen sollen diese Notsituationen schon durch die
Gesetzgebung, z. B. durch das Kündigungsschutz-
gesetz, verhindert werden. Die soziale Sicherung
beruht auf dem Solidaritätsprinzip. Dahinter steht
die Vorstellung, dass ein Bürger nicht allein für sich
selbst verantwortlich ist, sondern sich die Mitglieder der Solidargemeinschaft gegenseitig helfen
und unterstützen. Finanziert wird der Sozialstaat
durch Steuern und Sozialabgaben.

■ 5 Säulen der Sozialversicherung

Krankenversicherung: 1883 führte Deutschland
als erstes Land weltweit eine gesetzliche Krankenversicherung für Arbeitnehmer ein. Heute gilt die
Versicherungspflicht: Jeder Bürger muss zwingend
krankenversichert sein.

Unfallversicherung: Alle Angestellten und
Auszubildenden in Deutschland sind unfallver-
sichert. Träger der Unfallversicherung sind die
Berufsgenossenschaften, die Arbeitsunfällen und
Berufskrankheiten durch regelmäßige Kontrollen
vorbeugen wollen.

Rentenversicherung: Die Rente wird durch den
Generationenvertrag geregelt: Die Generation,
die im Berufsleben steht, finanziert die gegen-
wärtigen Rentner. Aufgrund des demografischen
Wandels wird häufig über eine Anpassung des
unausgesprochenen Vertrags diskutiert.

Arbeitslosenversicherung:
Die Pflichtversicherung für alle unselbstständigen Arbeitnehmer wurde 1927 gegründet. Die von der Bundesagentur für Arbeit getragene Versicherung soll Arbeitslose finanziell absichern und die wirtschaftlichen Folgen der Arbeitslosigkeit verringern.

Pflegeversicherung:
Jede gesetzlich krankenversicherte Person ist automatisch in der 1995 eingeführten Pflegeversicherung versichert. Durch die Alterung der Gesellschaft hat die Pflegebedürftigkeit stark zugenommen, weshalb deren Finanzierung in den Parteien intensiv diskutiert wird.

Bildungswesen

■ Föderales Bildungssystem

In Deutschland ist das Bildungssystem Ländersache. Die Bundesländer haben Kulturhoheit, was bedeutet, dass sie unter anderem selbstständig für das Schul- und Hochschulwesen zuständig sind. Diese Unabhängigkeit ergibt sich durch das zugrunde liegende föderale System und führt zu vielfältigen Unterschieden im Bildungswesen der Länder. Es gibt jedoch eine gemeinsame Grundstruktur des Bildungssystems.

■ Die fünf Stufen des deutschen Bildungssystems

1. Primarstufe: Mit dem Eintritt in die Grundschule beginnt der Primarbereich. Dieser umfasst die Klassenstufen 1 bis 4, mit Ausnahme von Berlin und Brandenburg, denn dort sind es sechs Jahre. Danach folgt der Wechsel auf eine weiterführende Schule.

2. Sekundarstufe I: Nach der Primarstufe fächert sich das Schulsystem in mehrere Schulformen auf. Je nach vorheriger Leistung und Empfehlung kann zwischen Haupt- und Realschule sowie dem Gymnasium gewählt werden. In vielen Bundesländern existieren noch weitere Schulformen, wie beispielsweise Gesamtschulen. Die Sekundarstufe I umfasst die Stufen von der 5. bis zur 10. Klasse.

3. Sekundarstufe II: Allgemein- und berufsbildende Vollzeitschulen, wie beispielsweise gymnasiale Oberstufe, FOS und BOS sowie die Berufsausbildung im dualen System werden in diesem Bereich zusammengefasst. Welche Möglichkeiten sich dem Jugendlichen ergeben, hängt von der vorherigen Schullaufbahn bzw. dem Schulabschluss ab.

Exkurs Förderschulen

Schüler mit sonderpädagogischem Förderbedarf werden außerhalb des allgemeinen Schulsystems unterrichtet. So gibt es beispielsweise Förderschulen für blinde, gehörlose oder lernbehinderte Schüler. Mit der Unterzeichnung der UN-Konvention über die Rechte von Menschen mit Behinderungen im Jahr 2009 hat sich Deutschland dazu verpflichtet, ein inklusives Bildungssystem zu gewährleisten.

Schulpflicht

Die in Deutschland gesetzlich festgelegte Schulpflicht beginnt in der Regel im Jahr, in dem das 6. Lebensjahr vollendet wird. In Ausnahmefällen ist es möglich, das Kind ein Jahr zurückstellen oder früher einschulen zu lassen. Die Vollzeitschulpflicht erstreckt sich auf neun bis zehn Schulbesuchsjahre, die nicht mit der Jahrgangsstufe verwechselt werden dürfen: Muss eine Klassenstufe wiederholt werden, zählt dieses Jahr als Schulbesuchsjahr. Nach dem Ablauf der Vollzeitschulpflicht folgt die Berufsschulpflicht oder auch Teilzeitschulpflicht. Diese kann an einer allgemein- oder berufsbildenden Schule sowie durch die Teilnahme an einer Berufsausbildung erfüllt werden.

4. Tertiärbereich: Universitäten, Fachhochschulen und andere Hochschularten sind Teil des Tertiärbereiches. Die Hochschulen unterscheiden sich in ihrer Schwerpunktsetzung, führen jedoch alle zu einem akademischen Abschluss. Dieser berechtigt zur Erwerbstätigkeit oder auch zur Promotion. Auch Berufsakademien, die duale Studiengänge mit Praxisbezug anbieten, zählen in diesen Bereich hinein. Für einen Besuch dieser ist ein Ausbildungs- oder Arbeitsvertrag mit einem Unternehmen vorausgesetzt.

5. Quartärbereich: Alle Formen der Weiterbildung, bei denen das Lernen nach einer ausgedehnten ersten Bildungsphase wieder aufgenommen wird, werden dem quartären Bereich zugeordnet. Weiterbildungsorte sind beispielsweise Volkshochschulen, Bildungszentren oder Abendgymnasien. Auch berufliche Fortbildungen sind ein Bestandteil des vielzitierten „lebenslangen Lernens" und werden unter bestimmten Bedingungen sogar durch öffentliche Mittel gefördert.

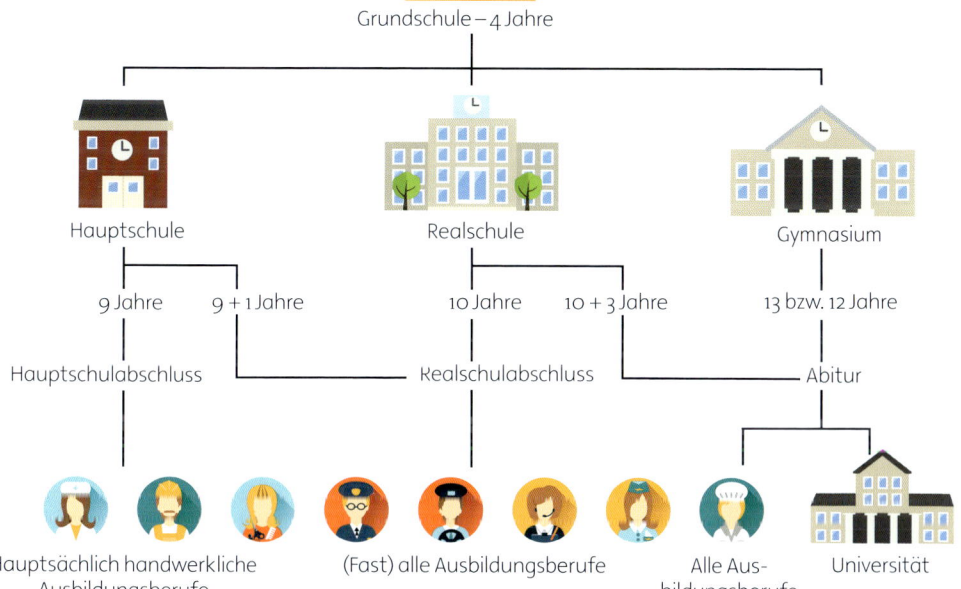

Grundschule – 4 Jahre

Hauptschule Realschule Gymnasium

9 Jahre 9 + 1 Jahre 10 Jahre 10 + 3 Jahre 13 bzw. 12 Jahre

Hauptschulabschluss Realschulabschluss Abitur

Hauptsächlich handwerkliche Ausbildungsberufe (Fast) alle Ausbildungsberufe Alle Ausbildungsberufe Universität

Bevölkerung

■ Demografische Entwicklung

In der Bundesrepublik Deutschland leben mehr als 80 Millionen Menschen, so viele wie in keinem anderen Land in der EU. Die Gesellschaft hat sich im Laufe der Zeit jedoch stark verändert, insbesondere im Hinblick auf die Altersstruktur. Deshalb wird häufig vom „demografischen Wandel" gesprochen. Neben Migration zählen auch die Geburten- und Sterberate zu den zentralen Faktoren der demografischen Entwicklung. Seit Mitte der 1970er-Jahre ist die Geburtenrate konstant niedrig und liegt jedes Jahr unter der Sterberate, weshalb ohne Zuwanderung die Bevölkerungszahl sinken würde.

Der demografische Wandel stellt Staat und Gesellschaft vor eine große Herausforderung. Während immer mehr Menschen ins Rentenalter kommen, kommen nur wenige junge Beitragszahler nach, die diese Renten finanzieren. Aus demselben Grund steigen auch im Gesundheitsbereich – bei der Kranken- und Pflegeversicherung – die Kosten, die durch Mitgliedsbeiträge beglichen werden müssen. Die Politik wird weiter an einem Konzept arbeiten müssen, um diese Entwicklung auffangen zu können.

In den 1950er-Jahren wurden zahlreiche Gastarbeiter angeworben, da es in Deutschland zu wenig Arbeitskräfte gab.

■ Migration

Deutschland kann auf eine lange Geschichte der Einwanderung zurückblicken. Nach dem Zweiten Weltkrieg warb Deutschland aufgrund mangelnder Arbeitskräfte zahlreiche Gastarbeiter aus dem Ausland an. Von den etwa 14 Millionen Gastarbeitern, die zwischen 1955 und 1973 nach Deutschland kamen, kehrten ungefähr 11 Millionen in ihre Heimatländer zurück, die übrigen wurden Bürger der Bundesrepublik, wodurch auch die Kulturlandschaft bereichert wurde.

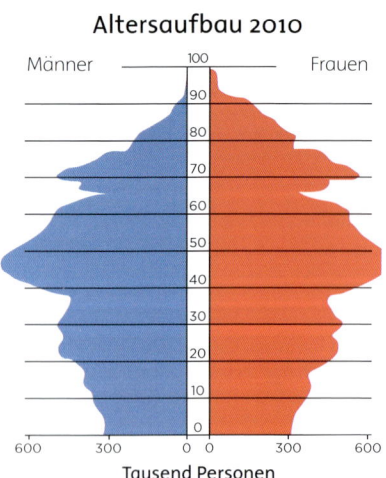

Altersaufbau 2010

Männer — 100 — Frauen

Tausend Personen

Altersaufbau 2050

Männer — 100 — Frauen

Tausend Personen

Durchschnittliche Lebenserwartung der Menschen in Deutschland:

79,1 Jahre

84,1 Jahre

Während sich Deutschland immer mehr zu einem wirtschaftsstarken Land entwickelte, suchten auch mehr Menschen aus ärmeren Ländern Zuflucht. Gerade seit 2015 hat das Fluchtgeschehen aufgrund von Kriegen weltweit stark zugenommen. Zahlreiche Geflüchtete suchen Asyl in der EU und somit auch in Deutschland, was die Regierungen der EU-Länder vor eine große Herausforderung stellt.

■ Private Haushalte und Lebensmodelle

Seit den letzten Jahrzehnten ist die Anzahl der Privathaushalte in Deutschland deutlich gestiegen, während die durchschnittliche Anzahl der Mitglieder eines Haushaltes zurückging. Seit Beginn der 1950er-Jahre ist ein Trend zu kleineren Haushalten zu verzeichnen – die Anzahl der Einpersonenhaushalte hat sich verdoppelt. Gründe dafür sind neben der steigenden Anzahl an Singles beispielsweise auch das Aufschieben der Familienplanung oder Partner mit getrennten Wohnungen.

Die Lebensmodelle unterscheiden sich je nach Wohnort stark. In städtischen Regionen ist die Anzahl der Alleinlebenden höher, auf dem Land hingegen leben mehr Familien mit Kindern. Auch Alleinerziehende leben durchschnittlich eher in größeren Städten. Generell hat die traditionelle Familienform „Ehepaar mit Kindern" in den letzten Jahrzehnten an ihrem Stellenwert verloren und es gibt mehr Ehepartner ohne Kind. Auch andere Lebensmodelle wie Patchwork-Familien oder Wohngemeinschaften haben an Bedeutung gewonnen.

■ Religion

In Deutschland ist die Religionsfreiheit jedes Bürgers im Grundgesetz garantiert. Der Staat hat eine Pflicht zur Neutralität, weshalb er sich nicht mit einer bestimmten Religion identifizieren darf und allen Glaubensgemeinschaften neutral und tolerant begegnen muss. Anders als in anderen Ländern gibt es jedoch keine festgelegte strikte

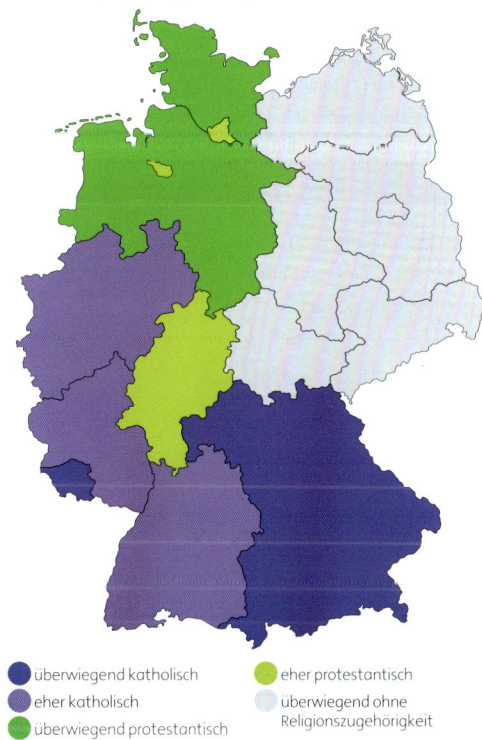

Religionszugehörigkeit in Deutschland

- ● überwiegend katholisch
- ● eher katholisch
- ● überwiegend protestantisch
- ● eher protestantisch
- ● überwiegend ohne Religionszugehörigkeit

Trennung von Staat und Religion. So müssen alle offiziellen Mitglieder einer staatlich anerkannten Religionsgemeinschaft Kirchensteuern zahlen.

Der Großteil der deutschen Bevölkerung gehört einer Religions- oder Glaubensgemeinschaft an, wobei Deutschland überwiegend christlich geprägt ist und etwa die Hälfte der Einwohner der evangelischen oder römisch-katholischen Kirche zugeordnet werden kann. Etwa ein Drittel der heutigen Gesellschaft ist konfessionslos, die restlichen Einwohner verteilen sich auf weitere Religions- und Glaubensgemeinschaften.

Weitere Religionen

- ■ Islam
- ■ Buddhismus
- ■ Judentum
- ■ Hinduismus

Kulturgeschichte

◼ Deutsche Literatur

Die deutsche Literaturgeschichte ist geprägt von vielen verschiedenen, oft gegensätzlichen Strömungen, die zueinander in Beziehung stehen.

Aufklärung und Sturm und Drang (18. Jh.)

Die Leitbilder der Aufklärung waren Rationalität und Moral und einer der bekanntesten Vertreter ist Gotthold Ephraim Lessing.

Um sich von dieser Literatur abzugrenzen, entwickelte sich der Sturm und Drang, der Leidenschaft und Emotionen in den Vordergrund stellte. Johann Wolfgang Goethes „Die Leiden des jungen Werthers" gilt als ein Schlüsselroman dieser Epoche.

Max und Moritz von Wilhelm Busch.

Weimarer Klassik (Ende 18. Jh.)

Die Klassik ist sehr eng mit den Personen Johann Wolfgang von Goethe und Friedrich Schiller verknüpft und deren Zentrum lag in Weimar. Die Klassik orientierte sich an antiken Vorbildern, mit Themen wie Toleranz und Humanität. Typische literarische Formen dieser Zeit waren Drama und Lyrik.

Romantik (18. Jh.–19. Jh.)

Die Romantik war geprägt durch gesellschaftliche Umbrüche und technische Neuerungen. In der Literatur gab es daher eine Abkehr von der Realität und eine Hinwendung zum Fantastischen und zur Natur. Auch das Thema menschliche Psyche wurde von Autoren, wie E. T. A. Hoffmann, behandelt.

Biedermeier und Vormärz (Anfang 19. Jh.)

Im Zeitraum der Restauration entwickelten sich zwei gegensätzliche Strömungen. Während im Biedermeier die Idylle von Heimat und Familie thematisiert wurde, brachten Autoren des Vormärz, wie etwa Heinrich Heine oder Georg Büchner, politisch engagierte, revolutionäre Literatur hervor. Angeprangert wurden darin Missstände in der Gesellschaft.

Realismus und Naturalismus (Mitte 19. Jh.)

Im Realismus war das Ziel von Autoren, wie Theodor Fontane, Annette von Droste-Hülshoff oder Wilhelm Busch, das Leben möglichst realistisch darzustellen – jedoch mit dem Anspruch der Ästhetik. Dieser Anspruch fiel im Naturalismus weg. Nun sollte die ungeschönte, radikale Wirklichkeit abgebildet werden, um der Gesellschaft einen Spiegel vorzuhalten.

Annette von Droste-Hülshoff auf dem 20 DM-Schein.

Neue Sachlichkeit (Anfang 20. Jh.)

Diese Epoche ist mit dem Aufstieg und Scheitern der Weimarer Republik verbunden. Bertolt Brecht und andere Autoren lehnten eine poetische Erzählweise ab und verwendeten stattdessen eine sachliche Ausdrucksweise. Die Realität sollte objektiv und wahrheitsgemäß dargestellt werden.

Bertolt Brecht

Nachkriegs- und Trümmerliteratur (Mitte 20. Jh.)

Nach dem Zweiten Weltkrieg sahen viele Autoren die deutsche Sprache als Ideologieträger der Nationalsozialisten. Die Sprache sollte „gereinigt" werden, weshalb sich die Literatur inhaltlich und formal von allen vorherigen Epochen abgrenzen wollte. Autoren, wie Heinrich Böll, Erich Kästner oder Paul Celan, arbeiteten in ihrer Literatur die Zeit des Nationalsozialismus auf.

39 % der Deutschen lesen bis zu fünf Bücher pro Jahr.

◼ Bildende Kunst

Seit Jahrtausenden drücken sich Menschen durch Kunst aus, angefangen bei Höhlenmalereien. Rückblickend lassen sich die Werke aufgrund gemeinsamer Merkmale grob in Epochen einordnen.

Gotik (12. Jh.–15. Jh.)

Während der gotische Stil in Malerei und Bildhauerei nur schwer abzugrenzen ist, kann man ihn in der Architektur gut erkennen, wie z. B. am Kölner Dom. Typisch sind Spitzbögen und Kreuzgänge.

Renaissance (15. Jh.–16. Jh.)

In der Renaissance richteten sich Künstler, wie beispielsweise Albrecht Dürer, nach den Idealen der Antike. Der Mensch rückte in den Mittelpunkt und die Maler und Bildhauer suchten nach den idealen Proportionen und Perspektiven, um die Realität möglichst wirklichkeitsgetreu abzubilden.

Barock (Ende 16. Jh.–18. Jh.)

Im Barock wurden die strengen Regeln der Renaissance aufgebrochen. Die Kunst und Architektur dieser Epoche ist prunkvoll, theatralisch und pathetisch. Kräftige Farben sowie die Verwendung von Blattgold zeichnen den Stil aus. Inhaltlich beschäftigt sich die Kunst mit religiösen Themen.

Klassizismus (18. Jh.–Anfang 19. Jh.)

In der zweiten Hälfte des 18. Jahrhunderts entwickelt sich eine Gegenbewegung zum Barock mit Vertretern wie Anton Raphael Mengs. Leitbilder wie Nüchternheit und Sachlichkeit wurden u. a. durch die Verwendung kühler Farben umgesetzt.

Romantik (Ende 18. Jh.–Mitte 19. Jh.)

Charakteristisch für die Kunst der Romantik sind Darstellungen von individuellen Naturerlebnissen und dem Mystischen sowie die Betonung der Gefühlswelt. Einer der bekanntesten Vertreter ist Caspar David Friedrich.

„Der Wanderer über dem Nebelmeer" von Caspar David Friedrich, um 1818.

Ungewöhnliche Museen

- ◼ **Computerspiele-Museum** in Berlin
- ◼ **Muschelmuseum** in Kalkhorst
- ◼ **Schweinemuseum** in Stuttgart
- ◼ **Schokoladenmuseum** in Köln
- ◼ **Planetarium** in Bochum
- ◼ **Museum für Comic und Sprachkunst** in Schwarzenbach
- ◼ **Deutsches Museum** in München

Impressionismus (Mitte 19. Jh.–Ende 19. Jh.)

Die Wiege des deutschen Impressionismus war die Kunstakademie in München. Die subjektive Wahrnehmung stand nun im Vordergrund und Künstler bildeten die Welt so ab, wie sie diese sahen.

Expressionismus (Ende 19. Jh.–Anfang 20. Jh.)

Die Maler der Künstlergruppen „Brücke" und „Der Blaue Reiter" nutzten kräftige Formen und Farben. Die Intensität und Aggressivität der Bilder soll das Wilde und Archaische im Menschen symbolisieren.

„Das blaue Pferd" von Franz Marc, 1911

Surrealismus (Mitte 20. Jh.)

Ziel der surrealistischen Kunst war es, die Grenzen zwischen Traum und Wirklichkeit aufzulösen. Die dargestellten Motive passen oft nicht zusammen, wodurch ein Verfremdungseffekt entsteht. Zu den wichtigsten Vertretern des Surrealismus zählen Max Ernst und Meret Oppenheim.

Kunst von heute

Heutzutage kennt die Kunst keinerlei Grenzen mehr. Viele verschiedene Stile existieren gleichzeitig und werden miteinander kombiniert, sogenannte Crossover-Kunst. Klassische Malerei und Bildhauerei sind genauso in der Kunstszene vertreten wie Fotografie und Street-Art wie Graffiti.

■ Epochen in der Musik

Die epochale Einteilung der Musik ist schwierig, da es zu jedem Zeitpunkt der Geschichte mehrere Strömungen gleichzeitig gab, die sich stilistisch sehr stark unterschieden. Aus diesem Grund kann jede Einteilung lediglich einen groben Überblick liefern.

Renaissance (15. Jh.)

Die Musik, wie z. B. von Johann Sebastian Bach, zeichnet sich durch mehrstimmige Ge-sangsstücke aus, die inhalt-lich oft humanistisches Ge-dankengut transportieren.

Johann Sebastian Bach

In dieser Epoche wurde die Einteilung in die Gesangsstimmen Sopran, Tenor, Alt und Bass entwickelt, die bis heute Gültigkeit besitzt.

Joseph Haydn

Klassik (1750–1830)

Das Klavier löste das Cembalo ab, wodurch sich neue Möglichkeiten der Komposition ergaben. Als Hauptvertreter der Klassik zählen Wolfgang Amadeus Mozart, Joseph Haydn und Ludwig van Beethoven. Diese haben viele ihrer Werke in Wien komponiert, weshalb diese Epoche auch oft als „Wiener Klassik" bezeichnet wird.

Romantik (1830–1914)

Neben kurzen Klavierstücken waren auch Symphonien sowie emotionale Kunstlieder, wie beispielsweise von Franz Schubert, für diese Epoche typisch.

Neue Musik (20. und 21. Jh.)

Ab dem 20. Jahrhundert entwickelten sich zahlreiche verschiedene Musikstile, die nebeneinander existierten. Arnold Schönberg erfand die Zwölftonmusik, die von der Atonalität geprägt war. Paul Hindemith hingegen hielt am tonalen System fest, erneuerte dieses aber. Die sogenannte „freie Tonalität" ist typisch für moderne Musik und unter anderem auch im Jazz zu finden.

Berühmte Deutsche

Immanuel Kant – Philosoph und Aufklärer

Immanuel Kant

Hildegard von Bingen – gläubige Universalgelehrte

Albrecht Dürer – ein Meister unter den Malern

Ludwig van Beethoven – perfektionistischer Komponist

Ludwig van Beethoven

Johann Wolfgang von Goethe und Friedrich Schiller – befreundete Dichter

Johann Wolfgang von Goethe

Friedrich Schiller

Konrad Adenauer und Helmut Kohl – Politiker mit Ausdauer

Albert Einstein – Nobelpreisträger der Physik

Max Planck – Entdecker der Quantentheorie

Konrad Adenauer

Brüder Grimm – Märchenerzähler und Sprachwissenschaftler

Jacob und Wilhelm Grimm

Geographie und Umwelt

■ Die Landschaften

Die Bundesrepublik Deutschland liegt mitten in Europa und hat neun Nachbarländer, so viele wie kein anderes europäisches Land. Sie grenzt im Norden an Dänemark, im Osten an Polen und Tschechien, im Süden an die Schweiz und Österreich und im Westen an die Niederlande, Belgien, Luxemburg und Frankreich. Mit 357 386 km² Fläche ist Deutschland das viertgrößte Land der Europäischen Union – mit einer maximalen Ausdehnung von Norden nach Süden über 876 km und einer Ausdehnung von Westen nach Osten über 640 km. Die landschaftliche Vielfalt reicht von den tiefer gelegenen Gebieten Norddeutschlands über die eher in der Mitte des Landes gelegenen Mittelgebirge bis zu den Alpen im Süden.

Im Norden schließen an das Norddeutsche Tiefland die Küsten von Ost- und Nordsee an, mit insgesamt 1585 km Küstenlinie. In der Ostsee liegen Rügen, die größte deutsche Insel, sowie Fehmarn, Usedom und einige kleinere Inseln. Die größte und zugleich bekannteste Insel in der Nordsee ist Sylt, die gemeinsam mit den Inseln Föhr, Amrum, Pellworm und Nordstrand sowie einigen kleineren Halligen zu den Nordfriesischen Inseln gehört. Wie auf einer Schnur aufgereiht erscheinen die Ostfriesischen Inseln vor der Küste Niedersachsens: Borkum, Juist, Norderney, Baltrum, Langeoog, Spiekeroog und Wangerooge. Sowohl die Nord- als auch die Ostfriesischen Inseln liegen im Nationalpark Wattenmeer.

Dünenstrand an der Nordsee.

Großlandschaften in Deutschland

Die Mitte Deutschlands ist im Wesentlichen geprägt von 500 bis 1500 m hohen Mittelgebirgen, wie dem Taunus, der Rhön oder dem Spessart, die sich abwechseln mit Tälern, Senken und Tiefebenen. Typisch für die deutsche Mittelgebirgslandschaft sind die großen Wälder – das größte zusammenhängende Waldgebiet ist der Pfälzer Wald im Südwesten Deutschlands.

Nach Süden hin schließt sich an das hügelige Alpenvorland mit seinen großen Seen der deutsche Teil der Alpen an: die Allgäuer, die Bayerischen und die Berchtesgadener Alpen, die den landschaftlichen Kontrapunkt zum flachen Norden bilden. Hier befinden sich auch die höchsten Berge Deutschlands, die 2962 m hohe Zugspitze und der 2713 m hohe Watzmann.

In **Schleswig-Holstein** befindet sich der **tiefste Punkt** Deutschlands: Er liegt 3,54 m unter N. N. in Neuendorf-Sachsenbande in der **Wilstermarsch**.

NORDSEE

OSTSEE

Kiel

HAMBURG

Schwerin

Mecklenburgische Seenplatte

Peene

BREMEN

Elbe

Weser

Aller

Ems

Havel

Spree

Oder

BERLIN

Potsdam

Hannover

Leine

Magdeburg

Teutoburger Wald

Lippe

Harz

Ruhr

Düsseldorf

Rothaar-gebirge

Fulda

Werra

Erfurt

Saale

Mulde

Dresden

Thüringer Wald

Erzgebirge

Westerwald

Vogels-berg

Rhön

Lahn

Eifel

Taunus

Fichtel-gebirge

Wiesbaden

Spessart

Mosel

Main

Hunsrück

Mainz

Odenwald

Regnitz

Oberpfälzer Wald

Saarbrücken

Pfälzer Wald

Fränkische Alb

Bayerischer Wald

Stuttgart

Neckar

Schwäbische Alb

Donau

Isar

Schwarz-wald

München

Inn

Lech

Chiemsee

Bodensee

Alpen

Der Odenwald, ein deutsches Mittelgebirge.

Die Landschaften Deutschlands werden von zahlreichen Flüssen durchzogen, die schon früh als Verkehrswege dienten und die Menschen dazu veranlassten, sich an ihren Läufen anzusiedeln. Der längste von ihnen ist der Rhein: Er entspringt in der Schweiz, fließt über eine Strecke von 865 km durch Deutschland und mündet schließlich in den Niederlanden in die Nordsee. Der Rhein bildet zugleich die Grenze zwischen Deutschland und Frankreich. Da der Fluss seit jeher ein wichtiger Transportweg war, entstanden entlang seines Ufers zahlreiche Städte, sodass die Rheinebene heute eine der am dichtesten besiedelten Regionen Deutschlands ist. Eine wichtige Ost-West-Verbindung stellt die Elbe dar, die in Tschechien entspringt, über 700 km durch Deutschland fließt und dann bei Cuxhaven ebenfalls in die Nordsee mündet. Weitere wichtige Wasserläufe sind u. a. die Donau, der Main und die Weser.

■ Flora und Fauna

Von der Natur- zur Kulturlandschaft – so lässt sich die Entwicklung in Deutschland wohl treffend beschreiben. Rund zwei Drittel der Gesamtfläche werden inzwischen landwirtschaftlich genutzt, sodass die ursprünglichen Gegebenheiten in Bezug auf die Pflanzen- und Tierwelt kaum noch vorzufinden sind. Naturnahe Flächen sind am häufigsten in den Mittelgebirgen und in den Alpen vertreten, wo es zwar noch größere Bestände an

Misch- und Nadelwäldern gibt, aber keine echten Urwälder mehr. Insgesamt ist ein Drittel der Fläche mit Wald bedeckt. Für Deutschland typische Bäume sind Buche, Eiche, Kiefer und Fichte, wobei vor allem Letztere unter der mit der zunehmenden Klimaveränderung einhergehenden Trockenheit in den letzten Jahren sehr gelitten hat. Das Baumsterben ist besonders dramatisch angesichts der Tatsache, dass Bäume nicht nur lebensnotwendigen Sauerstoff produzieren, sondern auch CO_2 aufnehmen und speichern – jenes Gas, welches für die zunehmende Klimaveränderung verantwortlich ist. Von den in Deutschland heimischen ca. 9500 Pflanzenarten sind viele in ihrem Bestand gefährdet, unter anderen das Moorveilchen und das Flammen-Adonisröschen oder Nutzpflanzen wie der Emmer und der Sanddorn. Um dem entgegenzuwirken, wurden inzwischen zahlreiche Landschafts- und Naturschutzgebiete eingerichtet, die nicht nur die Pflanzen- sondern auch die Tierwelt bewahren sollen.

Von den 48 000 Tierarten, die in Deutschland vorkommen, gehört ein Großteil zu den Insekten, nämlich rund 30 000. Nur 104 Arten sind Säugetiere. Zu ihnen gehören vor allem Waldbewohner wie Wildschweine, Rotwild oder Füchse. Bereits vor langer Zeit ausgerottete Tiere wie der Wisent, die Wildkatze oder der Wolf wurden in den letzten Jahren in speziellen Projekten vielerorts wieder angesiedelt. Auch die an Gewässern lebenden Biber und Otter sind wieder zahlreicher vertreten.

Wildschweine kommen in deutschen Wäldern sehr häufig vor.

Nationalparks
in Deutschland

NORDSEE

OSTSEE

Nationalpark
Wattenmeer

Nationalpark Vor-
pommersche Bodden-
landschaft

Kiel

SCHLESWIG-
HOLSTEIN

MECKLENBURG-
VORPOMMERN

HAMBURG

Schwerin

BREMEN

Müritz-
Nationalpark

Nationalpark
Unteres Odertal

Hannover

Magdeburg

BERLIN

Potsdam

BRANDENBURG

Nationalpark
Harz

SACHSEN-
ANHALT

Düsseldorf

NORDRHEIN-
WESTFALEN

Nationalpark
Hainich

SACHSEN

Dresden

Nationalpark
Eifel

Nationalpark
Kellerwald-
Edersee

Erfurt

Nationalpark
Sächsische
Schweiz

THÜRINGEN

HESSEN

Wiesbaden

RHEINLAND-
PFALZ

Mainz

Nationalpark
Bayerischer Wald

Nationalpark
Hunsrück-
Hochwald

SAARLAND
Saarbrücken

BAYERN

Stuttgart

Nationalpark
Schwarzwald

München

BADEN-
WÜRTTEMBERG

Nationalpark
Berchtesgaden

Viele Tierarten sind an bestimmte Lebensräume gebunden: So tummeln sich an den Küsten von Nord- und Ostsee Seehunde, Kegelrobben und unzählige Wasservögel, in den Alpen hingegen Steinbock, Murmeltier und – seltener – Steinadler. Jahreszeitlich bedingt ist das Vorkommen von Zugvögeln, wie dem Weißstorch oder dem Kranich. Um der winterlichen Kälte zu entgehen, ziehen sie im Herbst in südliche Regionen und kehren dann im Frühjahr wieder zurück. In manchen Ökosystemen leben Tiere, die nur hier ihre besonderen Lebensbedingungen vorfinden: So sind z. B. das selten gewordene Birkhuhn sowie die Kreuzotter in Heide- und Moorlandschaften heimisch.

■ Klima und Umweltschutz

Deutschland liegt in Mitteleuropa und somit in einer gemäßigten Klimazone. Allerdings werden die Einflüsse des Klimawandels auch hier immer spürbarer, sodass der Begriff „gemäßigt" in seiner ursprünglichen Bedeutung nicht mehr zutrifft. Extremwetterereignisse werden häufiger, die Sommer heißer und trockener. So waren die Sommer in den Jahren 2003, 2018, 2019 und 2020 die heißesten seit Beginn der Wetteraufzeichnungen – mit Höchsttemperaturen von über 40 °C. Generell sind die Temperaturen in Deutschland regional unterschiedlich: Im Süden sind die Sommer wärmer und die Winter kälter. Die Jahresdurchschnittstemperaturen liegen bei 10,4 °C (im Jahr 2020) – mit steigender Tendenz.

Der kleine Fluss Elz überflutet einen Ort in der Eifel.

Trockenheit in Deutschland im Jahr 2020

Bodenfeuchtezustand in circa 1,8 m Tiefe

- ungewöhnlich trocken
- moderate Dürre
- schwere Dürre
- extreme Dürre
- außergewöhnliche Dürre

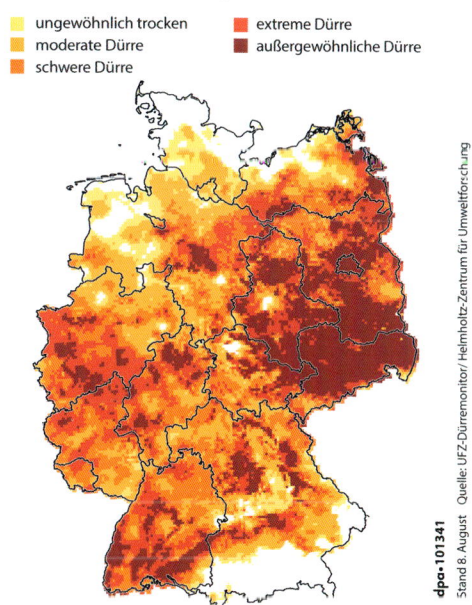

dpa-101341   Stand 8. August   Quelle: UFZ-Dürremonitor/ Helmholtz-Zentrum für Umweltforschung

Im Bericht des Weltklimarats vom August 2021 wird eindringlich vor den Folgen der Erderwärmung gewarnt. Sowohl durch Dürreperioden und Waldbrände als auch aufgrund von Überflutungen entstehen große Schäden, die nicht nur volkswirtschaftlich zu Buche schlagen, sondern auch immer mehr Menschenleben kosten. Deshalb hat die deutsche Regierung verschiedene Schutzprogramme verabschiedet, deren Ziel die Reduzierung der für den Klimawandel verantwortlichen Treibhausgasemissionen ist. Um den CO_2-Ausstoß bis 2030 stark zu reduzieren und bis 2045 eine Klimaneutralität zu erreichen, wird in den Ausbau erneuerbarer Energien, wie z. B. Windkraft, investiert. Im gleichen Zuge soll ein schrittweiser Rückgang der fossilen Energieversorgung erfolgen. Deutschland ist auch Mitglied des Pariser Klimaabkommens, das die teilnehmenden Staaten verpflichtet, die globale Erwärmung auf deutlich unter 2 °C zu begrenzen. Der Erfolg all dieser Bemühungen hängt im Wesentlichen davon ab, wie konsequent die Programme umgesetzt werden und in welchem Maße die Bevölkerung bereit ist, ihre Lebensgewohnheiten entsprechend zu verändern.

Die 16 Bundesländer

Städte – Landschaften –
Gewässer – Besonderheiten

SCHLESWIG-HOLSTEIN

Das nördlichste Bundesland Deutschlands liegt zwischen Nord- und Ostsee, was ihm den Beinamen „Land zwischen den Meeren" eingebracht hat. Im Norden grenzt es an Dänemark, im Süden an Niedersachsen und Hamburg und im Südosten an Mecklenburg-Vorpommern. Mit seinen vorgelagerten Inseln und einer Küstenlänge von 1190 km ist Schleswig-Holstein eine der beliebtesten Urlaubsregionen Deutschlands. Dementsprechend ist der Tourismus hier auch einer der wichtigsten Wirtschaftsfaktoren.

Schleswig-Holstein war schon früh besiedelt und bereits im 9. Jahrhundert entstand hier eine der größten Wikingersiedlungen, deren Überreste in Haithabu noch heute besichtigt werden können. Im Laufe der folgenden Jahrhunderte wurde das Land abwechselnd von dänischen und deutschen Machthabern regiert. 1864 führten die beidseitigen Besitzansprüche zum deutsch-dänischen Krieg. Die heutige Grenze zwischen Deutschland und Dänemark ist das Ergebnis einer Volksabstimmung im Jahr 1920, in der sich der Großteil der Bevölkerung Nord-Schleswigs für die Zugehörigkeit zu Dänemark entschied.

Lage: Norddeutschland

Fläche: 15 800 km²

Einwohner: 2,9 Millionen

Bevölkerungsdichte: 184 Einwohner pro km²

Landeshauptstadt: Kiel

Einwohner der Hauptstadt: 247 000

Höchster Berg: Bungsberg (167 m)

Größter See: Plöner See (28 km²)

Längster Fluss: Eider (188 km)

Landschaftlich ist Schleswig-Holstein an der Küste vom Wattenmeer, den Inseln und den Halligen geprägt. Im Osten trifft man auf eine flache, seenreiche Landschaft, die im Südosten in das Hügelland der Holsteinischen Schweiz übergeht. Eine Art landschaftliche Wahrzeichen sind die ca. 60 Leuchttürme, von denen ca. 50 noch aktiv sind. Der wohl berühmteste Leuchtturm steht auf Westerheversand: Der rot-weiß gestreifte Turm ist sozusagen das Wahrzeichen der Nordsee.

Auch kulturell ist das nördlichste Bundesland gut aufgestellt: Die Weite der Landschaft sowie die Naturgewalt der beiden Meere haben namhafte Künstler, wie den Maler Emil Nolde oder den Schriftsteller Theodor Storm, zu Meisterwerken inspiriert. So gibt es neben historischen Kulturgütern, wie der tausend Jahre alten Grenzbefestigung „Danewerk" an der Schlei, zahlreiche Museen und Einrichtungen, die ein lebendiges Bild der hiesigen Kunst- und Kulturgeschichte vermitteln.

Der Leuchtturm List-Ost steht auf der Sylter Halbinsel Ellenbogen.

Städte

■ Kiel

Die Landeshauptstadt Kiel ist mit einer Fläche von 119 km² und 247 000 Einwohnern die nördlichste Großstadt Deutschlands. Ihrer Lage an der Ostsee verdankt die im 13. Jahrhundert gegründete Stadt ihr wirtschaftliches Wachstum: Von Bedeutung sind vor allem die Fährverbindung nach Skandinavien und ins Baltikum, die großen Werften und der Marine-Stützpunkt. Die Marine verhalf der Stadt Ende des 19. Jahrhunderts zwar zur Bedeutung als preußischer Kriegshafen, war aber im Zweiten Weltkrieg auch der Grund für das äußerst starke Bombardement durch die Alliierten.

In Kiel findet alljährlich eines der größten Segelsportereignisse der Welt statt: die Kieler Woche. In der letzten Juni-Woche treffen sich dann Tausende von Segelbooten aus der ganzen Welt. Höhepunkt ist die traditionelle Windjammerparade, bei der mehr als hundert Großsegler und andere Segelschiffe, darunter auch die Gorch Fock, teilnehmen. Aufgrund der massiven Zerstörungen im Zweiten Weltkrieg verfügt Kiel – abgesehen von einigen Gründerzeitbauten – über keine Altstadt. Dennoch kann die Universitätsstadt mit vielen Sehenswürdigkeiten aufwarten: von dem imposanten Rathaus über den Botanischen Garten und die Kunsthalle bis hin zu den sehenswerten Schleusenanlagen des Nord-Ostsee-Kanals.

Rathaus und Opernhaus in Kiel.

■ Lübeck

Die zweitgrößte Stadt Schleswig-Holsteins wurde 1143 gegründet und erhielt schon wenige Jahre später das Stadtrecht. Als „Mutter der Hanse" legte sie den Grundstein für den Wohlstand der Hansestädte. Die Hanse war ein Bündnis

Das Holstentor in Lübeck.

aus Kaufmannsverbänden und Städten mit dem Ziel, den Handel zu vereinfachen. Die Schiffe der Hanse transportierten wertvolle Güter, was damals zunehmend auch Piraten, wie den berühmten Klaus Störtebeker, auf den Plan rief. Nach langen Jahren der Piraterie gelang es der Hanse, Störtebeker gefangen zu nehmen und damit der Seeräuberei einen empfindlichen Schlag zu versetzen.

Lübecks mittelalterliche Altstadt mit ihren zahlreichen Kulturdenkmalen ist heute Bestandteil des UNESCO-Welterbes. Ihren Beinamen „Stadt der sieben Türme" erhielt sie aufgrund der weithin sichtbaren Türme der Kirchen und des Doms in der Altstadt. Das bekannteste der gut erhaltenen Stadttore und zugleich Wahrzeichen der Stadt ist das Holstentor. Auch das Buddenbrookhaus zieht viele Besucher an: Hier lebten die Großeltern des berühmten Schriftstellers Thomas Mann.

■ Flensburg

Die strategisch günstige Lage an der Förde, einem Nebenarm der Ostsee, war im 12. Jahrhundert der Grund, warum das Königreich Dänemark hier eine Siedlung gründete. Seit 1864 gehört Flensburg zu Deutschland, aber der Einfluss des Nachbarlandes ist nach wie vor spürbar.

Die drittgrößte Stadt Schleswig-Holsteins ist seit jeher eng mit der Seefahrt verbunden. Von der früheren Bedeutung als Handelshafen zeugt noch heute das Rum-Museum. Der aus Westindien eingeführte Rohrzucker war die Basis für die Herstellung von Rum und es entstanden zahlreiche

Ein Segelboot segelt am Flensburger Hafen entlang.

Rum-Destillerien. Auch die jährlich stattfindende Rum-Regatta erinnert an diese Zeit.

In der Flensburger Altstadt finden sich viele steinerne Zeugen der Stadtgeschichte und im Historischen Hafen, der schon für einige Filme als Kulisse genutzt wurde, liegen klassische Segeljachten und Kutter. Deutschlandweit bekannt ist Flensburg als Standort der bundesdeutschen Verkehrssünderkartei – und wegen des berühmten Flensburger Bieres.

■ Friedrichstadt

Die Stadt zwischen den Flüssen Eider und Treene wurde 1621 gegründet. Ihr Name geht auf Herzog Friedrich III. zurück, der hier Religionsflüchtlinge aus Holland, die sogenannten Remonstranten, ansiedelte. Diese prägten das Stadtbild mit Grachten und Häusern im Stil niederländischer Backstein-Renaissance, die heute als Kulturdenkmal gelten. Das auch „Amsterdam des Nordens" genannte Städtchen lebt überwiegend vom Tourismus.

Die Kreisstadt Husum liegt direkt am Wattenmeer.

■ Schleswig

Die Kleinstadt an der Schlei war einst ein bedeutender Handelsplatz der Wikinger. Davon zeugen noch heute die Überreste in der nahegelegenen Siedlung Haithabu. Diese wurde gemeinsam mit dem Danewerk, einer ca. 30 km langen Wallanlage, 2018 als UNESCO-Welterbe ausgezeichnet. Neben der sanierten Altstadt mit dem stattlichen Dom ist die Fischersiedlung Holm besonders interessant. Die kleinen Häuschen haben zweigeteilte Türen, die sogenannten „Klöndören": Der obere Teil lässt sich öffnen, um mit Besuchern plaudern zu können, ohne sie einzulassen. Zahlreiche Museen, wie z. B. das Schleswig-Holsteinische Landesmuseum in Schloss Gottorf, weisen auf die kulturelle Bedeutung Schleswigs hin.

■ Husum

Die Kreisstadt Nordfrieslands liegt an der Nordsee, direkt am Wattenmeer. Sie ist zugleich das wirtschaftliche und kulturelle Zentrum der Region. Dem berühmtesten Sohn der Stadt, dem Schriftsteller Theodor Storm, verdankt Husum die Bezeichnung „graue Stadt am Meer". Dass dies heute nicht mehr zutrifft, beweist das rege Treiben in der Altstadt und am Hafen. Mit ihren abwechslungsreichen Museen, wie dem Nissenhaus oder dem Theodor-Storm-Haus, und Attraktionen wie der Krokusblüte im Schlosspark zieht die Stadt viele Besucher an.

Landschaft

■ Wattenmeer

Von den zahlreichen Naturparks in Schleswig-Holstein ist das Wattenmeer der spektakulärste: Dieser einzigartige ökologische Naturraum ist sogar ein UNESCO-Weltnaturerbe. Es umfasst die gesamte Nordseeküste Schleswig-Holsteins sowie die Halligen. Typisch für das Wattenmeer ist der große Tidenhub (Unterschied zwischen den Gezeiten) von ca. 3 m. Hier tummeln sich neben Fischen, Muscheln und Krebstieren die wohl bekanntesten Bewohner, die Wattwürmer. Die vorgelagerten Salzwiesen sind ein Refugium für zahlreiche Vogelarten und auf den Sandbänken leben Seehunde und Kegelrobben.

■ Holsteinische Schweiz

Das im Osten gelegene Hügelland ist mit einer Fläche von 750 km² der größte Naturpark Schleswig-Holsteins. Hier liegt auch die höchste Erhebung des Landes, der 167 m hohe Bungsberg. Die Grund- und Endmoränenlandschaft mit vielen Seen, Hügeln und Laubwäldern ist ein Relikt aus der letzten Eiszeit und bildet ein Stück Natur, das noch weitgehend intakt ist. Ihren Namen erhielt diese Region im 19. Jahrhundert, als Wohlhabende gerne in die Schweiz reisten und sich auch andere Gegenden gerne mit diesem Namen schmückten.

Der Natpurpark „Holsteinische Schweiz" ist 750 km² groß.

Die Ebbe am Wattenmeer in Nordfriesland.

Halligen

Die Halligen im Schleswig-Holsteinischen Wattenmeer sind weltweit einzigartig: Es handelt sich um kleine Inseln, die regelmäßig bei Hochwasser überflutet werden. Bei bewohnten Halligen liegen die Gehöfte auf sogenannten Warften, ca. 5 m hohe, künstlich aufgeschüttete Hügel, um sie vor Überflutung zu schützen. Es gibt fünf ganzjährig bewohnte Halligen: Langeneß, Oland, Gröde, Hooge und Nordstrandischmoor.

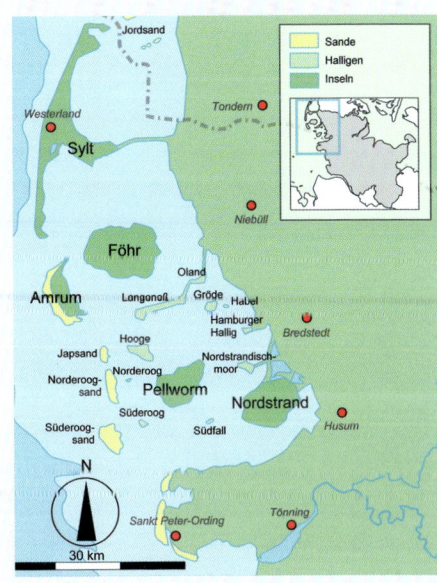

Marschland

Das Marschland an der Westküste Schleswig-Holsteins ist eng mit dem Wattenmeer verbunden: Durch den Zu- und Ablauf des Wassers werden Sedimente angeschwemmt, die sich ablagern und fruchtbare Böden bilden. Die nassen Bereiche werden als Weideland und die trockeneren als Anbaufläche für Getreide und Gemüse genutzt.

Geest

Von der dänischen Grenze bis kurz vor Hamburg erstreckt sich als Mittelrücken Schleswig-Holsteins die Geest. Im Gegensatz zum Marschland ist dieser Landschaftstyp weniger fruchtbar, er hat eher sandige Böden und große Heideflächen. Auch gibt es hier keine großen Seen. Typisch für die Geest sind die sogenannten „Knicks", Hecken, die als Zäune angelegt wurden.

Gewässer

Nord-Ostsee-Kanal

Seit über 100 Jahren durchtrennt der Nord-Ostsee-Kanal das Land und verbindet so die beiden Meere miteinander. Nach achtjähriger Bauzeit wurde der Kanal 1895 von Kaiser Wilhelm II. eröffnet. Um der schnellen Entwicklung der Schifffahrt gerecht zu werden, wurde er schon bald darauf ausgebaut und erweitert. Heute ist der Nord-Ostsee-Kanal die meistbefahrene künstliche Wasserstraße der Welt.

Eider

Bis zum Bau des Nord-Ostsee-Kanals war die Eider der längste Fluss in Schleswig-Holstein. Sie schlängelt sich von ihrer Quelle bei Wattenbek über Kiel und Rendsburg bis Friedrichstadt und Tönning und mündet schließlich in die Nordsee. Unterwegs vereint sie sich über eine Teilstrecke mit dem Nord-Ostsee-Kanal.

Sechs historische Backsteingebäude an der Oberen Trave.

Trave

Die Trave windet sich von ihrer Quelle bei Gießelrade in Ostholstein über mehr als 100 km bis Travemünde, wo sie in die Ostsee fließt. Dabei beginnt sie als beschauliches Flüsschen und wird ab Lübeck so breit und tief, dass auf ihr auch große Schiffe fahren.

*In Schleswig-Holstein gibt es **279** Landschaftsschutzgebiete und **einen** Nationalpark.*

Eisenbahnbrücke über dem Nord-Ostsee-Kanal mit einem Kontainerschiff in Rendsburg.

So glücklich sind die Deutschen im Jahr 2021

So bewerten die Menschen ihre Zufriedenheit auf einer Skala von 0 bis 10

- ☐ weniger als 6,50
- ☐ 6,51 bis 6,59
- ☐ 6,60 bis 6,69
- ☐ mehr als 6,70

SCHLESWIG HOLSTEIN 6,78

MECKLENBURG-VORPOMMERN 6,60

HAMBURG 6,74

BREMEN 6,35

NIEDERSACHSEN 6,59

BERLIN 6,20

SACHSEN-ANHALT 6,78

BRANDENBURG 6,74

NORDRHEIN-WESTFALEN 6,73

SACHSEN 6,58

THÜRINGEN 6,45

HESSEN 6,66

repräsentative Umfrage von 8452 Personen ab 16 Jahren zwischen Januar und Juni 2021

RHEINLAND-PFALZ 6,62

SAARLAND 6,46

BAYERN 6,77

BADEN-WÜRTTEMBERG 6,61

Quelle: Umfrageergebnis Deutsche Post Glücksatlas 2021

Die Prinzeninsel (oder Fürsteninsel) im Plöner See.

■ Plöner See

Der größte See Schleswig-Holsteins ist 28 km² groß. Aufgrund seiner Lage im Naturpark Schleswig-Holsteinische Schweiz ist er ein attraktives Ausflugsziel und besonders bei Wassersportlern sehr beliebt.

■ Selenter See

Mit seinen 22 km² Fläche ist der Selenter See der zweitgrößte Schleswig-Holsteins. Zahlreiche Badestellen machen ihn zu einem beliebten Ziel für die ganze Familie. Außerdem gilt der Selenter See als besonders fischreich.

Der Selenter See ist ein beliebtes Ausflugsziel.

*Laut einer Studie leben die **zufriedensten Menschen Deutschlands** in Schleswig-Holstein und Hamburg.*

■ Stör

Als Nebenfluss der Elbe ist die Stör in ihrem Unterlauf von den Gezeiten beeinflusst. Sie entspringt bei Willingrade und mündet bei Glückstadt in die Elbe. Der gleichnamige Fisch galt hier als nahezu ausgestorben – seit einigen Jahren versucht man, ihn wiederanzusiedeln.

Die „Lange Anna", ist ein Brandungspfeiler im Nordwesten der Insel Helgoland.

Inseln

■ Helgoland

Die Nordseeinsel Helgoland und ihre Nebeninsel Düne waren früher eins: 1721 zerbrach die Insel bei einer gewaltigen Sturmflut in zwei Teile. Besonders charakteristisch für Helgoland ist die Steilküste aus rotem Buntsandstein. Die 70 km vom Festland entfernte Insel lebt vom Tourismus und ist als zoll- und mehrwertsteuerfreies Einkaufsparadies bekannt.

■ Fehmarn

Die einzige Ostseeinsel Schleswig-Holsteins ist zugleich auch die drittgrößte Insel Deutschlands. Die Fehmarnsundbrücke verbindet sie mit dem Festland. Mit über 2000 Sonnenstunden jährlich zählt Fehmarn zu den sonnenreichsten Regionen, was es als Urlaubsziel besonders attraktiv macht.

■ Amrum

Amrum gehört zu den Nordfriesischen Inseln im Nationalpark Wattenmeer. Der Gegensatz von größeren Waldgebieten, ausgedehnten Heideflächen und riesigen Sandstränden verleiht der Insel ihren besonderen Reiz. Der sogenannte Kniepsand, eine ehemalige Sandbank, gehört zu den breitesten Stränden Nordeuropas.

Die Fehmarnsundbrücke

DÄNEMARK

Lolland · Falster
Rødby · Nykøbing
Fehmarnbelt

Ostsee
Fehmarn   geplanter Tunnel
Eckernförde   · Puttgarden
Fehmarn-sundbrücke

SCHLESWIG-
· Kiel

HOLSTEIN
Eutin
Neumünster   20 km

Einweihung: **30.4.1963**
Länge: ········ **963 m**
Breite: ········ **21 m**
2 Fahrspuren
Eisenbahnschienen
Gehweg

dpa·21514

Der Leuchtturm auf der Insel Amrum.

44

■ Föhr

Mit 82 km² ist sie die zweitgrößte Nordseeinsel. Hier sind elf Dörfer sowie die Inselhauptstadt Wyk angesiedelt. Die flache Landschaft ist im Norden durch Marschland und im Süden durch Geest geprägt. Außerdem erstreckt sich hier die letzte Lagunensalzwiese Schleswig-Holsteins von der Godelmündung bis zur Nordsee – ein Brutgebiet für Tausende von Seevögeln. Auf Föhr finden sich noch historische Windmühlen, wie die Wrixumer Mühle.

Eine historische Windmühle auf der Insel Föhr.

Rungholt — Atlantis der Nordsee

Rungholt war einst eine bedeutende Hafenstadt, die in der Nähe von Pellworm an der Hallig Südfall gelegen haben soll. Bei der Jahrhundertflut im Jahr 1362 wurde Rungholt vollständig überflutet und lange gab es keine Belege für dessen Existenz. 1921 fand der Landwirt Andreas Busch Spuren der alten Hafenstadt. Einige der Funde kann man noch heute im Rungholt-Museum auf Pellworm und im Nordsee-Museum Husum begutachten.

Links: Mutmaßliche Küstenlandschaft Nordfrieslands vor der verheerenden Sturmflut im Jahr 1362 einschließlich Rungholt und der Insel Strand.

Rechts: Die Küstenlandschaft Nordfrieslands heute.

■ Sylt

Sylt mit seiner typischen langgestreckten Form liegt vor der schleswig-holsteinischen und dänischen Küste. Ungefähr die Hälfte der Fläche steht unter Naturschutz. Landschaftliche Besonderheiten sind die Wanderdünen, die Kliffs und die Heideflächen. Die Insel mit ihren bedeutenden Kurorten Westerland und Kampen ist über einen 11 km langen Eisenbahndamm mit dem Festland verbunden.

Mit Gras bewachsene Dünen am Stand von Sylt.

Leuchttürme

Leuchttürme sind nicht nur beliebte Ausflugsziele, seit jeher dienen sie Seefahrern zur Orientierung. Trotz digitaler Navigationshilfen können die Schifffahrtszeichen nicht vollständig ersetzt werden – sie dienen als Absicherung bei GPS-Ausfällen oder anderen Technikproblemen. Doch der Fortschritt macht sich auch hier bemerkbar: heute werden sie zunehmend mit LED-Leuchtmitteln betrieben.

Leuchtturm Westerheversand

Der als Werbemotiv einer Brauerei berühmt gewordene Turm ist 40 m hoch und hat neun Stockwerke. Der Leuchtturm wird automatisch betrieben und das Licht hat eine Reichweite von 39 km. Er liegt auf einer Warft zwischen zwei Leuchtturmwärterhäusern bei Eiderstedt.

Die Insel Sylt hat einen ca. 40 km langen Weststrand.

SYLT

Nordfriesische
Inseln

FÖHR

AMRUM

Halligen

PELLWORM

NORD-
STRAND

NORDSEE

Watten-
meer

EIDERSTEDT

HELGOLAND

TRISCHEN

Nordfriesland

Geest

Husum

Friedrichstadt

Eider

Marschland

Dithmarscher

Nord-Ostsee-Kanal

Flensburg

Schleswig

Rendsburg

KIEL

Neumünster

Stör

Itzehoe

Elmshorn

OSTSEE

Kieler Bucht

FEHMARN

Fehmarn-sund

Selenter
See

Holsteinische
Schweiz

Bungs-
berg

Plöner See

Lübecker Bucht

Lübeck

Trave

Ahrensburg

Elbe-Lübeck-Kanal

Geesthacht

Elbe

HAMBURG

Die Freie und Hanse- stadt Hamburg wird aufgrund ihrer Lage, von der Elbmündung ca. 100 km stromauf- wärts, auch als „Tor zur Nordsee" be- zeichnet. Im Norden grenzt Hamburg an Schleswig-Holstein und im Süden an Nieder- sachsen. Die zweitgrößte Stadt Deutschlands ist ein Stadtstaat und hat den politischen Rang eines Bundeslandes. Wirtschaftlich gesehen ist Hamburg aufgrund seiner Lage und seines Hafens von internationaler Bedeutung.

Der Ursprung der Stadt war ein im 9. Jahr- hundert unter Karl dem Großen entstandenes Dorf namens Hammaburg, in dem nur wenige Fischer, Bauern und Handwerker lebten. Schon bald zerstörten die Wikinger die Siedlung – nur eine Etappe in der dann folgenden, wechselvollen Geschichte der Stadt, die heute das wirtschaftliche und kulturelle Zentrum Nord- deutschlands ist.

Lage: Norddeutschland

Fläche: 755 km²

Einwohner: 1,8 Millionen

Bevölkerungsdichte: 2453 Einwohner pro km²

Landeshauptstadt: Hamburg

Höchstes Bauwerk: Heinrich-Herz Turm (276 m)

Höchster Berg: Hasselbrack (116 m)

■ Alster

Die Alster ist das prägende Gewässer der Hamburger Innenstadt: Auf ihrem Weg wird sie zur Außenalster und dann zur Binnenalster, bis sie schließlich als Alsterfleet in die Elbe fließt. Die Außenalster bietet den Hamburgern viele Sport- und Freizeitmöglich- keiten, während die Binnenalster mit dem bekann- ten Jungfernstieg eher zum Flanieren einlädt. Das Alsterfleet wird von den Alsterarkaden gesäumt, die hier für südländisches Flair sorgen.

Mit **2500 Brücken** ist Hamburg die brückenreichste Stadt **Europas**.

Das geschäftige Treiben auf der Elbe, im Hintergrund die Elbphil- harmonie.

Die Binnenalster im Sommer mit dem Turm der ehemaligen Nikolaikirche und dem Rathausturm im Hintergrund. Im Winter kann man auf der Binnenalster Schlittschuh laufen.

8 Prozent der Fläche Hamburgs besteht aus **Wasser**.

■ Elbe

Die Elbe ist Hamburgs Tor zur Nordsee. Ihr verdankt die Stadt nicht nur den bedeutenden Hafen, sondern auch die maritime Atmosphäre – sei es im vornehmen Blankenese oder an den beliebten Elbstränden.

■ Elbtunnel

Bereits im Jahr 1911 eröffnete der Alte Elbtunnel, der St. Pauli mit der Elbinsel Steinwerder verbindet. Seit der Fertigstellung des Neuen Elbtunnels 1974 dient er nur noch dem innerstädtischen Verkehr und steht mittlerweile unter Denkmalschutz. Durch den Neuen Elbtunnel verläuft eine der wichtigsten Verkehrsachsen in den Norden, die Autobahn A7.

Ein Seehafen an der Elbe.

■ Hafen

Der Hamburger Hafen ist der drittgrößte Containerhafen Europas und ein Ort der Superlative: So werden hier beispielsweise pro Jahr weit über 100 Millionen Tonnen Ladung verschifft, mehr als 2300 Güterzüge pro Woche abgefertigt sowie pro Jahr über 150 Kreuzfahrtschiffe an drei Terminals. Offizielles Gründungsdatum des Hamburger Hafens ist der 7. Mai 1189. Dieser Hafengeburtstag wird alljährlich mit einem mehrtägigen Fest begangen.

■ Fischmarkt

Seit 1703 dürfen Fischer in Altona am frühen Sonntagmorgen ihre Ware verkaufen. Sie erhielten eine Sondergenehmigung, damit die Fische nicht übers Wochenende verdarben. Im Laufe der Zeit kam der Verkauf von Obst und Gemüse hinzu und heute ist der Fischmarkt ein Touristenmagnet: Jeden Sonntagmorgen ab 5 Uhr (im Winter ab 7 Uhr) treffen sich hier Zehntausende von Besuchern, um einzukaufen oder in der historischen Auktionshalle bei Live-Musik zu frühstücken.

■ Speicherstadt

Die von Fleeten (Wassergräben) durchzogene
Speicherstadt wurde Ende des 19. Jahrhunderts
erbaut und ist der weltweit größte zusammen-
hängende Lagerhauskomplex. Sie steht unter
Denkmalschutz und seit 2015 auf der Liste des
UNESCO-Welterbes.

Die Backsteingebäude sind auf Eichenpfählen
errichtet. Sie haben jeweils auf einer Seite eine
Anbindung ans Wasser und auf der anderen Seite
an die Straße, sodass die Waren sowohl zu Wasser
als auch zu Lande angeliefert werden konnten.
Heute beherbergen die Speicher neben Waren
zahlreiche Museen.

1020 © **dpa•themendienst**

■ HafenCity und Elbphilharmonie

Die zwischen Innenstadt und Elbe gelegene
HafenCity ist kein gewachsener Stadtteil, sondern wurde nach Plan erstellt. Seit 2003 werden
hier auf 2,2 km² Büros, Wohnungen, Restaurants,
Geschäfte und Kindergärten gebaut, umgeben
von Kanal- und Flussläufen. Der besondere Reiz
der HafenCity besteht im Kontrast zwischen
Moderne und Vergangenheit, da auch die direkt
angrenzende Speicherstadt dazuzählt. Das bekannteste moderne Bauwerk ist die Elbphilharmonie, Konzerthaus und neuestes Wahrzeichen der
Stadt zugleich. Nach 10-jähriger Bauzeit wurde
das architektonisch bemerkenswerte Haus 2017
eröffnet.

*Der **Jungfernstieg** war die **erste asphal-
tierte Straße** in ganz Deutschland.*

Die Backsteingebäude der Speicherstadt.

Die Alsterarkaden im historischen Zentrum.

■ St. Pauli

Der Stadtteil in der Mitte Hamburgs wird meist mit seinem Vergnügungsviertel und der Reeperbahn, der „sündigsten Meile der Welt", gleichgesetzt. Hier befinden sich fast schon legendäre Orte, wie die Große Freiheit, die Davidswache oder der „Star-Club", in dem die Weltkarriere der Beatles begann.

Hamburg gehört mit **114 m² Grünfläche** pro Einwohner zu den zehn **grünsten Metropolen** der Welt.

EIMS-
BÜTTEL

WANDSBEK

NORD

ALTONA

Außen-
alster

Binnenalster

Elbe

MITTE

HARBURG

BERGEDORF

*Der **Turm** der evangelischen Hauptkirche **St. Michaelis**.*

Die Elbphilharmonie, ein Wahrzeichen Hamburgs.

MECKLENBURG-VORPOMMERN

Das Bundesland im Nordosten Deutschlands grenzt an Schleswig-Holstein, Niedersachsen und Brandenburg. Es ist das am dünnsten besiedelte Bundesland und verfügt dementsprechend über große Naturflächen. So hat Mecklenburg-Vorpommern von allen Bundesländern den größten Anteil an Naturschutzgebieten. Das Binnenland ist flach bis hügelig: Die höchste Erhebung sind die 179 m hohen Helpter Berge. Mit einer Küstenlänge von ca. 1700 m verfügt Mecklenburg-Vorpommern außerdem über die längste Küste. Sie ist geprägt durch den „Bodden", eine nacheiszeitliche Grundmoränenlandschaft. Der Küste vorgelagert sind zahlreiche Inseln, darunter Rügen und Usedom, die größten Inseln sowohl von Mecklenburg-Vorpommern als auch von Deutschland. Aufgrund der landschaftlichen Gegebenheiten sind der Tourismus und die Landwirtschaft wichtige Wirtschaftszweige.

Das heutige Mecklenburg-Vorpommern entstand nach dem Zweiten Weltkrieg aus Mecklenburg und Pommern und war Bestandteil der

Lage: Nordostdeutschland

Fläche: 23 211 km²

Einwohner: 1,6 Millionen

Bevölkerungsdichte: 69 Einwohner pro km²

Landeshauptstadt: Schwerin

Einwohner der Hauptstadt: 96 000

Höchster Berg: Helpter Berge (179 m)

Größte Insel: Rügen (926 km²)

Größter See: Müritz (117 km²)

Sowjetischen Besatzungszone. Mit dem Inkrafttreten der Verfassung der DDR 1949 gehörte das Gebiet – allerdings unter anderer Bezirkseinteilung – bis zur Wiedervereinigung zur Deutschen Demokratischen Republik. Bei der Festlegung der Landeshauptstadt des „neuen" Bundeslandes Mecklenburg-Vorpommern setzte sich Schwerin 1990 in einem Wettbewerb gegen Rostock durch.

Obwohl das Bundesland vor allem wegen seiner natürlichen Attraktionen, wie der Kreidefelsen auf Rügen oder der Mecklenburgischen Seenplatte, bekannt ist, hat es auch kulturell einiges zu bieten.

Steg an einem See in Malchow.

Hier wurden große Künstler, wie Caspar David Friedrich oder Philipp Otto Runge, zu Meisterwerken inspiriert. Heute gibt es in Mecklenburg-Vorpommern eine vielfältige Kunstszene mit Künstlerkolonien, Galerien und Museen.

Städte

■ Schwerin

Die kleinste aller Landeshauptstädte mit einer Fläche von 130 km² und 96 000 Einwohnern liegt am Schweriner See, dem größten der Seen, die die Stadt umgeben. Die „Stadt der zwölf Seen" ist Teil der Mecklenburgischen Seenplatte. Seinen Ursprung hat Schwerin in einer um 500 von slawischen Stämmen errichteten Burg. Das Jahr 1160 gilt als Gründungsjahr Schwerins, denn damals eroberte Heinrich der Löwe die Burg und begann, die Stadt auszubauen. An der Stelle der Burg entstand später das heutige Schloss, in dem lange die mecklenburgischen Herzöge residierten und das heute nicht nur Sitz des Landtags, sondern auch das Wahrzeichen der Stadt und ein Touristenmagnet ist.

Auch die Schweriner Altstadt ist architektonisch und kulturell sehr sehenswert: Der in Backsteingotik erbaute Dom, die Stadthäuser sowie das denkmalgeschützte Hauptpostamt sind nur einige Beispiele. Zahlreiche Theater, Museen oder saisonale Veranstaltungen runden das Kulturangebot ab.

Schwerin ist nicht nur ein für die Region bedeutender Wirtschaftsstandort, es ist mit verschiedenen Studienangeboten auch ein attraktiver Hochschulstandort.

■ Rostock

Die Hansestadt erstreckt sich entlang des Flusses Warnow bis hin zur Ostsee. Sie ist mit über 200 000 Einwohnern die bevölkerungsreichste Stadt des Landes. Wirtschaftlich profitiert sie von ihrer Lage an der Ostsee und der Nähe zu dem größten Kreuzfahrthafen Deutschlands im

Das Schweriner Schloss wird aufgrund seiner zahlreichen Türme und Verzierungen häufig als Märchenschloss bezeichnet.

Stadtteil Warnemünde. Bereits im 13. Jahrhundert wurde Rostock als Mitglied der Hanse zur bedeutendsten Hafenstadt der Region. 1419 erfolgte die Gründung der Universität, die heute die älteste in Nordeuropa ist und auf berühmte Absolventen, wie z. B. Erich Kästner, verweisen kann.

In Rostock stehen sich traditionelle, historische Bauten, wie Kirchen, Klöster und gotische Giebelhäuser, und moderne Architektur sowie Plattenbauten aus Zeiten der DDR gegenüber. Die Ostsee-typische Backsteingotik vereint sich hier mit großstädtischen Kultur- und Freizeitangeboten zu hanseatischem Flair. Die Altstadt mit dem Neuen Markt und dem über 700 Jahre alten Rathaus sind ein besonderer Anziehungspunkt.

Das Treptower Tor in Neubrandenburg.

■ Neubrandenburg

Die drittgrößte Stadt Mecklenburg-Vorpommerns wird aufgrund der gut erhaltenen Stadttore der mittelalterlichen Wehranlage auch ,,Stadt der vier Tore" genannt. Den Grundstein dafür legte im Jahr 1248 Herbord von Raven, der den Auftrag erhalten hatte, hier eine Stadt zu errichten. Neubrandenburg liegt in einer eiszeitlich geformten Hügellandschaft. Durch ihre Lage am Tollensesee hat die Stadt einen hohen Freizeitwert.

Aufgrund ihrer zahlreichen Backsteinbauten sowie der Konzertkirche, einer gotischen Backsteinkirche, ist die Stadt Teil der ,,Europäischen Route der Backsteingotik". Das Schauspielhaus in Neubrandenburg ist das älteste erhaltene Theatergebäude in Mecklenburg-Vorpommern. Auch für den Sport hat Neubrandenburg eine besondere historische Bedeutung: Hier unterrichtete zu Beginn des 19. Jahrhunderts ,,Turnvater" Ludwig Jahn, woraus sich die berühmte Turnbewegung entwickelte.

*Im Bundesland **Mecklenburg-Vorpommern** wohnen nur **halb so viele Menschen** wie in Berlin.*

Kanal zur Ostsee im Rostocker Stadtteil Warnemünde.

■ Stralsund

Stralsund erhielt im Jahr 1234 das Stadtrecht. Durch ihre Lage an einem Seitenarm der Ostsee, dem Strelasund, wurde die Stadt bereits früh zu einem wichtigen Handelszentrum und war Gründungsmitglieder der Hanse. Der Hafen ist heute noch von großer wirtschaftlicher Bedeutung und das hier gelegene Ozeanum mit seinen riesigen Aquarien zieht Tausende von Besuchern an. Stralsund ist auch das „Tor zur Insel Rügen", da es mit dieser durch zwei Brücken verbunden ist. Die historische Altstadt von Stralsund steht seit 2002 auf der Welterbeliste der UNESCO. Während der Blütezeit der Stadt im 14. und 15. Jahrhundert entstanden hier zahlreiche Gebäude im Stil der Backsteingotik, wie beispielsweise die Tore der Stadtmauer oder das besonders eindrucksvolle Rathaus.

Die Hanestadt Stralsund gehört zum UNESCO-Welterbe.

■ Greifswald

Die Hansestadt liegt an der Mündung des Flusses Ryck am Greifswalder Bodden. Sie entwickelte sich Anfang des 13. Jahrhunderts aus der Klosteranlage Eldena und erhielt im Jahr 1250 die Stadtrechte. Der frühere Reichtum der Stadt ist noch heute an den üppig dekorierten Häusern in Backsteingotik ablesbar. Das Wahrzeichen Greifswalds ist der sehenswerte, ebenfalls aus Backstein errichtete Dom. Greifswald ist eine wichtige Universitätsstadt und die hiesige Universität gehört zu den ältesten in Deutschland. Einer der bekanntesten Söhne der Stadt ist der Maler Caspar David Friedrich, dessen Lebens- und Schaffensstationen u. a. auf einem Bildweg dargestellt sind. Auch der bedeutende Schriftsteller Hans Fallada wurde in Greifswald geboren.

Der Dom in Greifswald, ein gotischer Backsteinbau.

■ Wismar

Die in der Wismarer Bucht gelegene Hansestadt wurde 1229 zum ersten Mal urkundlich erwähnt und erhielt nur wenige Jahre später das Stadtrecht. Von 1648 bis 1803 stand Wismar unter schwedischer Herrschaft. Daran erinnert heute noch das jährlich stattfindende „Schwedenfest". Der ehemals bedeutende Alte Hafen ist heute nur noch touristisch gesehen interessant, z. B. bei den alljährlichen „Heringstagen" oder beim Hafenfest.

Der Marktplatz von Wismar mit dem Brunnen „Wasserkunst".

Gemeinsam mit Stralsund erhielt die historische Altstadt Wismars im Jahr 2002 einen Platz auf der Welterbeliste der UNESCO. Wie in den meisten Hansestädten ist auch das Stadtbild Wismars von der Backsteingotik geprägt. Auf dem 100 x 100 m großen Marktplatz befindet sich die „Wasserkunst", ein Renaissance-Brunnen, der bis Ende des 19. Jahrhunderts die Versorgung mit Trinkwasser sicherstellte.

Landschaft

■ Mecklenburgische Seenplatte

Im Süden von Mecklenburg-Vorpommern liegt das „Land der 1000 Seen": Hier verbinden sich die Müritz, Deutschlands größter Binnensee, und unzählige Flüsse und Seen zu einem 240 km langen und 30 km breiten Seengebiet, das zugleich mehrere Nationalparks einschließt. Die Mecklenburgische Seenplatte entstand während der letzten Eiszeit, der Weichseleiszeit, vor etwa 100 000 Jahren.

Ursprünglich war sie ein einziger großer See, der im Laufe der Zeit durch zunehmende Absenkung des Seespiegels in mehrere kleinere aufgeteilt wurde. Die Mecklenburgische Seenplatte ist ein Paradies für Naturliebhaber: Wassersportler, Wanderer und Radfahrer finden hier ideale Bedingungen vor.

Mecklenburgische-Seenplatte

1196 © dpa•themendienst

■ Vorpommersche Boddenlandschaft

Der Nationalpark Vorpommersche Boddenlandschaft erstreckt sich zwischen der Halbinsel Darß-Zingst und der Westküste von Rügen auf einer Fläche von knapp 800 km^2 und verläuft bis weit in die Ostsee hinein. Mit Bodden bezeichnet man salzhaltige Gewässer, die in Form von schmalen Ablaufrinnen mit dem Meer verbunden sind. Die Boddenlandschaft bietet zahlreichen geschützten Arten einen Lebensraum: So wurden alleine in den Küstenvogelbrutgebieten 34 Arten registriert. Hier rasten im Herbst Zehntausende Kraniche auf ihrem Weg in den Süden.

*Mit **2100 Sonnenstunden** jährlich ist Mecklenburg-Vorpommern das **sonnigste** Bundesland.*

Die Mecklenburgische Seenplatte ist Deutschlands größtes Gewässernetz mit Wasserwegen mit einer Länge von 180 000 km.

Im Nationalpark Vorpommersche Boddenlandschaft rasten im Herbst viele Kraniche.

*Der älteste deutsche Seebadeort **Heiligendamm** wurde **1793** gegründet.*

Gewässer

■ Elde

Mit 208 km Länge ist die Elde der längste Fluss in Mecklenburg-Vorpommern. Sie fließt von der Müritz aus durch mehrere Seen der Mecklenburgischen Seenplatte und mündet schließlich in die Elbe. Sie ist Teil der Müritz-Elde-Wasserstraße, der jedoch aufgrund ihrer geringen Breite und Tiefe keine größere Bedeutung zukommt.

■ Müritz

Die Müritz ist Teil der Mecklenburgischen Seenplatte und mit mehr als 110 km Fläche der größte Binnensee Deutschlands. Im Osten begrenzt er den Müritz-Nationalpark mit seinen ausgedehnten Wäldern, wohingegen sich im Westen eine hügelige Wiesenlandschaft anschließt. Am nördlichen Ende liegt die Stadt Waren mit ihrer schön restaurierten Altstadt.

Die Stadt Waren am Ufer der Müritz.

Inseln

■ Rügen

Die größte deutsche Insel ist durch den Rügendamm und die Rügenbrücke mit dem Festland und der Stadt Stralsund verbunden. Bekannt ist Rügen vor allem aufgrund der weißen Kreidefelsen, die ebenso wie die großen Buchenwälder zum Jasmund Nationalpark gehören und als UNESCO-Weltnaturerbe ausgezeichnet wurden.

Der berühmteste Felsen ist der 118 m hohe Königsstuhl. Ein beliebtes Ausflugsziel ist Kap Arkona, eine 43 m hohe Kreideküste im Norden der Insel. Eine Besonderheit ist die Bäderarchitektur, die die traditionsreichen Badeorte auf Rügen prägt – allen voran Sellin mit der prunkvollen Seebrücke und Binz mit den kunstvoll dekorierten weißen Villen.

■ Usedom

Usedom ist die zweitgrößte und zugleich am östlichsten gelegene Insel Deutschlands. Ein kleiner Teil der Insel gehört bereits zu Polen. Der hauptsächliche Wirtschaftsfaktor der sonnenreichen Insel ist der Tourismus. An der schmalsten Stelle Usedoms liegen die vier „Bernsteinbäder", an deren Stränden besonders viel Bernstein gefunden wird. Auch für die Bäderarchitektur ist Usedom bekannt und in den Seebädern Ahlbeck, Heringsdorf und Bansin haben in früheren Zeiten sogar die deutschen Kaiser ihren Urlaub verbracht.

Kreidefelsen auf der Insel Rügen.

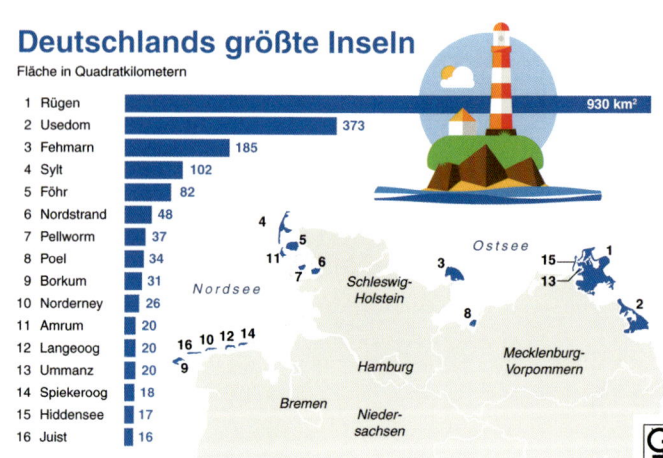

Deutschlands größte Inseln
Fläche in Quadratkilometern

		km²
1	Rügen	930 km²
2	Usedom	373
3	Fehmarn	185
4	Sylt	102
5	Föhr	82
6	Nordstrand	48
7	Pellworm	37
8	Poel	34
9	Borkum	31
10	Norderney	26
11	Amrum	20
12	Langeoog	20
13	Ummanz	20
14	Spiekeroog	18
15	Hiddensee	17
16	Juist	16

Quelle: Statistisches Bundesamt (Statistisches Jahrbuch 2016)

© Globus 11877

Das Bundesland hat eine 1470 km lange Ostseeküste. Die Außenküste beträgt 337 km.

Das Seeheilbad Ahlbeck an der Küste von Usedom ist eines der drei Kaiserbäder. Es liegt direkt an der Grenze zu Polen und zum polnischen Seebad Swinemünde.

■ Hiddensee

Die westlich vor Rügen gelegene, ca. 17 km lange Insel, zeigt verschiedene Landschaftsbilder: Im Norden findet sich das Hochland mit seiner Steilküste, in der Mitte das Flachland mit seinen großen Küstendünenheiden und im Süden ein meist unzugängliches sandiges Vogelschutzgebiet. Hiddensee ist eine autofreie Insel und der Personentransport erfolgt hier mit Pferdefuhrwerken. Anfang des 20. Jahrhunderts wurde Hiddensee zur Künstlerkolonie, in der viele Künstler den Sommer verbrachten. Eine Spezialität der Insel ist der Sanddorn, der hier verbreitet wächst und zu allerlei Produkten, wie z. B. Likör oder Cremes, verarbeitet wird.

Der Leuchtturm Dornbusch auf der Insel Hiddensee ist über 27 m hoch.

Die Rügenbrücke und der Rügendamm zwischen Stralsund und der Insel Rügen. Das imposante Bauwerk wurde im Oktober 2007 eröffnet.

HIDDENSEE

Vorpommersche
Boddenlandschaft

RÜGEN

OSTSEE

Stralsund

Greifswalder
Bodden

Pommersche
Bucht

OSTSEE

Rostock

Greifswald

Lübecker
Bucht

POEL

Demmin

USEDOM

Wismar

Anklam

Stettiner Haff

Güstrow

Kumerower See

Schweriner
See

SCHWERIN

Neubrandenburg

Helpter Berge ▾

Pasewalk

Mecklenburgische
Seenplatte

Parchim

Müritz

Elde

Plauer
See

Ludwigslust

NIEDERSACHSEN

Das Bundesland im Nordwesten Deutschlands ist nach Bayern das zweitgrößte Bundesland. Es grenzt an neun deutsche Nachbarländer sowie an drei niederländische Provinzen und an die Nordsee. Das Land war einst die Heimat der Sachsen, eines germanischen Volksstammes, der sich hier bereits seit dem 3. Jahrhundert niedergelassen hatte. Im Laufe der Jahrhunderte teilten verschiedene Machthaber, wie Heinrich der Löwe, Kaiser Barbarossa oder Napoleon, das Land immer wieder neu auf, bis nach dem Ende des Zweiten Weltkriegs die Grenzen des heutigen Niedersachsens festgelegt wurden.

Vor der Küste Niedersachsens erstreckt sich ein einzigartiges Ökosystem, das Weltnaturerbe Wattenmeer, zu dem auch die vorgelagerten Ostfriesischen Inseln gehören: Borkum, Baltrum, Norderney, Juist, Langeoog, Spiekeroog und Wangerooge. Die im Norden flache Landschaft wird nach Südosten hin immer hügeliger: Die höchste Erhebung ist der 971 m hohe Wurmberg im Harz. In den fruchtbaren Gebieten in der Mitte des Landes werden unter anderem Zuckerrüben, Getreide, Kartoffeln, Obst und der als regionale Spezialität bekannte Grünkohl angebaut.

Lage: Nordwestdeutschland

Fläche: 47 624 km²

Einwohner: 7,9 Millionen

Bevölkerungsdichte: 166 Einwohner pro km²

Landeshauptstadt: Hannover

Einwohner der Hauptstadt: 533 000

Höchster Berg: Wurmberg (971 m)

Längster Fluss: Weser (353 km)

Größter See: Steinhuder Meer (29 km²)

Neben der Landwirtschaft sind der Fahrzeug- und Schiffsbau und vor allem der Tourismus von wirtschaftlicher Bedeutung. Touristische Anziehungspunkte sind neben der Küste mit dem Wattenmeer und den Inseln auch die zahlreichen kulturellen Angebote der Städte. Überhaupt gab es in der Vergangenheit viele namhafte Künstler, die hier lebten und wirkten, wie zum Beispiel Wilhelm Busch, Erich Maria Remarque, Rainer Maria Rilke oder Arno Schmidt. Internationale Berühmtheit erlangte Ende des 19. Jahrhunderts die Künstlerkolonie Worpswede.

Eine Besonderheit Niedersachsens ist die Sprache: Hier wird deutschlandweit das reinste Hochdeutsch gesprochen!

Die *ostfriesische Sprache* ist nahezu ausgestorben – nur in der Gemeinde *Saterland* wird sie noch gesprochen.

Der Pilsumer Leuchtturm war 1989 Drehort für Otto Walkes' Film „Otto – der Außerfriesische".

Städte

■ Hannover

Die 204 km² große Landeshauptstadt hat 533 000 Einwohner und zählt somit zu den einwohnerreichsten Städten Deutschlands. Im Jahr 950 entstand am Ufer der Leine eine Siedlung, da sich hier zwei Fernhandelsstraßen kreuzten. Ein strategisch gut gewählter Ort, der der Stadt im 14. Jahrhundert einen aufblühenden Handel und den Beitritt zur Hanse bescherte. Doch zwischen dieser ersten Besiedelung und der heutigen Großstadt liegt eine wechselvolle Geschichte, in deren Verlauf die Stadt unter anderem niedergebrannt, wiederaufgebaut und im Zweiten Weltkrieg ausgebombt worden ist.

Das Neue Rathaus in Hannover.

Heute ist Hannover eine international bekannte Messestadt mit dem größten Messegelände der Welt. Außerdem ist sie Standort zahlreicher Hochschulen, unter anderem der nach dem Universalgenie Gottfried Wilhelm Leibniz benannten Universität.

Aufgrund der Zerstörung während des Zweiten Weltkriegs hat Hannover keine intakte Altstadt. Obwohl die Architektur der Nachkriegszeit hier dominiert, finden sich dennoch zahlreiche sehenswerte Gebäude, wie z. B. Fachwerkhäuser, die Marktkirche im Stil der Backsteingotik oder das schlossartige Neue Rathaus.

Kulturell ist Hannover gut aufgestellt: Verschiedene Kunstrichtungen werden in den zahlreichen Museen und Galerien präsentiert. So zieren die spektakulären „Nanas", Plastiken der Künstlerin Niki de St. Phalle und gleichzeitig die Wahrzeichen der Stadt, das Leibnizufer. Über die Landesgrenzen hinaus bekannt sind die Herrenhäuser Gärten, die zu den bedeutendsten Barockgärten Europas zählen.

■ Braunschweig

Mit seinen knapp 250 000 Einwohnern ist Braunschweig die zweitgrößte Stadt Niedersachsens. Im 9. Jahrhundert beidseitig des Flusses Oker gegründet, war sie im 12. Jahrhundert die Residenzstadt von Heinrich dem Löwen, der wesentlich zur Stadterweiterung beitrug. Als Zeichen seiner Macht ließ er einen bronzenen Löwen errichten, der heute auf dem Burgplatz steht und das Wappentier der Stadt ist: der Burglöwe.

Es gibt in Niedersachsen insgesamt **182 Freizeitparks.**

Der Braunschweiger Altstadtmarkt mit dem Gewandhaus und dem Zollhaus (links im Bild) und der Martinikirche (mittig).

Bis zum Zweiten Weltkrieg galt Braunschweig als größte Fachwerkstadt Deutschlands. Davon blieb jedoch nach der Bombardierung nicht viel übrig. Heute gibt es die sogenannten „Traditionsinseln", städtische Bereiche mit besonders erhaltenswerten Gebäuden, die noch einen Eindruck von der früheren Altstadt vermitteln.

Braunschweig ist nicht nur Wissenschaftsstadt, es beherbergt auch bedeutende und traditionsreiche Museen, wie zum Beispiel das größte kunst- und kulturgeschichtliche Museum Deutschlands. Auch das 300 Jahre alte Staatstheater und zahlreiche Musikveranstaltungen und Festivals machen Braunschweig zu einem kulturellen Zentrum der Region.

■ Oldenburg

Die Universitätsstadt mit 170 000 Einwohnern wurde 1108 erstmals urkundlich als *„Aldenburg"* erwähnt. Die Grafen von Oldenburg errichteten hier eine Wasserburg, den Vorläufer des heutigen Schlosses. Im Laufe der Geschichte wurde Oldenburg unter anderem von den Dänen regiert; in diese Zeit fällt auch ein großer Brand, dem große Teile der damaligen Siedlung zum Opfer fielen.

Einer der wesentlichen Wirtschaftszweige in Oldenburg ist seit jeher der Einzelhandel.

Boote ankern im Hafen von Oldenburg.

Die beliebte Fußgängerzone wurde 1967 eingerichtet, gehört zu den ältesten in Deutschland und ist ein Anziehungspunkt für Einkaufswillige aus der gesamten Region. Außerdem trifft man hier auf zahlreiche sehenswerte, klassizistische Gebäude. In ganz Oldenburg finden sich architektonisch interessante Bauten aus fünf Jahrhunderten, wie zum Beispiel das Degodehaus oder die Lambertikirche.

Mit Oldenburg untrennbar verbunden sind die berühmten „Oldenburger", eine Pferderasse, mit deren Zucht Graf Anton Günther im 17. Jahrhundert begann, sowie das Oldenburger Nationalgericht Grünkohl mit Pinkel (Grützwurst). Eine weitere Besonderheit der Stadt ist ihre Fahrradfreundlichkeit – angeblich gibt es mehr Fahrräder als Einwohner!

■ Osnabrück

Die Stadt an der Hase entstand aus einer um 800 von Karl dem Großen gegründeten Handelssiedlung. Mit 164 000 Einwohnern ist Osnabrück die viertgrößte Stadt in Niedersachsen – und sehr geschichtsträchtig: Hier wurde 1648 gemeinsam mit der Nachbarstadt Münster nach 5-jähriger Verhandlungszeit der Westfälische Friede vereinbart, der den Dreißigjährigen Krieg beendete. Deshalb darf sich Osnabrück Friedensstadt nennen und fühlt sich noch heute dem Friedensgedanken verpflichtet.

Da die Stadt im Schnittpunkt europäischer Wirtschaftsachsen liegt, wurde sie schnell zu einem wirtschaftlichen Zentrum mit vielen Transport- und Dienstleistungsunternehmen.

*Die **Ostfriesen** trinken im Jahr **300 Liter Tee**, und damit mehr als die Engländer.*

Der Dom St. Peter prägt die Silhouette der Stadt Osnabrück.

Weitere bedeutende Zweige sind die Stahl- und Metallproduktion, die Papierherstellung sowie der Fahrzeugbau.

Sehenswert sind zum Beispiel der historische Marktplatz mit den Giebelhäusern, der Dom und das Barockschloss. Das Erich-Maria-Remarque-Friedenszentrum erinnert an den in Osnabrück geborenen Autor, und dem ebenfalls von hier stammenden Maler Felix Nussbaum ist ein Museum gewidmet.

■ Wolfsburg

Wolfsburg ist untrennbar mit VW verbunden: Es wurde 1938 als Standort des Automobilherstellers gegründet. Vom reinen Wohnort für Werksangehörige entwickelte sich Wolfsburg zu einer Großstadt mit heute 124 000 Einwohnern und einem der höchsten Pro-Kopf-Einkommen Deutschlands.

Der Mittellandkanal trennt das Volkswagengelände von der Innenstadt. Historische Gebäude findet man hier aufgrund des geringen Alters der Stadt eher nicht, dafür aber modernste Architektur, wie zum Beispiel bei der futuristischen Experimentierlandschaft Phaeno oder dem Kunstmuseum aus Stahl und Glas.

Der VW Käfer war das meistverkaufte Automobil der Welt, bevor er im Juni 2002 vom VW Golf übertroffen wurde.

■ Göttingen

Im Jahr 953 wurde Göttingen unter der Bezeichnung „*Gutingi*" erstmals urkundlich erwähnt und erhielt vermutlich Mitte des 13. Jahrhunderts die Stadtrechte.

Heute hat die im südlichen Niedersachsen an der Leine gelegene Universitätsstadt 117 000 Einwohner, davon sind ein Fünftel Studenten. Die Anfang des 18. Jahrhunderts gegründete Georg-August-Universität ist die bedeutendste in ganz Niedersachsen. Seit damals wurden Bildung und Forschung zum prägenden Element in Göttingen, was auch an dem sogenannten „Göttinger Nobelpreiswunder" ablesbar ist: Bisher 45 Nobelpreisträger kamen aus der Stadt oder standen mit ihr in direkter Verbindung.

Die Historische Universitäts-Sternwarte in Göttingen.

Die Göttinger Altstadt wartet mit einer Reihe von Sehenswürdigkeiten auf, wie zum Beispiel dem gotischen Alten Rathaus, Kirchen und Fachwerkhäusern. Bei einem Stadtrundgang trifft man auch auf zahlreiche Denkmäler zu Ehren berühmter Bürger. Otto von Bismarck, der in Göttingen studierte, wurden gleich drei Denkmäler gesetzt.

Worpswede

Im Norden von Bremen, mitten im Teufelsmoor,
liegt das kleine Künstlerdorf Worpswede. Hier
ließen sich Ende des 19. Jahrhunderts zahlreiche
Maler nieder und nutzten die vielfältige Landschaft als Inspirationsquelle. Namhafte Künstler,
wie Fritz Mackensen oder Paula Modersohn-Becker
gründeten eine Lebens- und Arbeitsgemeinschaft.
Heute gibt es immer noch zahlreiche Ateliers und
Galerien, in denen künstlerisch gearbeitet wird,
sowie mehrere Museen, die an die Werke der
früheren Worpsweder Künstler erinnern.

Landschaft

Wattenmeer

Der Nationalpark Niedersächsisches Wattenmeer
ist der zweitgrößte nach dem direkt angrenzenden Schleswig-Holsteinischen Wattenmeer und
gehört wie dieser zum UNESCO-Weltnaturerbe.
Sowohl im Wasser als auch im Watt- und Ufer-
bereich sind besonders schützenswerte Pflanzen
und Tiere zu finden, darunter Seehunde, unzählige Vögel, Wattwürmer und Kleinstlebewesen.

Wälder und Berge im Harz.

Naturpark Harz

Der Naturpark Harz im Süden Niedersachsens
ist Teil des Harzes, des höchsten Gebirges Norddeutschlands, dessen Gebiet sich außerdem zu
einem großen Teil über Sachsen-Anhalt und zu
einem kleinen Teil über Thüringen erstreckt. Der
höchste Berg im niedersächsischen Teil ist der
971 m hohe Wurmberg. Eine Besonderheit sind
neben den typischen Buchenwäldern die Oberharzer Teiche, die als Wasserspeicher zwischen
dem 16. und 18. Jahrhundert angelegt wurden,
sowie die zugehörigen Talsperren, die ältesten
noch betriebenen in Deutschland.

Dünenlandschaft im „Nationalpark Niedersächsisches Wattenmeer".

Moore

Moore sind Feuchtgebiete, in
denen sich aus den Resten ab-
gestorbener Pflanzen im Laufe
der Zeit Torf bildet. Gut ein Drittel
aller Moorflächen Deutschlands
liegen in Niedersachsen, vor
allem im Westen und Norden.
Durch die Umwandlung von

*Das **Niedersächsische
Wattenmeer** ist mit
345 000 Hektar der
zweitgrößte National-
park Deutschlands.*

Der Naturpark „Lüneburger Heide" wird jährlich von 4 Millionen Menschen besucht.

Mooren in landschaftliche Nutzflächen wurden in der Vergangenheit bereits viele Moore zerstört, weshalb die meisten heute unter Naturschutz stehen, wie zum Beispiel im Naturpark Steinhuder Meer oder im Naturpark Moor-Veenland.

■ Lüneburger Heide

Bis Anfang des 19. Jahrhunderts waren große Teile Norddeutschlands von Heideflächen bedeckt. Im Zuge der landschaftlichen Kultivierung verschwanden diese jedoch immer mehr. Heute ist der ca. 1000 km² große Naturpark Lüneburger Heide die größte zusammenhängende Heidefläche Mitteleuropas. Im Spätsommer verwandelt sich das Gebiet in ein lila Blütenmeer. Neben dem blühenden Heidekraut sind die hier grasenden Heidschnucken, eine besondere Schafsrasse, ein weiteres Symbol der Lüneburger Heide.

■ Weserbergland

Im Süden Niedersachsens erstreckt sich zu beiden Seiten der Weser über eine Länge von 200 km das Weserbergland, das zum Teil auch zu Hessen und Nordrhein-Westfalen gehört. Eingebettet in die sanfthügelige Mittelgebirgslandschaft und entlang des Flusses finden sich zahlreiche schöne Fachwerkstädte, wie zum Beispiel Hameln oder Rinteln. Die Anzahl der Gebäude, Schlösser und Burgen, die in einem speziellen Renaissancestil erbaut sind, ist in der Region so groß, dass man hier von der „Weserrenaissance" spricht.

Gewässer

■ Elbe

Der fast 1100 km lange Fluss entspringt im Riesengebirge und mündet bei Cuxhaven in die Nordsee. Durch Niedersachsen fließt die Elbe über eine Länge von ca. 250 km. Der Name Elbe geht vermutlich auf das lateinische „*albia*" zurück und bedeutet „helles Wasser". Nicht immer war das Wasser des Flusses „hell", denn in den 1970er- und 1980er-Jahren galt er als schmutzigster Fluss Europas. Glücklicherweise hat sich das geändert und heute ist die Elbe ein äußerst fischreiches Gewässer.

■ Weser

In Hannoversch Münden vereinen sich die beiden Flüsse Fulda und Werra zur Weser. Auf einer Gesamtlänge von 452 km fließt sie durch das Weserbergland und mündet schließlich in die Nordsee. Entlang der Weser führt einer der beliebtesten Radwege Deutschlands, der Weser-Radweg.

Blick auf den Weserbogen und das Kaiser-Wilhelm-Denkmal bei Porta Westfalica.

Ems

Die Ems ist 371 km lang. Sie entspringt im Natur-schutzgebiet Moosheide und mündet in die Nord-see. Sie fließt in vielen Schleifen auf sandigem Untergrund, einem Relikt aus der letzten Eiszeit, was auch die charakteristischen Sandbänke und Dünen erklärt.

Inseln

Borkum

Die größte der Ostfrie-sischen Inseln erlebte im 18. Jahrhundert eine Blüte-zeit als Insel der Walfänger. Als der Walfang eingestellt wurde, ging auch der Wohl-stand verloren und viele Menschen verließen die Insel. Erst ab Mitte des 19. Jahrhunderts ging es mit der Entwicklung des Bade-tourismus wieder bergauf. Heute leben die Insulaner ausschließlich vom Touris-mus: Aufgrund der Lage 30 km vor der Küste herrscht hier ganzjährig Hochsee-klima. Die kaum durch Pollen belastete Luft ist besonders gut für Allergiker.

Der Neue Leuchtturm auf der Insel Borkum.

Norderney

Die 14 km lange und 2,5 km breite Insel ist die zweit-größte der Ostfriesischen Inseln und zugleich das älteste deutsche Nordseebad. Hauptort ist die gleichnamige Stadt. Die restlichen Teile der Insel gehören größtenteils zum Nationalpark Nieder-sächsisches Wattenmeer. Sehenswerte Bauwerke auf Norderney sind zum Beispiel der 1874 errichtete, 54 m hohe Leuchtturm mit der in Deutschland einzigartigen linksdrehenden Leuchtfeuerlinse oder die 1862 erbaute Windmühle „Selden Rüst". Norderney ist vor allem wegen seines Thalasso-Zentrums bekannt und bei Touristen beliebt.

Die alte Windmühle „Selden Rüst" auf der Insel Norderney.

Die Insel Juist ist die längste und gleichzeitig schmalste ostfriesische Insel.

■ Juist

Juist ist mit 17 km zwar die längste der Ostfriesischen Inseln, allerdings ist sie nur zwischen 500 und 900 m breit. Ungefähr 200 Jahre lang war die Insel getrennt: Die große Sturmflut von 1651 hatte die Insel geteilt und erst 1877 begann man allmählich, die Lücke durch künstliche Anhäufungen zu schließen. Schon der Name der Insel deutet auf ihre sandige Beschaffenheit hin: Das friesische „güst" bedeutet „unfruchtbar". Eine Besonderheit ist der Hammersee, der größte Süßwassersee einer Nordseeinsel. Westlich des Sees liegt das einzige Waldgebiet der Insel. Juist ist eine autofreie Insel: Gäste werden mit der Pferdekutsche abgeholt.

NORDSEE *Ostfriesische Inseln*

NORDERNEY

JUIST

BORKUM

Wattenmeer

Cuxhaven

Ostfriesland

Norden   Wilhelmshaven

Emden   *Ems-Jade-Kanal*   Jade-busen

Bremerhaven (Teil von Bremen)

Dollart

Ems

Oldenburg

Worpswede

Lüneburg

Elbe

Papenburg   *Küstenkanal*

Bremen

Weser

Lüneburger Heide

Meppen

Elbe-Seiten-Kanal

Celle

Nordhorn   *Mittellandkanal*

Dümmer

Steinhuder Meer

HANNOVER

Wolfsburg

Osnabrück

Teutoburger Wald

Rinteln

Braunschweig

Hildesheim

Weser-bergland

Salzgitter

Weser

Solling

Harz   Wurm-berg

Göttingen

Der Campener Leuchtturm ist mit 65 m Höhe Deutschlands höchster Leuchtturm.

Strandkörbe schützen nicht nur vor Wind, Sonne, Regen und Sand, sie sind Wahrzeichen der deutschen Küste.

BREMEN

Die Freie Hansestadt Bremen ist das kleinste Bundesland Deutschlands. Man nennt es auch „Zwei-Städte-Staat Bremen", da es die Städte Bremen und Bremerhaven, welche 53 km voneinander entfernt liegen, umfasst. Beide Städte grenzen an Niedersachsen, Bremerhaven grenzt außerdem auch an die Nordsee. Die Weser verbindet die beiden Städte miteinander. Der 452 km lange Fluss entsteht in Hannoversch Münden durch den Zusammenfluss von Fulda und Werra. Auf ihrem Weg zur Nordsee fließt sie mitten durch Bremen und teilt die Stadt in zwei Hälften. Bei Bremerhaven wird sie dann zur Außenweser und mündet schließlich ins Meer.

Lage: Nordwestdeutschland

Fläche: 419 km²

Einwohner: 680 000

Bevölkerungsdichte: 1622 Einwohner pro km²

Landeshauptstadt: Bremen

Höchste Erhebung: Friedehorstpark (32,5 m)

Touristen: 1,5 Millionen (2019)

■ Bremen

Der Name Bremen geht vermutlich auf das lateinische „*brema*" zurück und bedeutet „am Rande", was sich auf die Lage der Stadt am Rand der Bremer Düne bezieht. Auf dieser Düne an der Weser waren bereits zwischen dem 1. und dem 8. Jahrhundert erste Siedlungen entstanden, aus denen sich im

Die historische Uferpromenade „Schlachte".

Das Rathaus und die Kathedrale am Marktplatz in Bremen.

1819 veröffentlichten die **Brüder Grimm** das Märchen der **Bremer Stadtmusikanten**. Die Bronzestatue vor dem Bremer Rathaus stammt von Gerhard Marcks.

Laufe der Zeit die Hansestadt mit heute rund 570 000 Einwohnern entwickelte.

Wirtschaftlich spielt in Bremen aufgrund der Nähe zum Bremerhavener Hafen der Handel eine bedeutende Rolle. Weitere Standbeine sind die Luftfahrt- und Weltraumtechnologie – Bremen ist Standort des größten deutschen Technologieparks – sowie die Lebensmittelbranche.

Mit mehreren Hochschulen und wissenschaftlichen Instituten spielt die Stadt auch auf dem Forschungs- und Bildungssektor eine wichtige Rolle.

In Bremen paaren sich zahlreiche historische Sehenswürdigkeiten mit dem modernen Flair einer Studenten- und Wissenschaftsstadt. Diese attraktive Mischung sorgt auch für hohe Besucherzahlen.

■ Marktplatz

Auf dem Marktplatz im Zentrum Bremens sind gleich mehrere Sehenswürdigkeiten der Stadt versammelt. Zugleich ist er Standort eines UNESCO-Weltkulturerbes: Hier befindet sich das Rathaus im Stil der Backsteingotik und der Weserrenaissance. Vor allem die Fassade aus dem 17. Jahrhundert ist beeindruckend. Weiterhin trifft man hier auf ein Wahrzeichen der Stadt, die ca. 600 Jahre alte Roland-Statue. Sie symbolisiert die der Stadt verliehenen Markt- und Freiheitsrechte und steht ebenfalls unter dem Schutz der UNESCO. Ein weiteres Wahrzeichen, das jedes Kind kennt, befindet sich

an der Westseite des Rathauses: die Skulptur der Bremer Stadtmusikanten, der Hauptfiguren aus dem gleichnamigen Märchen der Gebrüder Grimm. Der Geschichte nach begaben sich die vier Tiere – ein Esel, ein Hund, eine Katze und ein Hahn – einst auf den Weg nach Bremen, um ihrer Tötung zu entkommen und hier Stadtmusikanten zu werden.

■ Schnoor

Das historische Gängeviertel ist Bremens ältester Stadtteil. Hier hatten sich kleine Handwerksbetriebe niedergelassen, die größtenteils mit der Schifffahrt zu tun hatten. So wurden hier auch Schiffstaue hergestellt, die „Schnoor" (Schnur). Noch heute findet man in dem autofreien Viertel viele Kunsthandwerker, Galerien, Cafés und Museen, was es zu einer der beliebtesten Sehenswürdigkeiten Bremens macht.

Das historische Schnoor-Viertel in Bremen.

◄ MARKT — Ostertorstraße — KUNSTHALLE + VIERTEL ►

Gymnasium — Post
Dechanatstraße
St.-Johannis-Schule — Hochschule für Künste
Lange Wieren — Kolpingstraße
St. Johann — Hinter der Balge
SCHNOOR
Hohe Straße
Spiekerbartstr.
Wüste Stätte
RATHAUS — PARKHAUS VIOLENSTR.
MARKT — DOM
GLOCKE
POST
Hinter der Holzpforte
SCHNOOR
Tiefer
WESER — OSTERDEICH ►
◄ BÖTTCHERSTRASSE + SCHLACHTE
WESER
© Haase & Knels / Kalis

Oben: Einer Legende nach schützt die Roland-Statue auf dem Marktplatz die Stadt seit 1404 vor Pech.

Links: Karte vom historischen Schnoor-Viertel.

■ Schlachte

Die an die Bremer Altstadt angrenzende histo-rische Uferpromenade erhielt ihren Namen von „slagte", was das Einschlagen der Uferpfähle bezeichnet. Die Uferbefestigung legte hier im 13. Jahrhundert den Grundstein für den Hafen-betrieb. Heute ist die Schlachte sowohl Flanier- und Feiermeile mit zahlreichen Cafés und Bier-gärten als auch Anlegeplatz für Ausflugsschiffe.

■ Böttcherstraße

Die ca. 110 m lange und schmale Gasse verbindet den Marktplatz mit der Schlachte. Hier waren im Mittelalter vorwiegend Böttcher (Fassmacher) an-sässig, für die der direkte Weg zum Hafen wichtig war. Die heutige Bebauung datiert hauptsächlich aus der Zeit zwischen 1922 und 1931, als ein kunst-sinniger Kaffeehändler die expressionistischen Backstein-Gebäude errichten ließ. Nicht nur sehens- sondern auch hörenswert ist das Haus des Glockenspiels, in dem zu bestimmten Zeiten das Glockenspiel ertönt. Die Böttcherstraße steht heute unter Denkmalschutz.

■ Bremerhaven

Die Exklave des Stadtstaats Bremen mit 113 000 Ein-wohnern liegt an der Mündung der Weser zur Nord-see. Eine Lage, der sie ihre Entstehung verdankt: Als der Hafen der Hansestadt Bremen Anfang des 19. Jahrhunderts zunehmend versandete, kaufte der Bremer Bürgermeister dem Königreich Hannover ein großes Stück Land ab, um dort einen neuen Hafen zu bauen. In der Folgezeit entwickelte sich hier nicht nur ein großer Hafen, sondern auch eine neue Stadt, die heute noch zu der Freien Hanse-stadt Bremen gehört.

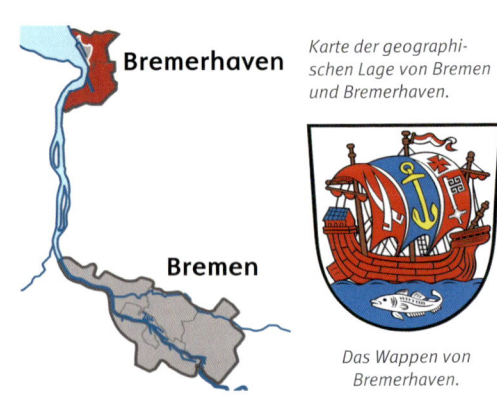

Karte der geographi-schen Lage von Bremen und Bremerhaven.

Das Wappen von Bremerhaven.

Der Touristenmagnet Havenwelten bei Nacht.

*Bremen liegt auf **Platz 3** der **Fahrradstädte** in Europa.*

■ Havenwelten

Das maritim geprägte Stadtviertel ist ein Haupt-anziehungspunkt für Touristen. Die Erlebnismeile liegt nicht weit von der Innenstadt entfernt und beinhaltet zahlreiche Einrichtungen und Attrak-tionen. Einen guten Überblick über die Haven-welten erhält man von oben, von der Aussichts-plattform des Sail-City-Hochhauses.

Es ist mit über 140 m Höhe das höchste Gebäude der deutschen Nordseeküste.

Ebenfalls spektakulär ist das Klimahaus, ein wissenschaftliches Ausstellungshaus, dessen Form einem ovalen Schlauchboot ähnlich sieht. Besucher begeben sich hier auf eine Reise durch die verschiedenen Klimazonen mit den entsprechen-den Temperaturen und erfahren Interessantes über die Folgen des Klimawandels.

Der Aus- und Einwanderung widmet sich das Auswandererhaus. Eine Ausstellung erinnert an die Mitte des 19. Jahrhunderts, als viele Aus-wanderer sich von Bremerhaven aus nach Amerika einschifften.

Weser

NORD

MITTE

WEST

Stadt Bremen

OST

SÜD

Der alte Leuchtturm „Pingelturm" in Bremerhaven.

Weser

BRANDENBURG

Das Bundesland im Nordosten Deutschlands grenzt an Sachsen, Sachsen-Anhalt, Niedersachsen, Mecklenburg-Vorpommern und an Polen. Die beiden großen Flüsse Oder und Neiße bilden die östliche Grenze Brandenburgs.

In der Mitte Brandenburgs liegt Berlin, die Hauptstadt der Bundesrepublik Deutschland, die allerdings ein eigenes Land darstellt. Die frühere Mark Brandenburg gehörte ab 1945 zur früheren DDR und ist seit 1990 Teil der Bundesrepublik Deutschland.

Brandenburg ist ein besonders wasserreiches Bundesland mit unzähligen Seen, größeren und kleineren Flüssen und Kanälen. Rund ein Drittel des Landes sind Naturparks: Hier findet man neben einer vielfältigen Flora und Fauna auch die besonders geschützten Buchenwälder.

Die Landwirtschaft, und hier besonders der ökologische Landbau, ist ein bedeutender Wirtschaftsfaktor. Ebenfalls wichtige Bereiche sind die Energiewirtschaft, der Tourismus und die

Lage: Nordostdeutschland

Fläche: 29 654 km²

Einwohner: 2,5 Millionen

Bevölkerungsdichte: 85 Einwohner pro km²

Landeshauptstadt: Potsdam

Einwohner der Hauptstadt: 182 000

Höchster Berg: Kutschenberg (201 m)

Längster Fluss: Havel (258 km²)

Größter See: Schwielochsee (13,3 km²)

Medienbranche mit dem Potsdamer Filmstudio Babelsberg, dem größten Europas.

Den Kulturgütern und Naturlandschaften Brandenburgs hat Theodor Fontane in seinem Werk „Wanderungen durch die Mark Brandenburg" ein Denkmal gesetzt. Weitere berühmte Landessöhne sind Heinrich von Kleist, Wilhelm von Humboldt sowie Preußenkönig Friedrich der Große. Letzterer war auch der Urheber des Kartoffelanbaus, mit dem er die Hungersnot erfolgreich bekämpfte.

Landschaftspanorama mit Wäldern und Feldern in Brandenburg.

Städte

■ Potsdam

Das Schloss Sanssouci in Potsdam war der ehemalige Sommerpalast von Friedrich dem Großen.

Die Landeshauptstadt erstreckt sich über eine Fläche von 188 km² und hat 182 000 Einwohner. Erstmalig urkundlich erwähnt wurde die Stadt an der Havel als ,,Poztupimi" im Jahr 993 und im Jahr 1345 erhielt sie die Stadtrechte. Nachdem die Stadt im Dreißigjährigen Krieg völlig zerstört worden war, erlebte sie ab Mitte des 18. Jahrhunderts als Residenzstadt Friedrichs des Großen einen enormen Aufschwung. Eine große Rolle spielte die Stadt auch nach dem Zweiten Weltkrieg, als mit dem Potsdamer Abkommen die Teilung Deutschlands in vier Besatzungszonen beschlossen wurde. Der Beschluss war das Ergebnis der Potsdamer Konferenz, die auf Schloss Cecilienhof tagte.

Potsdam ist mit seinen renommierten Universitäten und Instituten nicht nur ein bedeutendes Zentrum der Bildung und der Wissenschaft, sondern auch des Films. So entstanden in dem bereits 1911 gegründeten Filmstudio Babelsberg Klassiker der Filmgeschichte, wie ,,Metropolis" oder ,,Der blaue Engel". Zahlreiche Theater, Museen und Musikspielstätten ergänzen das umfangreiche kulturelle Spektrum der brandenburgischen Landeshauptstadt.

Auf der UNESCO-Welterbeliste stehen die Schlösser und Parks von Potsdam. Das berühmteste Gebäude ist Schloss Sanssouci, im 18. Jahrhundert ein bedeutender Treffpunkt hochstehender Persönlichkeiten. Sehenswert sind außerdem die historischen Teile Potsdams mit der Russischen Kolonie Alexandrowka, dem Holländischen Viertel und dem ehemaligen böhmischen Weberviertel.

■ Cottbus

Die mit ca. 100 000 Einwohnern zweitgrößte Stadt Brandenburgs liegt an der Spree und ist das Tor zum Spreewald. Cottbus blickt auf eine fast 2000-jährige wechselvolle Geschichte zurück, in deren Verlauf es mehrmals zerstört wurde. Erst durch die Industrialisierung und den Bau der Bahn entwickelte sich die Stadt im 19. Jahrhundert zu einem wirtschaftlichen Zentrum mit Schwerpunkt auf der Textilindustrie.

Heute ist Cottbus eine Universitätsstadt mit vielen Bibliotheken, wie zum Beispiel die auch architektonisch herausragende Universitätsbibliothek. Sehenswert ist die historische Altstadt mit ihren mittelalterlichen Toren und Türmen

Die Landesgrenze zwischen Brandenburg und Berlin verläuft quer über die Glienicker Brücke. Während der Zeit des geteilten Deutschland wurden hier Spione ausgetauscht.

sowie den barocken Bürgerhäusern. Im Südosten der Stadt befindet sich der denkmalgeschützte Branitzer Park, eine der schönsten Gartenanlagen Deutschlands, den Hermann von Pückler-Muskau anlegen ließ. Daran grenzt der Tierpark an, der größte zoologische Garten Brandenburgs, mit mehr als 1200 Tieren.

■ Brandenburg

Die drittgrößte Stadt des gleichnamigen Bundeslandes hat ca. 72 000 Einwohner und liegt an der Havel. Sie entstand einst aus der slawischen „Brendanburg", die erstmals 928 erwähnt wurde. Als Stadt ist Brandenburg erst seit dem 12. Jahrhundert urkundlich belegt, wobei damals eine Zweiteilung stattfand: Die alte Stadt Brandenburg lag auf der westlichen Havelseite, die neue auf der östlichen. Anfang des 18. Jahrhunderts führte Friedrich Wilhelm I. die beiden Städte wieder zusammen.

Die historische Stadt Brandenburg ist die Heimat von Loriot.

Zeugen der mittelalterlichen Vergangenheit sind unter anderen der Brandenburger Dom, mehrere Backsteinkirchen, das Altstädtische Rathaus mit dem Roland sowie das Paulikloster. Die wohl bekannteste Persönlichkeit der Stadt ist der brandenburgische Humorist Viktor von Bülow alias Loriot. Auf dem „Waldmops-Rundweg" kann man an mehreren Stationen seinen Werdegang nachverfolgen.

Das Rathaus in Frankfurt an der Oder wurde vermutlich Mitte des 13. Jahrhunderts errichtet und steht unter Denkmalschutz.

■ Frankfurt (Oder)

Die Stadt an der Oder entwickelte sich aus einer Siedlung, die Kaufleute im 13. Jahrhundert an einer gut zu überquerenden Flussfurt gründeten. Mitte des 15. Jahrhunderts wurde Frankfurt Mitglied der Hanse. Der älteste Steinbau der Stadt, die Friedenskirche, stammt noch aus damaliger Zeit.

Bereits 1506 wurde hier eine humanistische Lehreinrichtung, die Brandenburgische Universität Frankfurt, gegründet, die allerdings 1811 nach Breslau verlegt wurde. Nach der Wende wurde Frankfurt 1991 wieder Universitätsstadt.

Neben vielen Theatergruppen bereichern einige interessante Museen, wie zum Beispiel das Kleistmuseum, die Kulturlandschaft. Nach dem berühmten Sohn der Stadt, Heinrich von Kleist, nennt sich Frankfurt auch „Kleiststadt".

■ Oranienburg

Die nur wenige Kilometer nördlich von Berlin gelegene Stadt hieß früher Bötzow und gründet auf einer Mitte des 13. Jahrhunderts von Albrecht dem Bär errichteten Siedlung. Der heutige Name geht zurück auf Louise Henriette von Oranien, eine niederländische Prinzessin, die den brandenburgischen Kurfürsten Friedrich Wilhelm heiratete. Er schenkte ihr den Ort und ließ für sie ein Schloss errichten, die Oranienburg. Sie ist das älteste Barockschloss Brandenburgs und beherbergt heute zwei Museen.

*Die **Wasserfläche** von ganz Brandenburg entspricht **140 056 Fußballfeldern**.*

Das Schloss Oranienburg ist das älteste Barockschloss in der Mark Brandenburg und wird heute als Museum genutzt.

Der Scharmützelsee ist bezüglich des Volumens der größte See Brandenburgs, flächenmäßig ist es der Schwielochsee.

In den 1930er-Jahren erfuhr die Stadt hautnah die Auswirkungen der nationalsozialistischen Herrschaft: Im Zentrum Oranienburgs entstand eines der ersten Konzentrationslager Deutschlands, das KZ Sachsenhausen, in dem zehntausende Menschen ermordet wurden. Heute befindet sich hier eine Gedenkstätte mit Museum.

Landschaft

■ Märkische Schweiz

Der Naturpark Märkische Schweiz ist mit 205 km² der kleinste und auch älteste Naturpark Brandenburgs. Die abwechslungsreiche Landschaft mit ihren Seen, Feldern, Wäldern und Hügeln wird von den typischen Trockentälern, den ,,Kehlen'',

unterbrochen. In der Märkischen Schweiz finden sich bis zu 4 m hohe Wacholderbüsche, blühende Trockenrasenpflanzen sowie viele Laubhölzer und Tierarten. Der größte See ist der Scharmützelsee mit dem Kurort Buckow und der höchste Berg ist der 158 m hohe Semmelberg.

■ Spreewald

Das Biosphärenreservat Spreewald mit seiner Artenvielfalt ist eine einzigartige Landschaft, deren Ursprung bis zur letzten Eiszeit zurückgeht. Bereits damals teilte sich die Spree in ein Netz von Fließgewässern, die sich durch den Urwald schlängelten. Später wurde dieses Netz durch angelegte Kanäle erweitert. Der Spreewald wird auch ,,Venedig der Sorben'' genannt: Die Region wurde früher von Sorben und Wenden besiedelt und auch heute noch sind hier viele Angehörige dieser Bevölkerungsgruppen beheimatet – was an den zweisprachigen Ortsschildern zu erkennen ist.

Eine Besonderheit ist die Zustellung der Post auf dem Wasserweg: In einem Kahn stehend bewegt sich der Postbote mit einer langen Stange, dem

Der Fluss Spree im Spreewald.

,,Rudel'', vorwärts. Eine weit über die Grenzen Brandenburgs hinaus berühmte Spezialität sind die Spreewälder Gurken. Sie gedeihen auf den humusreichen Böden besonders gut.

■ Niederlausitzer Heidelandschaft

Die Niederlausitzer Heidelandschaft im Süden Brandenburgs besticht durch Moore und trockene Hochflächen mit Heide ebenso wie mit großen zusammenhängenden Wäldern und weitläufigen Streuobstwiesen. Sie ist die älteste Landschaft Brandenburgs und ein Relikt der Saale-Eiszeit. Unter den Ablagerungen aus der Eiszeit reichen riesige Braunkohleschichten teils bis an die Oberfläche. In Bad Liebenwerda befindet sich das Naturparkhaus, in dem sich Besucher über die Besonderheiten der Niederlausitzer Heidelandschaft informieren können.

■ Schorfheide-Chorin

Das Biosphärenreservat ist eines der größten in Deutschland und umfasst ca. 240 Seen, unzählige Moore und große Wiesen- und Ackerflächen. In der dünnbesiedelten Landschaft finden viele vom Aussterben bedrohte Tier- und Pflanzenarten gute Lebensgrundlagen: Seeadler, Kranich,

Die Niederlausitzer Heidelandschaft ist die älteste Landschaft Brandenburgs und ein Relikt aus der Saale-Eiszeit.

Schwarzstorch und Fischotter sind typische Bewohner des Schutzgebiets. Teile der Rotbuchenwälder sind UNESCO-Weltnaturerbe, so auch der Buchenwald Grumsin. Ebenfalls bedeutend sind die mehr als 250 Jahre alten Eichen, die in einigen Waldbereichen zu finden sind.

In Brandenburg finden sich viele kuriose Ortsnamen, wie Philadelphia, Boston und Afrika.

Der Buchenwald Grumsin im Biosphärenreservat Schorfheide-Chorin.

Gewässer

■ Havel

Die 334 km lange Havel entspringt in Mecklenburg-Vorpommern und fließt über 258 km durch
Brandenburg, bis sie schließlich in die Elbe mündet.
Sie hat eine große Bedeutung für den Schiffs-
verkehr und ist zur Wasserstraße mit zahlreichen
Schleusen und Wehren ausgebaut. Aufgrund der
vielen Seen, die sie auf ihrem Weg durchfließt,
hat die Havel eine enorme Speicherkapazität,
was sie vor Austrocknung weitgehend schützt.

Das Schiffshebewerk in Niederfinow ist überregional bekannt.

■ Oder-Havel-Kanal

Der 1914 von Kaiser Wilhelm eingeweihte „Hohen-
zollernkanal" wurde nach 1945 in Oder-Havel-
Kanal umbenannt. Die 54 km lange künstliche
Wasserstraße verläuft über die Hälfte der Strecke
oberhalb des Niveaus der Umgebung. Besonders
interessant ist das Schiffshebewerk in Niederfinow aus dem Jahr 1934: Das „Historische Wahrzeichen der Ingenieurbaukunst" sorgt mit seiner
Hebeanlage dafür, dass Schiffe den Höhenunterschied von 36 m überwinden können.

*Die Havel entspringt der Mecklenburgischen Seenplatte
und mündet in die Elbe.*

Tropical Islands

Das Tropical Islands hat das ganze Jahr
eine Lufttemperatur von 26 °C. Im Jahr
2019 besuchten 1,3 Millionen Menschen
den tropische Freizeitpark in der Nähe
der Autobahn A13.

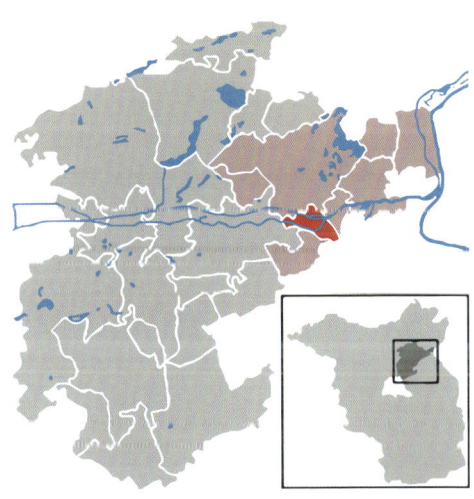

Die Lage der Gemeinde Niederfinow im Landkreis Barnim.

Die Spree ist ein Nebenfluss der Havel. Am Oberlauf fließt er auch ein kurzes Stück durch Tschechien.

■ Spree

Der 382 km lange Fluss fließt über eine Strecke von 218 km durch Brandenburg. Die Spree verfügt über die beste Wasserqualität aller brandenburgischen Flüsse und vereint in ihrem Gebiet zahlreiche naturnahe Biotope. Im Spreewald verzweigt sie sich in ein Labyrinth von Gewässern und gibt hier zahlreichen gefährdeten Tier- und Pflanzenarten eine geschützte Heimat.

■ Schwielochsee

Im Südosten Berlins, am Rande des Spreewalds, liegt der 13 km² große Schwielochsee. Er besteht aus dem Großen und dem Kleinen Schwielochsee, die durch eine Fahrrinne, den „Hals", verbunden sind. Das Ufer ist dicht mit Schilf bewachsen, in dem viele Tierarten ideale Brut- und Nistplätze finden. Auf dem früher von vielen Handelsschiffen befahrenen See verkehren heute nur noch Ausflugs- und Sportboote.

■ Lausitzer Seenland

Eine künstlich geschaffene Wasserlandschaft ist das Lausitzer Seenland, eine Ansammlung von ehemaligen Braunkohletagebau-Löchern, die geflutet wurden. Heute umfasst das Gebiet in den Bundesländern Brandenburg und Sachsen 23 künstliche Seen, von denen einige mit schiffbaren Kanälen verbunden wurden. In naher Zukunft soll hier Europas größte künstliche Wasserlandschaft entstehen.

*Mit zahlreichen **Flüssen und Seen** bietet der Landkreis Oder-Spree die **größte nutzbare Wasserfläche** in Deutschland.*

Der Schwielochsee ist der größte natürliche See in Brandenburg.

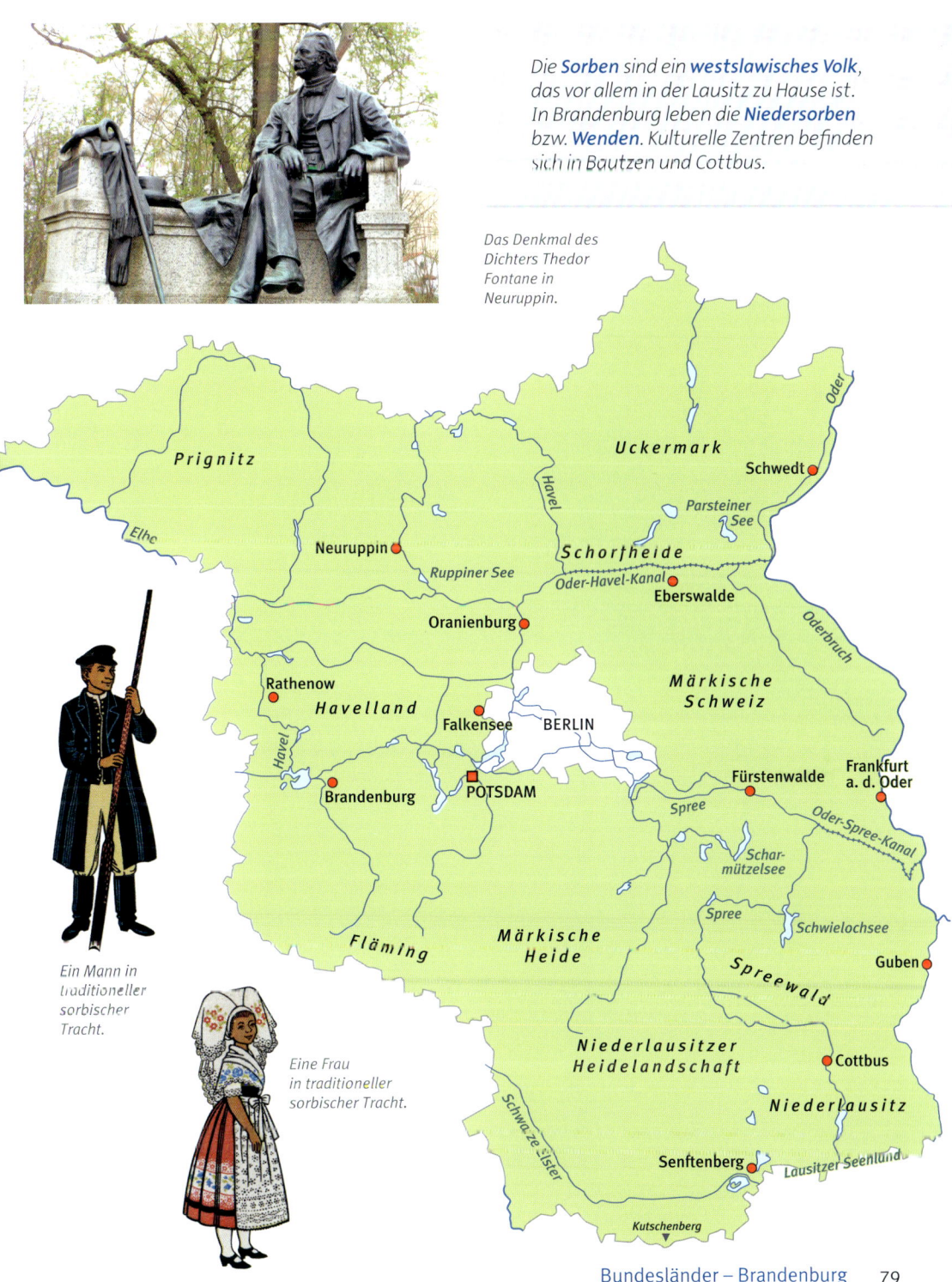

Die **Sorben** sind ein **westslawisches Volk**, das vor allem in der Lausitz zu Hause ist. In Brandenburg leben die **Niedersorben** bzw. **Wenden**. Kulturelle Zentren befinden sich in Bautzen und Cottbus.

Das Denkmal des Dichters Thedor Fontane in Neuruppin.

Prignitz

Uckermark

Schwedt

Parsteiner See

Schorfheide

Neuruppin

Ruppiner See

Oder-Havel-Kanal

Eberswalde

Oranienburg

Havel

Oder

Oderbruch

Rathenow

Havelland

Märkische Schweiz

Falkensee

BERLIN

Fürstenwalde

Frankfurt a. d. Oder

Brandenburg

POTSDAM

Havel

Spree

Oder-Spree-Kanal

Scharmützelsee

Ein Mann in traditioneller sorbischer Tracht.

Spree

Schwielochsee

Fläming

Märkische Heide

Spreewald

Guben

Eine Frau in traditioneller sorbischer Tracht.

Niederlausitzer Heidelandschaft

Cottbus

Niederlausitz

Schwarze Elster

Senftenberg

Lausitzer Seenland

Kutschenberg

BERLIN

Der Stadtstaat Berlin ist zugleich Land und Hauptstadt der Bundesrepublik Deutschland. Er liegt mitten in einem anderen Bundesland, in Brandenburg. Berlin ist sowohl die größte als auch die bevölkerungsreichste Stadt Deutschlands.

Lage: Nordostdeutschland

Fläche: 891 km²

Einwohner: 3,6 Millionen

Bevölkerungsdichte: 4112 Einwohner pro km²

Höchstes Bauwerk: Berliner Fernsehturm (368 m)

Touristen: mehr als 14 Millionen (2019)

Größter See: Müggelsee (7,5 km²)

Erstmals urkundlich erwähnt wurde das am nordöstlichen Ufer der Spree gelegene Berlin 1244. Auf der Spreeinsel gab es damals noch eine andere Stadt, Kölln, welche 1307 mit Berlin zusammengelegt wurde. Mit der Ernennung zur Hauptstadt des Deutschen Reiches 1871 begann der Aufstieg zur Weltstadt, der allerdings mit Ausbruch des Zweiten Weltkriegs wieder gebremst wurde. Während der Weimarer Republik bescherten die „Goldenen Zwanziger" der Stadt eine erneute Blütezeit. Nach der Machtergreifung durch die Nationalsozialisten 1933 wollten diese Berlin zur Welthauptstadt ausbauen. Die Pläne scheiterten und der Zweite Weltkrieg beendete schließlich ihre Schreckensherrschaft. Mit der Gründung der Bundesrepublik Deutschland (BRD) und der Deutschen Demokratischen Republik (DDR) wurde auch Berlin geteilt, und der nun einsetzende Kalte Krieg zwischen Ost und West führte 1961 zum Bau der Berliner Mauer. Ost-Berlin wurde zur Hauptstadt der DDR, während West-Berlin als Exklave der BRD seinen Hauptstadttitel an Bonn abgeben musste. Knapp 30 Jahre später, am 3. Oktober 1990, erfolgte die Wiedervereinigung der beiden deutschen Staaten, ausgelöst durch eine friedliche Revolution. Berlin wurde wieder zur gesamtdeutschen Hauptstadt.

Heute ist Berlin eine pulsierende Weltstadt – ein wirtschaftlicher und kultureller Knotenpunkt mit internationalem Publikum.

Blick auf die Skyline Berlins mit Spree und Fernsehturm.

Das Brandenburger Tor gilt heute als Symbol der Wiedervereinigung und steht mitten in Berlin auf dem Pariser Platz.

Brandenburger Tor

Mit dem Triumphtor, dessen Architektur sich an griechischen Tempelbauten orientiert, wollte sich Preußenkönig Friedrich Wilhelm II. als Herrscher ein Denkmal setzen. Es entstand Ende des 18. Jahrhunderts anstelle eines früher an der Straße nach Brandenburg errichteten Stadttores. Das Brandenburger Tor wird von der Quadriga mit der Siegesgöttin Victoria gekrönt und ist sowohl Wahrzeichen der Stadt als auch Symbol der Wiedervereinigung: Während der DDR-Zeit stand es auf der Grenze zwischen West- und Ostberlin und wurde am 9. November 1989 zum Schauplatz der Maueröffnung. Die Bilder von jubelnden Ost-Berlinern am Brandenburger Tor gingen um die ganze Welt.

Reichstag

Das Reichstagsgebäude mit seiner spektakulären begehbaren Glaskuppel ist seit 1999 der Sitz des Deutschen Bundestages. Der geschichtsträchtige Bau wurde 1894 fertiggestellt und war Tagungsort sowohl des Deutschen Kaiserreichs als auch der Weimarer Republik. Nach der Machtübernahme durch Adolf Hitler 1933 wurden große Teile des Reichstags durch einen Brand zerstört. Auch im Zweiten Weltkrieg litt das Gebäude unter starken Beschädigungen. Noch unter der DDR-Regierung wurde der Reichstag wiederaufgebaut. Sein heutiges Aussehen erhielt er allerdings erst nach der Wiedervereinigung, als der renommierte Architekt Sir Norman Forster mit dem Umbau beauftragt wurde. Vor Beginn der Bauarbeiten wurde der Reichstag durch die Verhüllungsaktion der Künstler Christo und Jean-Claude zum internationalen Medienstar.

Berliner Mauer

Die Berliner Mauer war während der Zeit der Teilung Deutschlands eine Grenzbefestigung. Sie verlief quer durch Berlin und teilte die Stadt in Ost- und Westberlin. Die rund 160 km lange und 3,60 m hohe Mauer sollte verhindern, dass unzufriedene Bürger in den Westen gingen und zugleich vor „feindlichen Tätigkeiten" und dem ideologischen Einfluss des Westens abschirmen. Während des 28-jährigen Bestehens der Mauer wurden nach Schätzungen ca. 240 Menschen beim Fluchtversuch von DDR-Grenzsoldaten erschossen. Unter dem zunehmenden Druck der Bevölkerung wurde schließlich am 9. November 1989 die Mauer geöffnet. Dies war zugleich der Startschuss zur Wiedervereinigung Deutschlands.

Der Reichstag ist der Sitz des Deutschen Bundestages.

Die Beliner Mauer teilte Deutschland über 28 Jahre lang.

Quelle: BpB, Gedenkstätte Berliner Mauer, dpa   *nur Bahntransit   dpa·100126

Der Verlauf der Mauer im Stadtgebiet ist heute mit einer doppelten Reihe Pflastersteine markiert. Auf dem 160 km langen Mauerweg trifft man auf zahlreiche Relikte, wie zum Beispiel die East Side Gallery, ein Stück Mauer, das mit Graffiti-Kunst versehen ist, oder das Mauer-Museum am Checkpoint Charlie. Die wenigen noch erhaltenen Mauer-abschnitte und Wachtürme stehen mittlerweile unter Denkmalschutz.

Das Schloss Bellevue wurde in den Jahren 1785–1786 im Auftrag von Ferdinand von Preußen errichtet.

■ Bundeskanzleramt

Das Kanzleramt liegt am Spreebogen, gegenüber dem Reichstag, und bildet mit diesem das Regierungsviertel. Das postmoderne Gebäude entstand im Rahmen des Umzugs der Bundesregierung von Bonn nach Berlin und ist Sitz des jeweils amtierenden Kanzlers bzw. der Kanzlerin. Mit 36 m Höhe und ca. 25 000 m² Nutzfläche ist es ungefähr achtmal so groß wie das Weiße Haus. Das Kanzleramt umfasst neben Konferenz- und Kabinettsälen einen abhörsicheren Raum für Krisensitzungen sowie den Arbeits- und Wohnbereich des Kanzlers bzw. der Kanzlerin. In der „Galerie der bisherigen Bundeskanzler" hängen von namhaften Künstlern gezeichnete Porträts.

■ Schloss Bellevue

In der Nähe des Deutschen Bundestages und des Bundeskanzleramts befindet sich das Ende des 18. Jahrhunderts erbaute Schloss Bellevue, der Amtssitz des Bundespräsidenten. Die Lage des Schlosses in einem großen Park an der Spree erlaubt viele namensgebende „schöne Ausblicke". Ob der Bundespräsident in Berlin weilt, kann man schon von weitem erkennen: Wenn die Standarte auf dem Dach weht, ist er anwesend, wenn sie eingeholt ist, befindet er sich im Ausland oder in offizieller Mission außerhalb Berlins.

Die Museumsinsel im Stadtzentrum umfasst 8,6 Hektar.

■ Museumsinsel

Auf der Spreeinsel, im historischen Zentrum der Hauptstadt, liegt einer der bedeutendsten Museumskomplexe Europas. Die Museumsinsel, ein UNESCO-Weltkulturerbe, umfasst fünf Museen – das Alte und das Neue Museum, die Alte Nationalgalerie, das Bode-Museum und das Pergamonmuseum – sowie das erst vor kurzem eröffnete Besucherzentrum, die James-Simon-Galerie. Die zwischen 1830 und 1930 errichteten Gebäude wurden im Zweiten Weltkrieg zu ca. 70 Prozent zerstört. Seit der Wiedervereinigung sieht ein Masterplan die Sanierung der Museen vor, dessen Umsetzung noch nicht vollständig abgeschlossen ist.

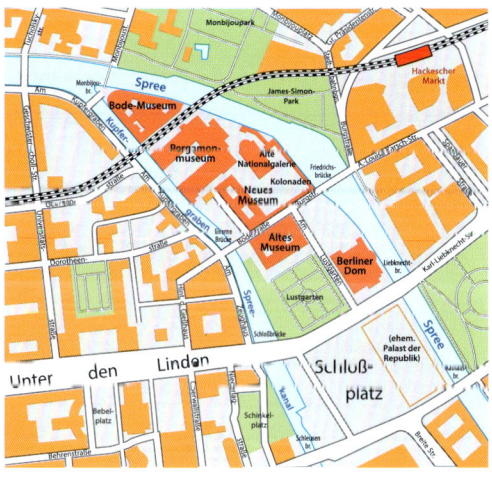

■ Tiergarten mit Siegessäule

Der Tiergarten ist mit 2,1 km² Fläche einer der größten Parks Deutschlands. Im 16. Jahrhundert als Jagdrevier der Kurfürsten von Brandenburg angelegt, dient er heute den Berlinern als Erholungs- und Freizeitgelände. Mitten hindurch verläuft die Straße des 17. Juni, an deren Kreuzungspunkt, dem Großen Stern, die Siegessäule steht. Auf ihr thront die bronzene Viktoria, von den Berlinern auch „Goldelse" genannt. Die Siegessäule wurde Mitte des 19. Jahrhunderts als Erinnerung an den Sieg Preußens über Dänemark, Österreich und Frankreich auf dem Königsplatz errichtet. An ihrem heutigen Standort wurde sie 1939 unter der nationalsozialistischen Herrschaft versetzt – als ein Baustein bei der Umsetzung des städtebaulichen Plans von Albert Speer zwecks Schaffung der „Welthauptstadt Germania".

■ Gedächtniskirche

Am östlichen Ende von Berlins bekanntester Einkaufsstraße, dem Kurfürstendamm oder Ku'damm, steht die Ende des 19. Jahrhunderts zum Gedenken an Kaiser Wilhelm I. errichtete Gedächtniskirche. Im Zweiten Weltkrieg wurde sie durch Bombardierungen weitgehend zerstört. Während die Turmruine als Mahnmal gegen den Krieg erhalten blieb, wurde in den 1960er-Jahren ein modernes Bauensemble des Architekten Egon Eiermann hinzugefügt. Besonders auffallend sind hierbei die Wände aus Glasbausteinen, die den Innenraum in blaues Licht tauchen.

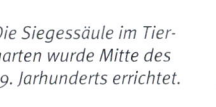

Die Siegessäule im Tiergarten wurde Mitte des 19. Jarhunderts errichtet.

Das Denkmal für die ermordeten Juden Europas besteht aus 2711 Beton-Stelen.

*In Berlin gibt es **960 Brücken**. Das sind mehr als in **Venedig**.*

■ Holocaust-Mahnmal

Das Denkmal für die rund 6 Millionen Juden, die unter der nationalsozialistischen Herrschaft ermordet wurden, steht in der Mitte Berlins, nahe dem Brandenburger Tor. Auf einer Fläche von 19 000 m² wurden Beton-Stelen unterschiedlicher Höhe in parallelen Reihen angeordnet. Das Mahnmal steht Besuchern offen und soll diese beim Gang durch die engen Reihen zum Nachdenken anregen. Der Gedenkstätte angegliedert ist ein Informationszentrum.

Gewässer

■ Havel

Die 334 km lange Havel entspringt in Mecklenburg-Vorpommern und fließt über eine Länge von 29 km durch den Westen Berlins, bis sie schließlich in die Elbe mündet. Sie hat keinen geraden Flusslauf, sondern schlängelt sich durch die Landschaft und bildet dabei viele Seen. So sind auch die beliebten Ausflugsziele der Berliner, der Wannsee und der Tegeler See, Ausbuchtungen der Havel.

■ Spree

Der 382 km lange Fluss fließt über eine Strecke von 46 km durch Berlin und mündet dort in die Havel. Die Spree ist sozusagen die Lebensader Berlins, da die Stadt an ihrem Ufer entstand. Die Versorgung der Stadt war durch den Wasserweg gewährleistet und auch die Mühlen wurden durch das Wasser der Spree angetrieben.

■ Wannsee

Der Große Wannsee liegt im gleichnamigen Ortsteil und ist eine Bucht der Havel. Der 2,8 km² große See ist der Stadtstrand Berlins und lockt im Sommer zahlreiche Besucher an. Das traditionsreiche Strandbad Wannsee steht unter Denkmalschutz. Auch historisch spielt der Wannsee eine Rolle: Bei der „Wannseekonferenz" in einer Villa am Westufer wurde 1942 die endgültige Vernichtung der Juden durch die Nationalsozialisten besprochen.

■ Großer Müggelsee

Der Müggelsee ist mit 7,5 km² der größte See in Berlin und wird von der Spree durchflossen. Als wichtigstes Naherholungsgebiet im Osten Berlins bietet er zahlreiche Möglichkeiten für Wassersport oder Ausflüge in die umliegenden Müggelberge. Auf dem See verkehren sowohl Ausflugsschiffe als auch die Fähren der Berliner Verkehrsbetriebe.

Der Wannsee ist Teil der 12 km langen Kladower Seestrecke.

Ein Drohnen-Aufnahme des Großen Müggelsees und der Berliner Umgebung.

Der Berliner Bär ist seit 1280 das Wappen-tier Berlins und eine beliebte Vorlage für Kunstobjekte und Souvenirs.

REINICKEN-DORF

PANKOW

Tegeler See

MITTE

SPANDAU

LICHTEN-BERG

MARZAHN-HELLERSDORF

FRIEDRICHS-HAIN-

CHARLOTTENBURG-WILMERSDORF

KREUZBERG

Großer Wannsee

TEMPELHOF-

STEGLITZ-ZEHLENDORF

SCHÖNE-

TREPTOW-

Großer Müggelsee

BERG

NEUKÖLLN

KÖPENIK

Spree

Im **multikulturellen** Berlin sind **nahezu alle Nationen** vertreten.

SACHSEN-ANHALT

Das Bundesland im Osten Deutschlands grenzt an Brandenburg, Sachsen, Thüringen und Niedersachsen. Während das Land im Norden flach ist, trifft man in der westlichen Mitte auf die Höhenzüge des Harzes und im Osten auf eine vom Braunkohletagebau gezeichnete Landschaft.

Das heutige Land Sachsen-Anhalt hat eine kurze Geschichte: Es existierte von 1947 bis 1952, wurde dann unter der DDR-Verwaltung aufgelöst und nach der Wiedervereinigung 1990 neu gegründet.

Wirtschaftlich ist die Landwirtschaft besonders erfolgreich. Von großer Bedeutung ist auch die Chemieindustrie im Ballungsraum Halle/Merseburg/Bitterfeld, auch „Chemiedreieck" genannt. Daneben spielen noch der Maschinenbau und der Tourismus eine Rolle. Insgesamt gesehen ist Sachsen-Anhalt ein eher strukturschwaches Land, das aber seit einigen Jahren im Aufschwung begriffen ist.

Lage: Ostdeutschland

Fläche: 20 451 km²

Einwohner: 2,2 Millionen

Bevölkerungsdichte: 107 Einwohner pro km²

Landeshauptstadt: Magdeburg

Einwohner der Hauptstadt: 236 000

Höchster Berg: Brocken (1142 m)

Längster Fluss: Elbe (302 km)

Größter See: Geiseltalsee (18,4 km²)

Auf kultureller Ebene ist Sachsen-Anhalt allerdings umso besser aufgestellt: Es besitzt mit fünf Welterbestätten ein außerordentlich reiches Kulturgut. Neben dem berühmten Naumburger Dom sind hier das Bauhaus Dessau, die Luthergedenkstätten in Eisleben und Wittenberg, das Gartenreich Dessau-Wörlitz und die Altstadt von Quedlinburg in die UNESCO-Liste eingetragen.

Weitläufige Landschaft mit einem kleinen Dorf im Harz.

Städte

■ Magdeburg

Mit einer Fläche von 201 km²
und 236 000 Einwohnern ist die
Landeshauptstadt die zweitgrößte Stadt nach Halle. Die
erste urkundliche Erwähnung als
,,Magadoburg" stammt aus dem
Jahr 805, als Kaiser Karl der Große
regierte. Der Beiname ,,Otto-
stadt" geht vor allem auf Kaiser

Der Mageburger Dom ist das Wahrzeichen der Stadt.

Otto I. zurück, der hier 968 das Erzbistum Magdeburg gründete und der Stadt zum Aufschwung
verhalf. Aufgrund der günstigen Lage an der Elbe
war die Hansestadt im Mittelalter ein bedeutender Handelsplatz. Im Jahr 1035 wurde sie zur
Messestadt und im 16. Jahrhundert zum Zentrum
der Reformation. Nach der deutschen Wiedervereinigung setzte sich Magdeburg bei der Wahl der
Landeshauptstadt gegen Halle durch.

Magdeburgs Wirtschaft gründet auf dem
fruchtbaren Ackerland, den Bodenschätzen und
der Industrie, hier vor allem dem Maschinenbau.
Zu Zeiten der DDR galt die Stadt als Zentrum des
Schwermaschinenbaus. Ein weiterer Schwerpunkt
ist die Schifffahrt auf dem Mittellandkanal und
der Elbe: Der Magdeburger Hafen ist der größte
Binnenhafen in den neuen Bundesländern. Auch
als Standort zahlreicher Forschungseinrichtungen
und Hochschulen spielt die Stadt eine große Rolle.
Die naturwissenschaftlich orientierte Universität
trägt den Namen eines berühmten Sohnes Magdeburgs, der zugleich zweiter Namensgeber der
,,Ottostadt" ist: Otto von Guericke, Bürgermeister
und Erfinder, gilt als Begründer der Vakuumtechnik.

Da große Teile der Stadt im Dreißigjährigen
Krieg und im Zweiten Weltkrieg zerstört wurden,
ist die Zahl der historischen Gebäude vergleichs-
weise gering. Sehenswert sind vor allem der Dom,
die älteste gotische Kathedrale in Deutschland,
mit dem Grab von Kaiser Otto I. sowie die romanische Klosteranlage Unser Lieben Frauen mit
dem Kunstmuseum. Besonders interessant ist

auch die Grüne Zitadelle, das letzte Projekt des
Künstlers Friedensreich Hundertwasser. Der Jahr-
tausendturm im Elbauenpark wurde anlässlich der
Bundesgartenschau 1999 errichtet und enthält
eine interessante Ausstellung zur Entwicklung der
Wissenschaften.

■ Halle (Saale)

Halle an der Saale ist mit 239 000 Einwohnern die
größte Stadt Sachsen-Anhalts. Sie wurde als ,,Halla"
806 zum ersten Mal urkundlich erwähnt. Der
Name Halle geht auf ,,*hal*" (Salzquelle) zurück –
so waren auch die umliegenden Solequellen der
Grund für die Entstehung der Stadt. Bis Ende des
15. Jahrhunderts war der Einfluss der Salzwirker,
Halloren genannt, sehr groß. Die damals gegründete
Salzwirker-Brüderschaft besteht noch heute und
wurde sogar in das Verzeichnis des immateriellen
Kulturerbes der UNESCO aufgenommen.

*Der Marktplatz in Halle an der Saale mit dem Roten Turm
und der Marktkirche.*

Wirtschaftlichen Aufschwung erfuhr die Stadt auch im 19. Jahrhundert durch weitere Bodenschätze, wie z. B. Kohle. Im 20. Jahrhundert wurde sie zum Zentrum der Chemieindustrie und es entstanden zahlreiche Plattenbausiedlungen für die Arbeiter. Heute ist Halle nicht nur ein wichtiger Wirtschafts-, sondern auch ein Wissenschaftsstandort, mit einer der ältesten Universitäten, der Martin-Luther-Universität, einer Musik- und Kunsthochschule sowie der Wissenschaftsakademie Leopoldina und der Kulturstiftung des Bundes.

Die Geburtsstadt Georg Friedrich Händels ist auch ein kultureller Mittelpunkt des Landes. Im Geburtshaus des Komponisten informiert eine Dauerausstellung über sein Leben und Werk und alljährlich im Juni finden die renommierten Händel-Festspiele statt. Da Halle von den Zerstörungen des Zweiten Weltkriegs kaum betroffen war, verfügt es über einen weitgehend intakten Altstadtkern. Sein Wahrzeichen bildet der Rote Turm auf dem Marktplatz, zusammen mit den vier Türmen der Marktkirche Unser Lieben Frauen – weshalb man Halle auch „Stadt der fünf Türme" nennt. Interessant sind auch die Museen der Stadt, wie z. B. das Landeskunstmuseum Moritzburg, das Halloren- und Salinemuseum oder das Landesmuseum für Vorgeschichte. In Letzterem ist die älteste bekannte Himmelsdarstellung ausgestellt: die Himmelsscheibe von Nebra. Sie wurde in der Nähe der Stadt Nebra im Unstruttal gefunden.

◼ Dessau

Die drittgrößte Stadt Sachsen-Anhalts ist eigentlich nur ein Stadtteil: 2007 schloss sich Dessau mit der Stadt Roßlau zu dem heutigen Dessau-Roßlau zusammen und hat über 79 000 Einwohner. Aufgrund der günstigen Lage an Mulde und Elbe wurde hier im 12. Jahrhundert ein Handelsplatz gegründet. Die Stadt entwickelte sich bis Mitte des 15. Jahrhunderts zur Residenzstadt des Herzogtums Anhalt und geriet 300 Jahre später unter Fürst Leopold III. zu einem Zentrum der Aufklärung. Mit der Industrialisierung entstanden zahlreiche Fabriken, darunter die Junkers Flugzeug- und Motorenwerke, die im Zweiten Weltkrieg das Ziel zahlreicher Bombardements waren.

Heute verbinden viele mit dem Namen Dessau vor allem das von Walter Gropius geplante Bauhaus (siehe Kasten). Darüber hinaus gibt es noch viele weitere wichtige Kulturstätten: So zeigt z. B. die Anhaltische Gemäldegalerie mit ca. 2000 Gemälden die landesweit größte Sammlung alter Malerei. Im Kurt-Weill-Zentrum erfährt man Spannendes über den in Dessau geborenen Komponisten Kurt Weill, der mit der „Dreigroschenoper" berühmt wurde. Interessante Einblicke in die Industrie- und Luftfahrtgeschichte bietet das Technikmuseum Hugo Junkers.

Die Tiergartenbrücke über der Mulde in Dessau-Roßlau mit Blick auf das Residenzschloss Johannbau.

Das Bauhaus

Der Architekt Walter Gropius gründete 1919 in Weimar die Kunstschule „Bauhaus". Das Ziel war die Verbindung von Kunst und Handwerk und deren Modernisierung. 1926 zog das Bauhaus nach Dessau in das neue, von Gropius geplante Bauhausgebäude. Gleichzeitig wurden die „Meisterhäuser" gebaut, die Wohnen und Arbeiten vereinen sollten. Doch schon bald wurde unter den Nationalsozialisten der Bauhausstil als „jüdisch" verurteilt und 1932 musste es schließen. Das Bauhaus hatte einen großen Einfluss auf Architektur und Kunst des 20. Jahrhunderts, der zum Teil bis heute andauert.

Die Stadt Quedlinburg gehört zu einem der größten Flächendenkmale in Deutschland.

Die Bedeutung dieser kirchlichen Erneuerungsbewegung prägt die Stadt noch heute: Zu dem UNESCO-Weltkulturerbe Luthergedenkstätten gehören unter anderem das Lutherhaus mit seinem Museum, die Schlosskirche, an deren Turen Luther seine 95 Thesen anschlug, die Stadtkirche, in der er predigte, und das Melanchthonhaus, in dem sein Weggefährte lebte und starb. Weitere zugehörige Stätten finden sich im ca. 100 km entfernten Eisleben.

◼ Quedlinburg

Die Kleinstadt am Nordrand des Harzes blickt auf eine über 1000 Jahre lange Geschichte zurück. Der ersten urkundlichen Erwähnung 922 folgte 994 die Verleihung der Stadtrechte. Vom 10. bis zum 12. Jahrhundert war Quedlinburg Königspfalz, also ein Reisestützpunkt für den König.

Von seiner früheren Bedeutung zeugen noch heute ca. 2000 Fachwerkhäuser in der historischen Altstadt. Die Gebäude stammen aus acht Jahrhunderten und die Entwicklung der Bauweise ist an den Fassaden erkennbar. Das Ensemble wird ergänzt durch die Stiftskirche St. Servatius, die über der Stadt thront, und steht seit 1994 auf der UNESCO-Weltkulturerbeliste.

◼ Wittenberg

Die an der Elbe gelegene Lutherstadt Wittenberg mit heute ca. 46 000 Einwohnern gilt als Ausgangsort der Reformation, die von den Theologen Martin Luther und Philipp Melanchthon begründet wurde.

Statue des Reformators Martin Luther in Wittenberg.

■ Naumburg

Die kleine Stadt im südlichen Sachsen-Anhalt liegt inmitten des Weinbaugebiets Saale-Unstrut. Im Mittelalter ein wichtiger Handelsplatz, verlor Naumburg zunehmend an Bedeutung und auch heute gibt es keine nennenswerten Industrien. Einer der größten Wirtschaftszweige ist der Tourismus.

Der Naumburger Dom ist die Hauptattraktion der Stadt. Das spätromanische Bauwerk aus dem 13. Jahrhundert ist seit 2018 UNESCO-Weltkulturerbe. Der Dom wurde einst um eine Kapelle errichtet, die die zwölf Stifterfiguren des Naumburger Meisters enthielt. Der Naumburger Meister war ein Steinbildhauer des Mittelalters, dessen Skulpturen zu den bedeutendsten Kunstwerken gehören. Eine der berühmtesten der zwölf aus Sandstein gefertigten Stifterfiguren ist die Statue der Uta.

Landschaft

■ Altmark

Die ruhige und wenig bevölkerte Region im Norden Sachsen-Anhalts wird geprägt von mittelalterlichen Städtchen wie Stendal und Tangermünde einerseits und Wald- und Heideflächen andererseits. Die Colbitz-Letzlinger Heide im Süden der Altmark ist ein einsames Refugium der Ruhe, während der

Eine Illustration des megalithischen Großsteingrabs in Stöckheim.

Arendsee im Norden ein eher belebtes Ausflugsziel darstellt. Ein archäologisches Highlight ist das Großsteingrab Stöckheim: Die Entstehung der sagenumwobenen Anlage wird auf einen Zeitraum bis 3700 Jahre v. Chr. datiert.

■ Naturpark Drömling

Das 278 km² große Biosphärenreservat im Nordwesten Sachsen-Anhalts war ursprünglich ein Sumpfgebiet. Im 18. Jahrhundert wurde es entwässert und in eine Kulturlandschaft umgewandelt, die von unzähligen Wasserläufen durchzogen ist. Die großen Wiesen- und Waldgebiete sind heute ein Rückzugsort für viele seltene und bedrohte Tier- und Pflanzenarten. Auch Besucher, die die Nähe zur Natur suchen, sind hier genau richtig und können bei einer geführten Wanderung oder einer Radtour auf ausgewiesenen Wegen einmalige Naturerlebnisse genießen.

Der Naumburger Dom St. Peter und Paul gehört zu den bedeutendsten Bauwerken der Spätromantik, von denen Sachsen-Anhalt einige zu bieten hat.

Der Fischotter ist das Wappentier des Naturparks.

Jawed Karim ist einer der drei YouTube-Erfinder und kommt aus Merseburg in Sachsen-Anhalt.

Grünes Band

Der ehemalige „Todesstreifen", die frühere Grenze zwischen Ost- und Westdeutschland, ist heute ein Paradies für über 1200 Tier- und Pflanzenarten. Das sogenannte „Grüne Band" verläuft über 343 km durch Sachsen-Anhalt und wurde als Nationales Naturmonument ausgezeichnet, das nicht nur dem Naturschutz dient, sondern auch die historische Erinnerung erhalten soll.

■ Biosphärenreservat Mittelelbe

Das Biosphärenreservat Mittelelbe ist Teil der länderübergreifenden Flusslandschaft Elbe und erstreckt sich entlang der Elbe über eine Länge von 300 km. In der Auenlandschaft finden seltene Tiere und Pflanzen, wie der Elbebiber und der Seeadler oder die Schwertlilie, ihre Heimat. Der Schutz des Bibers ist hier ein besonderes Anliegen: In der Nähe des Informationszentrums können Besucher in einer künstlich angelegten Biberburg deren Lebensraum erkunden.

Der Elbebiber gilt als Wappentier des Biosphärenreservats Mittelelbe.

■ Gartenreich Dessau-Wörlitz

Das Gartenreich ist Teil des Biosphärenreservats Mittelelbe. Der Landschaftspark am Stadtrand von Dessau wurde auf Initiative von Leopold III. nach englischem Vorbild angelegt. Die bis dato üblichen Barockgärten lehnte der Fürst ab: Er bevorzugte eine naturnahe Gestaltung. Am besten lässt sich das Gartenreich mit seinen Schlössern und historischen Bauten per Rad erkunden.

■ Magdeburger Börde

Als Magdeburger Börde bezeichnet man das Gebiet rund um Magdeburg, das zwischen Altmark, Elbe und Harz liegt. Es ist vor allem wegen seines besonders fruchtbaren Bodens bekannt: Hier werden traditionell vor allem Zuckerrüben, aber auch Weizen und Raps angebaut. Entlang der „Straße der Romanik" lassen sich zahlreiche Sehenswürdigkeiten entdecken, wie z. B. der Halberstädter Dom oder das Schloss Bernburg.

Das Renaissanceschloss Bernburg liegt auf hohen Sandsteinfelsen am östlichen Ufer der Saale.

*Das Harz-Gebirge mit Blick auf den Brocken –
den höchsten Berg in Sachsten-Anhalt.*

Harz

Der Harz ist das nördlichste Mittelgebirge Deutschlands und erstreckt sich zum größten Teil in Sachsen-Anhalt, im Westen in Niedersachsen und im Süden in Thüringen. Das Gebirge ist geprägt von ausgedehnten Wäldern, Flusstälern und Stauseen. Im Harz befindet sich eine eher unbekannte UNESCO-Welterbestätte: das Oberharzer Wasserregal, ein ausgeklügeltes Wasserleitsystem, das für den Bergbau von Bedeutung war.

Der höchste Berg des Harzes ist der Brocken mit 1142 m Höhe. Wer ihn nicht zu Fuß besteigen möchte, kann mit der Brockenbahn, angetrieben von einer Dampflokomotive, hinauffahren. Im Volksmund ist der Brocken als „Blocksberg" bekannt.

Gewässer

Elbe

Die Elbe, der zweitlängste Fluss Deutschlands, entspringt im tschechischen Riesengebirge. Sie fließt auf einer Länge von 302 km durch Sachsen-Anhalt und ist somit der längste Fluss des Bundeslandes. Die Bedeutung der Elbe als Transportweg geht immer mehr zurück, wohingegen die touristische Nutzung zunimmt.

Am Lauf des Flusses liegen zahlreiche Naturschutzgebiete mit einzigartigen Auwäldern, die das Biosphärenreservat „Flusslandschaft Elbe" bilden. Hier leben mehr als 50 Fischarten, 40 Säugetierarten – darunter Fischotter und Biber – und 45 Wasservogelarten.

Saale

Die Saale ist ein Nebenfluss der Elbe. Sie entspringt im Fichtelgebirge und mündet nach 413 km in die Elbe. In Sachsen-Anhalt fließt sie unter anderem durch die Städte Halle, Bernburg und Naumburg. Westlich von Naumburg mündet die Unstrut in die Saale. Entlang der beiden Flüsse erstreckt sich die Weinregion Saale-Unstrut, das nördlichste Weinanbaugebiet Deutschlands, mit mehr als 50 Rebsorten.

Mittellandkanal

Mit einer Länge von 325 km ist der Mittellandkanal der längste Kanal Deutschlands und von großer Bedeutung für die Binnenschifffahrt. Er verbindet den Dortmund-Ems-Kanal mit dem Elbe-Havel-Kanal und endet am Wasserstraßenkreuz Magdeburg. Hier führt die Kanalbrücke den Mittellandkanal über die Elbe.

Geprägt ist der Harz durch seine artenreiche Flora und Fauna.

■ Geiseltalsee

Aus einem Tagebau-Restloch, das über mehrere
Jahre hinweg mit Wasser aus der Saale geflutet
wurde, entstand der Geiseltalsee. Mit 18,4 km² ist
er der größte künstliche See Deutschlands und ein
beliebtes touristisches Ziel im Süden von Sachsen-
Anhalt. Von Wassersport über Wander- und Radwege bis zu Aussichtstürmen mit Panoramablick
wird den Besuchern hier vieles geboten.

Der Hafen am Geiseltalsee.

*Die „**Himmelsscheibe von Nebra**"
ist etwa **3600 Jahre** alt und die
weltweit älteste konkrete Dar-
stellung des Himmels. Sie wurde
1999 im Ort Nebra (Unstrut)
gefunden. Die runde Platte
aus Bronze gibt einen Einblick
in das Wissen vorgeschichtlicher
Kulturen.*

Salzwedel

Altmark

Stendal

*Naturpark
Drömling*

Mittellandkanal

Elbe

*Magdeburger
Börde* ■ MAGDEBURG

Fläming

Bode

Saale

Lutherstadt
Wittenberg

Brocken ▼ Wernigerode

Dessau-
Roßlau

*Gartenreich
Dessau-Wörlitz*

Harz

Quedlinburg

Bernburg

*Biosphärenreservat
Mittelelbe*

Wolfen

Mulde

Lutherstadt
Eisleben

*Der aus den
Zuckerrüben
gewonnene
Zucker war
im 19. Jahr-
hundert sehr
begehrt.*

Halle
(Saale)

Merseburg

Unstrut Geiseltalsee

Naumburg

*Laut einer Sage treffen sich
die Hexen am 1. Mai zur
Walpurgisnacht auf
dem Harzer Brocken,
der auch „Blocksberg"
genannt wird.*

NORDRHEIN-WESTFALEN

Das viertgrößte Bundesland grenzt an Niedersachsen, Hessen und Rheinland-Pfalz sowie im Westen an die Niederlande und Belgien. Im Norden liegt die flache, meist landwirtschaftlich genutzte Norddeutsche Tiefebene und im Süden findet man eine dünnbesiedelte Mittelgebirgslandschaft mit großen Wäldern vor.

Entstanden ist Nordrhein-Westfalen 1946 unter der britischen Besatzungsmacht: Die Provinz Westfalen und die Rheinprovinz schlossen sich zusammen und ein Jahr später kam das Land Lippe hinzu. Politisch bedeutsam war bis 1999 die Stadt Bonn, denn hier befand sich der Regierungssitz, der aber nach der Wiedervereinigung nach Berlin verlegt wurde.

Nordrhein-Westfalen ist das bevölkerungsreichste aller deutschen Bundesländer, wobei der Ballungsraum Rhein-Ruhr, das sogenannte Ruhrgebiet, am dichtesten besiedelt ist. Obwohl hier der Kohlebergbau seit den 1960er-Jahren stark zurückgegangen ist, hat das Bundesland immer noch den höchsten Anteil am Bruttoinlandsprodukt der Bundesrepublik.

Lage: Westdeutschland

Fläche: 34 112 km²

Einwohner: 17,9 Millionen

Bevölkerungsdichte: 525 Einwohner pro km²

Landeshauptstadt: Düsseldorf

Einwohner der Hauptstadt: 645 000

Höchster Berg: Langenberg (843 m)

Längster Fluss: Lippe (220 km)

Größter See: Möhnesee (10,7 km²)

Im rheinischen Braunkohlerevier gibt es nach wie vor große Vorkommen, die im Tagebau erschlossen werden. Auch die Landwirtschaft und die Viehzucht sind gewichtige Wirtschaftszweige.

Die Bedeutung, die Nordrhein-Westfalen Kunst und Kultur beimisst, erkennt man daran, dass deren Förderung in der Verfassung des Landes als Staatsziel verankert ist. Ob Museen, Konzerthäuser, Theater, Ausstellungen oder Kunstmessen – in den Metropolen des Bundeslandes haben Besucher die Qual der Wahl. Weltberühmte Künstler, wie Ludwig van Beethoven oder Joseph Beuys, stammen von hier und heute leben Zehntausende Kunst- und Kulturschaffende in Nordrhein-Westfalen.

Das Ruhrgebiet mit seiner Industriekultur war 2010 Kulturhauptstadt Europas und die Route der Industriekultur verbindet zahlreiche sehenswerte und bedeutsame Stätten.

Die Landschaft bei Medebach im Sauerland.

Städte

■ Düsseldorf

Die Landeshauptstadt ist mit 645 000 Einwohnern auf einer Fläche von 217 km² die zweitgrößte Stadt Nordrhein-Westfalens. Ihren Namen erhielt sie von der Düssel, die hier in den Rhein mündet. Damals war die Stadt ein kleiner Ort, ,,Thusseldorp'', der auf einer Landzunge zwischen Rhein und Düssel lag. Die Stadtrechte wurden Düsseldorf 1288 von Graf Adolf IV. von Berg verliehen. Im Laufe einer jahrhundertelangen wechselvollen Geschichte entwickelte sich die Stadt schließlich zu einem der wichtigsten Wirtschaftszentren Deutschlands. Vor allem die Ansiedlung von Industrie im 19. Jahrhundert ließ die Stadt stark anwachsen. Heute ist Düsseldorf neben Industrie- und Handelszentrum auch Messestandort sowie Einkaufs- und Modestadt. Letzteres zeigt sich besonders auf der berühmten ,,Kö'' (Königsallee), einer über 80 m breiten Luxuseinkaufsstraße.

Mit Düsseldorf untrennbar verbunden sind Kunst und Kultur. Neben vielen Theatern, Museen und Konzerthäusern spielt vor allem die Kunstakademie eine große Rolle: Hier lehrten berühmte Künstler, wie Gerhard Richter oder Joseph Beuys, der mit seinen Werken, wie z. B. der ,,Fettecke'', für Aufsehen sorgte. Auch die Liste der berühmten Menschen, die in Düsseldorf gelebt oder gewirkt haben, ist lang: Sie reicht von herausragenden Persönlichkeiten wie Heinrich Heine oder Robert Schumann über bedeutende Künstler wie Jörg Immendorff oder Wim Wenders bis zu Weltstars wie Heike Makatsch oder Claudia Schiffer.

*Düsseldorf steht an **6. Stelle** der Städte mit der **höchsten Lebensqualität** weltweit.*

Die Düsseldorfer Altstadt, wegen der vielen Kneipen auch ,,längste Theke der Welt'' genannt, wartet mit zahlreichen denkmalgeschützten Häusern auf. Hier befinden sich die gotische Kirche St. Lambertus und der Schlossturm, eines der Wahrzeichen der Stadt. Das höchste Wahrzeichen ist der 240 m hohe Rheinturm mit der größten Digitaluhr der Welt. Architektonisch sehenswert ist der Medienhafen mit dem Colorium, einem farbenfrohen Bürogebäude, und dem Neuen Zollhof, einem ungewöhnlich konstruierten Gebäudeensemble des Architekten Frank Gehry.

■ Köln

Die 405 km² große Stadt ist nicht nur die größte Stadt Nordrhein-Westfalens, sondern mit rund 1,1 Millionen Einwohnern zugleich die viertgrößte Deutschlands. Vor mehr als 2000 Jahren von dem römischen Feldherrn Agrippa als ,,*Colonia*'' gegründet, ist sie eine der ältesten Städte und ihre römischen Überreste findet man noch heute vor. Aufgrund ihrer günstigen Lage am Rhein entwickelte sich die Stadt bald zu einem wichtigen weltlichen und auch kirchlichen Zentrum. Davon zeugt unter anderem der Kölner Dom, die größte gotische Kirche Nordeuropas, UNESCO-Weltkulturerbe und Wahrzeichen der Stadt.

Eine Nachtaufnahme der Düsseldorfer Altstadt am Rheinufer.

Eine Luftaufnahme der Kölner Skyline mit Altstadt, Kölner Dom, Hauptbahnhof und Musical Dom sowie dem Fernmeldeturm und Kölnturm im Hintergrund.

Heute ist Köln ein wichtiger Wirtschaftsstandort, an dem viele Firmenzentralen ihren Sitz haben. Die wesentlichen Branchen sind Automobil- und Maschinenbau, Chemieindustrie, Versicherungswesen und Medienunternehmen, wie Fernseh- und Rundfunksender. Auch der Kunsthandel spielt hier eine große Rolle, mit der Kunstmesse „Art Cologne" als Flaggschiff. Mit 24 Hochschulen und ca. 100 000 Studierenden ist Köln des Weiteren eine bedeutende Universitätsstadt.

Im Zweiten Weltkrieg wurde die Kölner Altstadt zum größten Teil zerstört, sodass hier weitgehend neuere Architektur das Erscheinungsbild bestimmt. Erhalten geblieben sind Reste der fast 4 km langen römischen Stadtmauer. Weitere Zeugnisse der römischen Stadtgeschichte enthält die Sammlung

Karneval

Alljährlich am 11. November um 11.11 Uhr beginnt die „fünfte Jahreszeit" – der Karneval. Hochburgen des närrischen Treibens sind in Nordrhein-Westfalen die Städte Köln und Düsseldorf. Vor allem am Rosenmontag wälzen sich die Umzüge der „Jecken" durch die Straßen und unter den Rufen „Kölle Alaaf!" bzw. „Helau" wird ausgelassen gefeiert.

> **„Kölsch"** bezeichnet nicht nur eine beliebte **Biersorte**, sondern auch die **Sprache**, die man in Köln spricht.

des Römisch-Germanischen Museums. Das Stadtbild Kölns wird neben dem Dom von der unter Denkmalschutz stehenden Hohenzollernbrücke dominiert. Das eindrucksvolle Bauwerk verfügt über sechs Bahngleise sowie Geh- und Radwege. An den Brückengeländern sind Tausende sogenannte „Liebesschlösser" angebracht, die mittlerweile ebenso berühmt sind wie die Brücke selbst. Eine weltbekannte Adresse ist die Glockengasse 4711, wo der Legende nach der Ursprung des Duftwassers „Kölnisch Wasser" verortet ist. Das meistbesuchte Museum Kölns ist das Schokoladenmuseum, in dem man nicht nur alles über die Süßigkeit und ihre Herstellung erfährt, sondern sie auch kosten darf. Ein hingegen unrühmliches Kapitel der Geschichte wird im NS-Dokumentationszentrum im Gebäude des ehemaligen Gestapogefängnisses erforscht.

Ganz oben auf der Liste der Kölner Persönlichkeiten steht der frühere Kölner Oberbürgermeister und spätere erste Bundeskanzler der Bundesrepublik Deutschland, Konrad Adenauer. Auch der Volksschauspieler Willy Millowitsch, der Leiter des früheren Millowitsch-Theaters, sowie der Schriftsteller Heinrich Böll waren prominente Kölner.

Blick auf den Phoenix-See und den Florianturm in Dortmund.

Wer in Köln einen *„Halve Hahn"* bestellt, bekommt kein halbes Hähnchen, sondern ein **Roggen-brötchen** mit einer Scheibe **Gouda und Senf**.

■ Dortmund

Dortmund ist mit rund 600 000 Einwohnern die drittgrößte Stadt Nordrhein-Westfalens und die größte Stadt im Ruhrgebiet. In seiner mehr als 1100-jährigen Geschichte erlebte Dortmund zwei Hochphasen: die erste als Hansestadt und blühendes Handelszentrum und die zweite während der Industrialisierung. Wie alle Ruhrgebietsstädte war auch Dortmund bis Ende des 20. Jahrhunderts ein Zentrum der Kohle- und Stahlindustrie. Davon zeugen noch heute die zahlreichen Zechen, die zu sehenswerten Industriedenkmälern geworden sind. Die Zeche Zollern war das erste Industriebauwerk, das unter Denkmalschutz gestellt wurde.

Mit der Kohle- und Stahlindustrie stand auch ein anderes Produkt der Stadt in enger Verbindung: das Bier. Dortmund galt lange als Bierhauptstadt Europas. Zahlreiche Brauereien waren hier angesiedelt, denn bei den Arbeitern in den Zechen war das Getränk sehr beliebt. Mit den Schließungen der Zechen ging auch der Bierkonsum zurück und zahlreiche Brauereien mussten ebenfalls schließen. Im Brauerei-Museum erfährt man alles über die Geschichte des Dortmunder Bieres. Vom Bier zum Fußball: Auch diesbezüglich gilt Dortmund als „Hauptstadt". Der Signal Iduna Park von Borussia Dortmund ist das größte Fußballstadion

Deutschlands und ein Wahrzeichen der Stadt. Im Deutschen Fußball-Museum gegenüber des Hauptbahnhofs können Besucher die Geschichte des Fußballs hautnah erleben. Ebenfalls in der Nähe des Bahnhofs und schon von weitem sichtbar ist das Dortmunder U, eine ehemalige Brauerei-Lagerhalle, die heute ein Kultur- und Kreativzentrum ist.

Das Stadtzentrum Dortmunds wurde durch den Bombenhagel des Zweiten Weltkriegs weitgehend zerstört, sodass heute nur noch wenige historische Gebäude vorzufinden sind.

■ Essen

Der Ursprung Essens war das um 850 gegründete Frauenstift, zur Stadt wurde es erst im 13. Jahrhundert. Essen ist das kulturelle Herz des Ruhrgebietes. Das Gelände der Zeche Zollverein ist UNESCO-Welterbe. Bei einer Führung auf dem Denkmalpfad oder im Ruhr-Museum erfährt man alles über das Leben der früheren Bergleute. Das heutige Stadtbild entstand durch den Wiederaufbau der fast vollständig im Zweiten Weltkrieg zerstörten Innenstadt. Sehenswert ist der Essener Dom mit seinem Domschatz und der Goldenen Madonna,

Die Zeche Zollverein gilt als Eiffelturm des Ruhrgebietes. Von 1851 bis 1986 war sie ein aktives Steinkohlebergwerk in Essen.

Blick auf die ehemalige Hauptstadt Bonn und den Rhein.

Essen war im Jahr **2017** die **grünste Hauptstadt** Europas.

dem bedeutendsten Kunstwerk des Ruhrgebietes. Eines der renommiertesten Kunstmuseen Deutschlands ist das Museum Folkwang, das von Stararchitekt David Chipperfield entworfen wurde.

Der Baldeneysee, ein Stausee der Ruhr, ist ein beliebtes Freizeitziel. Hier findet alljährlich die Segelregatta Essener Woche statt. Oberhalb des Sees thront die Villa Hügel, der frühere Wohnsitz der Industriellenfamilie Krupp. Erholung und Unterhaltung finden die Essener auch im Grugapark: Neben dem Botanischen Garten, einer Skulpturenausstellung und dem Hundertwasser-Haus gibt es hier zahlreiche Freizeitangebote.

■ Bonn

Bonn liegt zu beiden Ufern des Rheins. Wie seine nur 20 km entfernte Nachbarstadt Köln blickt es auf eine mehr als 2000-jährige Geschichte zurück

Statue von Ludwig van Beethoven auf dem Münsterplatz in Bonn.

und wurde als römische Siedlung gegründet. Bonn ist eng mit der Geschichte der Bundesrepublik verknüpft, denn es war von 1949 bis 1990 deren Hauptstadt und bis 1999 Regierungssitz. Nach der Wiedervereinigung Deutschlands 1990 wurde Berlin wieder zur Hauptstadt ernannt, der endgültige Umzug der Regierung fand aber erst neun Jahre später statt. Nach wie vor haben hier einige Ministerien ihren Sitz sowie zahlreiche Bildungs- und Forschungsinstitute.

Die deutsche Historie von der Nachkriegszeit bis zur Gegenwart wird im Haus der Geschichte anschaulich dargestellt. Es befindet sich auf der Museumsmeile, die fünf Museen umfasst, darunter auch die bedeutende Bundeskunsthalle. Sehenswerte Gebäude sind das Bonner Münster mit seinem mittelalterlichen Kreuzgang sowie das im Rokoko-Stil erbaute Alte Rathaus, eines der Wahrzeichen der Stadt. Der wohl berühmteste Sohn Bonns ist Ludwig van Beethoven: Das Haus, in dem der Komponist 1770 geboren wurde, ist heute ein viel besuchtes Museum.

■ Aachen

Die westlichste Großstadt Deutschlands liegt am Dreiländereck Deutschland-Belgien-Niederlande. Die schwefelhaltigen Thermalquellen bewegten schon die Kelten und die Römer dazu, sich hier niederzulassen. Sie waren auch der Grund, warum Karl der Große die Stadt zum Mittelpunkt des fränkischen Reiches machte. Aachen erhielt 1166 von Kaiser Barbarossa das Stadtrecht und war über die Jahrhunderte Krönungsort von 30 Königen.

Der Aachener Dom ist über 1200 Jahre alt.

Der Aachener Dom ist das Wahrzeichen der Stadt und zusammen mit dem Domschatz ein UNESCO-Welterbe. Sehenswerte Gebäude, die den großen Stadtbrand von 1656 überstanden haben, sind neben dem Dom und dem Rathaus das Grashaus und das Haus Löwenstein. Von herausragender Bedeutung ist die Technische Hochschule Aachen, eine der wichtigsten in ganz Europa.

Bielefeld

Die Stadt im Teutoburger Wald wurde 1214 erstmals erwähnt. Die Grundlage seiner wirtschaftlichen Entwicklung bildete die Leinenweberei und Ende des 19. Jahrhunderts gab es hier viele Spinnereibetriebe. Davon zeugen noch heute denkmalgeschützte Fabrikhallen, wie die Ravensberger Spinnerei.

Die Bielefelder Altstadt wartet mit zahlreichen historischen Giebelhäusern sowie mit dem Alten Rathaus auf. Hoch über der Stadt thront die mittelalterliche Sparrenburg. Diese eindrucksvollen Beweise ihrer Existenz widerlegen übrigens die seit Jahren grassierende (und nicht ganz ernst gemeinte) Theorie, die besagt, dass es Bielefeld gar nicht gibt – und die umso mehr dazu beiträgt, dass Bielefeld in aller Munde ist.

Landschaft

Sauerland

Die Mittelgebirgsregion Sauerland liegt im Südosten von Nordrhein-Westfalen und umfasst auch einige Gebiete des angrenzenden Bundeslandes Hessen. Im Sauerland findet man das Rothaargebirge mit dem Langenberg (843 m) und dem Kahlen Asten (842 m), die höchsten Erhebungen in Nordrhein-Westfalen, sowie das größte Skigebiet Deutschlands nördlich der Alpen. Viele Bereiche des Sauerlands sind als Naturschutzgebiete ausgewiesen, um die Vielfalt an seltenen Tieren und Pflanzen, wie z. B. Wisent oder Raubwürger, zu bewahren.

Der Berg Kahler Asten im Rothaargebirge ist der zweithöchste Berg in Nordrhein-Westfalen.

Ruhrgebiet

Das Ruhrgebiet, auch „Ruhrpott" genannt, ist ein dichtbesiedelter Ballungsraum mit den Kernstädten Essen, Dortmund, Duisburg und Bochum. Hier wurde seit Anfang des 19. Jahrhunderts Kohle abgebaut und in den Hochöfen der Stahl- und Eisenindustrie weiterverarbeitet. Es entstanden unzählige „Zechen", also Bergwerke, aus denen Millionen Tonnen Kohle gefördert wurden. In den 1950er-Jahren verdrängte das Öl zunehmend die Kohle und nach und nach mussten die Zechen schließen – die letzte im Jahr 2018. Heute erinnern zahlreiche Industriedenkmäler an die mühsame Arbeit der Bergleute.

Der Rursee im Nationalpark Eifel hat eine Fläche von 7,83 km².

Mit rund **500 000 Fahrrädern** gibt es in **Münster** fast doppelt so viele Räder wie Einwohner.

■ Nationalpark Eifel

Der Nationalpark Eifel wurde 2004 als erster Nationalpark in Nordrhein-Westfalen gegründet. Auf einer Fläche von mehr als 100 km² sollen seltene oder bedrohte Tier- und Pflanzenarten geschützt bzw. wieder angesiedelt werden. Ein rund 240 km langes Wanderwegenetz ermöglicht es den Besuchern, der scheuen Wildkatze zu begegnen, die Schwarzstörche zu beobachten oder im Frühjahr ein Meer wilder Narzissen zu bestaunen. Im Nationalpark Eifel liegt auch der Rursee, ein beliebtes Ausflugsziel, das durch das Stauen des Flusses Rur entstanden ist.

■ Münsterland

Das Münsterland, mit der Stadt Münster als Zentrum, liegt im Norden von Nordrhein-Westfalen. Eine große Rolle spielt hier die Land- und Forstwirtschaft sowie die Pferde- und Viehzucht. Die ebene Landschaft eignet sich bestens zum Radfahren, weshalb es hier zahlreiche Radwanderrouten gibt, wie z. B. die 100-Schlösser-Route mit ihren sehenswerten Schlössern und Wasserburgen. Auch die Stadt Münster gilt als Fahrradstadt – und ist darüber hinaus äußerst geschichtsträchtig: Hier wurde 1648 der Westfälische Friede geschlossen, der den Dreißigjährigen Krieg beendete.

Der Turm der St. Lamberti-Kirche in Münster ist 90 m hoch.

■ Bergisches Land

Das Bergische Land ist zwar tatsächlich bergig, hat seinen Namen aber von dem Herzogtum Berg. In der niederschlagsreichen Landschaft finden sich ausgesprochen viele Talsperren und Seen. Das wirtschaftliche und kulturelle Zentrum des Gebietes bildet die Stadt Wuppertal mit der sehenswerten Schwebebahn, die über dem Fluss Wupper verkehrt. Weltweit bekannt sind die Messer und Schneidwaren, die in der Stadt Solingen produziert werden.

■ Siegerland

Die Kulturlandschaft Siegerland im Süden Nordrhein-Westfalens umfasst den westlichen Teil des Kreises Siegen-Wittgenstein sowie die Stadt Siegen. Die höchste Erhebung des Siegerlandes ist die Alte Burg mit 633 m. Der Abbau von Eisenerz in den sogenannten ,,Gruben" hat hier eine lange Tradition und erste Spuren des Bergbaus gehen sogar bis zu den Kelten zurück.

Die historischen Fachwerkhäuser in Freudenberg sind ein Baudenkmal von internationaler Bedeutung.

Die Landschaft ist eine waldreiche Mittelgebirgsregion, in die idyllische Fachwerkstädtchen eingebettet sind. Das bekannteste ist Freudenberg, dessen über 80 Fachwerkhäuser aus dem 17. Jahrhundert ein eindrucksvolles Ensemble, den sogenannten „Alten Flecken", bilden. Die größte Stadt im Siegerland ist Siegen, die Geburtsstadt des Barockmalers Peter Paul Rubens.

Der Rhein ist die bedeutendste Schifffahrtsstraße in Europa.

■ Niederrhein

Die Region im Westen Nordrhein-Westfalens grenzt an die Niederlande und erstreckt sich zu beiden Seiten des Rheins. Es lässt sich geographisch nicht genau eingrenzen und das verbindende Element ist eher die niederrheinische Mundart der Bewohner. Die ebene und spärlich besiedelte Landschaft ist geprägt von den Flussauen des Rheins und weitläufigen Wiesen mit den typischen Kopfweiden. Teile des Naturparks Maas-Schwalm-Nette sowie der Naturpark Hohe Mark liegen in der Region Niederrhein und sind ein Refugium für Pflanzen, Tiere und Erholung suchende Menschen. Größere Städte sind unter anderem Dinslaken, Duisburg, Krefeld und Mönchengladbach. Die Städte Emmerich und Kleve sind mit einer Brücke über den Rhein verbunden, die mit 803 m die längste Hängebrücke Deutschlands ist.

Gewässer

■ Lippe

Die Lippe hat eine Gesamtlänge von 220 km und fließt ausschließlich durch Nordrhein-Westfalen. Somit ist sie der längste Fluss des Bundeslandes. Die Quelle entspringt in Bad Lippspringe und fließt schließlich, südwestlich von Wesel, in den Rhein. In den nächsten Jahren soll der früher industriell geprägte Fluss wieder natürlicher und dort wo es möglich ist, auch wilder werden.

Der „Wipperkotten" ist ein Schleifermuseum in Solingen. Es liegt am Ufer der Wupper, deren Wasserkraft zum Schleifen genutzt wurde.

■ Rhein

Über 1233 km fließt der Rhein von der Schweiz bis in die Niederlande, davon auf 215 km als Niederrhein durch Nordrhein-Westfalen. Schon früh haben sich die Menschen an seinem Ufer niedergelassen, um ihn als Transportweg für Waren zu nutzen. Daraus entstanden zum Teil große Städte wie Köln, Bonn oder Duisburg, das den größten Binnenhafen Europas besitzt. Auch für die Touristen bietet der Rhein unzählige Möglichkeiten, von einer Schiffsfahrt, über den Rheinradweg bis zum Rheinsteig.

■ Wupper

Die Wupper entspringt im Bergischen Land und mündet nach 116 km in Leverkusen in den Rhein. Sie schlängelt sich recht wild durch steile Hügel, an Wiesen und Auenlandschaften vorbei und wurde an einigen Stellen mittels Talsperren zur Wasserkraftnutzung aufgestaut. Da die Wupper früher auch zur Abwasserentsorgung genutzt wurde, war die Wasserqualität lange Zeit sehr schlecht. Dank eines Wasserschutzprogramms ist der Fluss heute wieder sauber und Heimat für zahlreiche Tier- und Pflanzenarten.

Der Ruhrtalradweg

Der Fahrradclub ADFC zählt den Ruhrtalradweg zu den drei beliebtesten Radfernwegen in Deutschland.

Streckenlänge: 230 km
Höchster Punkt: Ruhrquelle, 674 m NN
Niedrigster Punkt: Ruhrmündung, 17 m NN

dpa·regiografik 1129

■ Ruhr

Die Ruhr ist ein Nebenfluss des Rheins und entspringt im Rothaargebirge. Nach 219 km mündet sie bei Duisburg in den Rhein und ist Namensgeberin für das Ruhrgebiet. Im 19. Jahrhundert war die Ruhr als Haupttransportweg der Kohleindustrie einer der meistbefahrenen Flüsse Europas, wohingegen er heute weitgehend zur Freizeitgestaltung genutzt wird. Güterverkehr findet nur noch auf den letzten 12 km vor der Mündung in den Rhein statt.

■ Ems

Die Ems entspringt am Fuße des Teutoburger Waldes und mündet nach 371 km in die Nordsee. In Nordrhein-Westfalen fließt sie über eine Länge von 156 km. In ihrem Verlauf nimmt die Ems mehrere Nebenflüsse auf

„Stonehenge des Teutoburger Waldes"

Die imposanten Externsteine befinden sich im östlichen Teutoburger Wald. Es handelt sich hierbei um 13 graue Kreidesandfelsen, die bis zu 35 m hoch sind. Bereits seit 1926 steht die Felsformation unter Kultur- und Denkmalschutz.

und wird immer breiter, bis sie in der zweiten Hälfte auch schiffbar wird. Der weitgehend begradigte Flusslauf wurde in den letzten Jahren durch Renaturierungsmaßnahmen an einigen Stellen zurückgebaut und Altarme wurden wieder angeschlossen.

■ Möhnesee

Der Möhnesee wird auch „westfälisches Meer" genannt und ist mit 10,7 km² der größte See in Nordrhein-Westfalen. Das beliebte Ausflugsziel liegt im Naturpark Arnsberger Wald und ist die größte Talsperre im Sauerland. Das 40 km lange Ufer des Möhnesees lädt zu vielen Freizeitaktivitäten ein.

■ Biggesee

Die Biggetalsperre, kurz Biggesee genannt, liegt im Sauerland und ist einer der größten Stauseen Deutschlands. Er wurde zur Wasserregulierung der Ruhr, zur Stromerzeugung und als Wasserreservoir gebaut. Zahlreiche Ortschaften mussten für den See aufgegeben werden und zweieinhalbtausend Menschen wurden umgesiedelt. Heute ist der See mit seinen vielfältigen Freizeitmöglichkeiten ein beliebtes Ausflugsziel.

Bei der Entstehung des Biggesees mussten gleich mehrere Ortschaften im Wasser „versinken".

■ Halterner See

Der Halterner Stausee staut die Stever und den Halterner Mühlenbach und enthält auf einer Fläche von 300 Hektar ca. 20 Millionen m³ Wasser. Er dient der Wasserversorgung von Teilen des Münsterlandes und des Ruhrgebietes.

Der 800 m lange Natursandstrand des Halterner Sees bietet viele Wassersport- und Freizeitmöglichkeiten.

Das größte deutsche Fußballstadtion hat 81 365 Plätze und steht in Dortmund.

Ibbenbüren

Minden

Weser

Steinfurt

Coesfeld

Bielefeld

Münster

Teutoburger Wald

Warendorf

Münsterland

Emmerich

Borken

Ems

Halterner See

Höxter

Rhein

Lippe

Reckling-hausen

Hamm

Paderborn

Nieder-rhein

Bottrop

Ruhrgebiet

Lippstadt

Duisburg

Bochum

Dortmund

Essen

Ruhr

Warstein

Wuppertal

Sauerland

Langenberg

DÜSSELDORF

Remscheid

Mönchen-gladbach

Solingen

Plettenberg

Wupper

Rothaargebirge

Leverkusen

Biggesee

Köln

Bergisches Land

Siegen

Aachen

Brühl

Sieg

Siegerland

Bonn

National-park Eifel

*Das Musical **Starlight Express** wird seit 1988 in **Bochum** aufgeführt.*

HESSEN

In der Mitte Deutschlands liegt das Bundesland Hessen. Es grenzt an sechs weitere Bundesländer: Thüringen, Bayern, Baden-Württemberg, Rheinland-Pfalz, Nordrhein-Westfalen und Niedersachsen. Die Landschaft ist weitgehend durch Mittelgebirge, wie den Taunus, den Odenwald oder den Vogelsberg, geprägt. Flachere Gebiete finden sich vor allem südlich von Frankfurt in der Oberrheinischen Tiefebene. Ein Drittel der Fläche Hessens wird landwirtschaftlich genutzt, wobei der größte Teil der ländlichen Gebiete auf Nordhessen entfällt. Im Süden liegt das Rhein-Main-Gebiet, ein dicht besiedelter Ballungsraum, in dem sich zahlreiche Industrie- und Dienstleistungsunternehmen niedergelassen haben.

Hessen besteht in seiner heutigen Form seit 1945, als die amerikanische Militärregierung mehrere in ihrer Besatzungszone liegende Gebiete zu einem Bundesland vereinte. Ein Jahr später trat die Hessische Verfassung in Kraft, über die per Volksabstimmung entschieden wurde.

Lage: Mitteldeutschland

Fläche: 21 115 km^2

Einwohner: 6,3 Millionen

Bevölkerungsdichte: 298 Einwohner pro km^2

Landeshauptstadt: Wiesbaden

Einwohner der Hauptstadt: 279 000

Höchster Berg: Wasserkuppe (950 m)

Längster Fluss: Fulda (215 km)

Größter See: Edersee (11,8 km^2)

Hessen verfügt über ein reiches kulturelles Erbe. Hier finden sich mehrere UNESCO-Welterbestätten, wie z. B. der Limes, Grenzwall der Römer, und das Römerkastell Saalburg, das Kloster Lorsch aus der Zeit der Karolinger, der Bergpark Wilhelmshöhe in Kassel und die Grube Messel, die erste Welterbestätte in Deutschland. Renommierte Museen und Kulturereignisse, wie z. B. das Städel in Frankfurt oder die Documenta in Kassel, ziehen Besucher aus aller Welt an. Auch berühmte Persönlichkeiten, wie die Brüder Grimm, Johann Wolfgang von Goethe oder Georg Büchner kommen aus Hessen und haben mit ihren Werken dem Land ihren Stempel aufgedrückt.

Die jährlich über 15 Millionen Besucher Hessens werden aber nicht nur von den kulturellen Attraktionen angelockt, sondern schätzen auch die Thermalquellen in den zahlreichen Heilbädern sowie das Naturerlebnis auf den ausgedehnten Wanderwegen der Mittelgebirge oder den Radwegen entlang der Flüsse.

Im Hessenpark wurden für die Region typische Fachwerkhäuser rekonstruiert.

Städte

■ Wiesbaden

Mit einer Fläche von 203 km² und 279 000 Einwohnern ist die Landeshauptstadt die zweitgrößte Stadt nach Frankfurt. Sie liegt direkt am Rhein und am Rande der Weinregion Rheingau. Bereits 77 n. Chr. hatten sich die Römer hier niedergelassen: Ein Grund waren die heißen Quellen, die in diesem Gebiet sprudelten. Im 9. Jahrhundert, zur Zeit Karls des Großen, wurde „*Wisibada*" (das Bad in den Wiesen) zum ersten Mal erwähnt. Großen Aufschwung erfuhr die Stadt Ende des 19. Jahrhunderts, als Kaiser Wilhelm II. häufig zu Besuch kam. In dieser Zeit entstanden viele repräsentative Gebäude, wie das Kurhaus und das Staatstheater.

Heute ist Wiesbaden Sitz vieler Landes- und Bundesbehörden und als Kongressstadt bekannt, der Kurbetrieb spielt nur noch eine untergeordnete Rolle. Da Wiesbaden im Zweiten Weltkrieg nicht so stark zerstört wurde wie das nahe gelegene Frankfurt, sind die Zeugen seiner Hochzeit als Kurstadt noch vorhanden. Besonders sehenswert ist das prunkvolle Kurhaus mit der Spielbank, in der einst schon der russische Schriftsteller Dostojewski sein Geld verlor. Im Zentrum der Stadt, auf dem Schlossplatz, dominiert das Stadtschloss: Der frühere Wohnsitz von Kaiser Wilhelm II. ist heute der Sitz des Hessischen Landtags.

Die Skyline Frankfurts mit dem 259 m hohen Commerzbank Tower, dem höchsten Gebäude Deutschlands.

Das älteste Gebäude ist das Alte Rathaus , das Anfang des 17. Jahrhunderts errichtet wurde. Ein interessantes technisches Kulturdenkmal ist die Nerobahn, die Besucher auf den Wiesbadener Hausberg, den Neroberg, befördert. Sie wird mit Wasserkraft angetrieben.

■ Frankfurt (Main)

Die Finanzmetropole Frankfurt ist mit 248 km² und 764 000 Einwohnern die größte Stadt Hessens und zugleich das Zentrum des Ballungsraums Rhein-Main-Gebiet. Es wurde 794 erstmals urkundlich erwähnt unter dem Namen „*Franconofurd*" (Furt der Franken), der sich auf eine Furt, eine flache Stelle im Main bezog: Hier war es möglich, das Wasser gefahrlos zu durchqueren. Seit dem Mittelalter spielt Frankfurt eine große Rolle als Handelszentrum und auch als Krönungsstadt: Hier wurden die meisten Könige und Kaiser des Römischen Reiches gekrönt. 1848 tagte in der Frankfurter Paulskirche die Nationalversammlung und erließ die erste demokratische Verfassung Deutschlands.

Mit der Industrialisierung wuchs die Stadt unaufhaltsam und ist heute eine bedeutende Weltstadt. Eine wichtige Rolle spielen dabei die zentrale Lage sowie der internationale Flughafen und die Frankfurter Messe. Die hier alljährlich stattfindende Buchmesse ist die weltweit größte ihrer Art. Der Ruf als Finanzstadt gründet sich

Der Kochbrunnenspringer und -tempel in Wiesbaden. Aus dem Brunnen sprudelt über 60 °C heißes Quellwasser.

sowohl auf die Börse als auch auf die zahlreichen Niederlassungen von Banken: So ist Frankfurt unter anderem Sitz der Europäischen Zentralbank und der Deutschen Bundesbank.

Aufgrund der Skyline, die das Frankfurter Stadtbild dominiert, wird die Stadt auch „Mainhattan" genannt. Mehr als 30 Gebäude haben eine Höhe von über 100 m und 17 davon sind Wolkenkratzer mit über 150 m Höhe, so z. B. der Messeturm oder der Main Tower, von dessen Aussichtsplattform sich ein atemberaubender Blick über die Stadt bietet. Die historische Bebauung der Frankfurter Altstadt wurde im Zweiten Weltkrieg weitgehend zerstört. Die heutigen historischen Gebäude auf dem Römerberg, dem zentralen Platz der Altstadt, sowie in der angrenzenden Neuen Altstadt sind originalgetreu rekonstruierte Neubauten.

Von der Altstadt führt der Eiserne Steg, eines der Wahrzeichen der Stadt, über den Main nach Sachsenhausen. Dieser Stadtteil liegt „dribbdebach" (auf der anderen Seite des Flusses). Hier befindet sich das Museumsufer mit vielen Museen, wie z. B. dem Städel, einem der bedeutendsten deutschen Kunstmuseen.

Der Römerberg ist der Rathausplatz in Frankfurt.

Die wohl bekannteste Frankfurter Persönlichkeit ist der Dichter Johann Wolfgang von Goethe, in dessen Geburtshaus ein Museum eingerichtet wurde. Das Leben und Wirken des Kinderbuchautors Heinrich Hoffmann ist im Struwwelpeter-Museum dokumentiert.

■ Darmstadt

Darmstadt ist mit 160 000 Einwohnern die viertgrößte Stadt Hessens. Sie liegt südlich von Frankfurt und gehört zum Rhein-Main-Gebiet. Aus einer mittelalterlichen Siedlung der Franken entwickelte sie sich zu einer wirtschaftlich gut aufgestellten Industrie- und Universitätsstadt. Darmstadt liegt deutschlandweit auf einem der vordersten Plätze, was Wissenschaft und Forschung betrifft und erhielt deshalb den Titel Wissenschaftsstadt. Eine große Rolle spielen diesbezüglich die Technische Universität, die Fachhochschulen sowie zahlreiche andere Forschungseinrichtungen.

Die Stadt besitzt aufgrund der Zerstörungen des letzten Krieges zwar keine historische Altstadt, hat aber kulturell einiges zu bieten. Von besonderer Bedeutung ist die Mathildenhöhe, im Jahr 2021 als UNESCO-Welterbe ausgezeichnet, mit dem Wahrzeichen Darmstadts, dem Hochzeitsturm. Hier befindet sich auch die Künstlerkolonie mit ihren Jugendstilhäusern und einem Museum sowie die Russische Kapelle, die Zar Nikolaus II. erbauen ließ. Ein außergewöhnliches Gebäude ist die Waldspirale, ein von Friedensreich Hundertwasser entworfenes Wohnhaus. Das Hessische Landesmuseum zeigt neben naturkundlichen und Gemäldeausstellungen auch Werke des Künstlers Joseph Beuys.

*Das **Kongresszentrum** Darmstadtium erhielt seinen Namen von dem **chemischen Element 110**, das in Darmstadt entdeckt wurde.*

Die Mathildenhöhe mit dem Hochzeitsturm und der Russischen Kapelle ist die höchste Erhebung in Darmstadt.

■ Offenbach

Die Stadt mit ihren 130 000 Einwohnern liegt nur einen Steinwurf von Frankfurt entfernt: Der Main trennt die beiden Städte voneinander, die ein zusammenhängendes Siedlungsgebiet bilden. Einst ein Zentrum der Lederindustrie – von dem heute noch das Deutsche Ledermuseum zeugt –, ist Offenbach heute geprägt von vielen kleinen und mittleren Industrie- und Dienstleistungsbetrieben. Auch zahlreiche Kunst- und Kulturschaffende haben sich hier etabliert, nicht zuletzt aufgrund der renommierten Hochschule für Gestaltung.

Rhein-Main-Gebiet

Das Rhein-Main-Gebiet mit den namensgebenden Flüssen Rhein und Main hat insgesamt ca. 5,5 Millionen Einwohner. Es liegt im Süden Hessens und umfasst unter anderen die Städte Frankfurt, Offenbach, Wiesbaden und Darmstadt. Die Monopolregion ist ein wirtschaftlicher Ballungsraum von überregionaler Bedeutung.

Der Flughafen Frankfurt ist das wirtschaftliche Herz des Rhein-Main-Gebiets.

Wichtigste Faktoren sind hier die hohe Industriedichte, der Finanzplatz Frankfurt, sowie die gute verkehrstechnische Infrastruktur und der Rhein-Main-Flughafen. Auf dem Flughafen werden jährlich ca. 70 Millionen Passagiere und ca. 2 Millionen Tonnen Fracht abgefertigt.

Im ehemaligen Industriehafen entstand in Offenbach ein neuer Stadtteil zum Wohnen und Arbeiten.

Im Stadtgebiet finden sich einige sehenswerte Gebäude, wie zum Beispiel das Wahrzeichen der Stadt, der bedeutende Renaissancebau Isenburger Schloss. Überregional bekannt ist Offenbach vor allem als Sitz des Deutschen Wetterdienstes.

Kassel

Die nordhessische Stadt ist mit 202 000 Einwohnern die drittgrößte Hessens. Sie liegt an der Fulda, in einem von Bergland umgebenen Talkessel. Ihrer ersten urkundlichen Erwähnung im Jahr 913 als Königshof „Chassalla" folgt eine über 1000-jährige Geschichte. Im 19. Jahrhundert wurde die damalige Residenzstadt im Rahmen der Industrialisierung zu einem Industriestandort. Noch heute sind hier zahlreiche Unternehmen der Maschinen-, Fahrzeug- und Rüstungsindustrie angesiedelt.

Der Herkules im Kasseler Bergpark Wilhelmshöhe ist das Wahrzeichen der Stadt.

Der Zweite Weltkrieg verursachte schwere Schäden, vor allem in der Altstadt, sodass heute nur noch wenige historische Gebäude erhalten geblieben sind. Sehenswert sind unter anderen das barocke Ottoneum, das einst ein Theater war und heute ein Naturkundemuseum beherbergt, sowie die Orangerie in der Fuldaaue und das Fredericianum. Letzteres ist zugleich die Heimat der weltgrößten Kunstausstellung, der „documenta". Die im Turnus von fünf Jahren stattfindende Veranstaltung ließ Kassel international bekannt werden. Im Stadtgebiet trifft man auf zahlreiche Kunst-Installationen, wie zum Beispiel die 7000 Eichen des Aktionskünstlers Joseph Beuys.

Der größte Bergpark Europas, die Kasseler Wilhelmshöhe, ist ein UNESCO-Weltkulturerbe mit einzigartigem Pflanzenreichtum. Hier thront das Wahrzeichen der Stadt, das Herkules-Standbild, über den Wasserkaskaden und in Schloss Wilhelmshöhe befindet sich eine bedeutende Gemäldesammlung. Ebenfalls auf einem Berg, auf dem Weinberg mitten in der Stadt, liegt die Grimmwelt, ein interaktives Museum über Leben und Werk der Brüder Grimm.

Marburg

Die Universitätsstadt an der Lahn mit ca. 77 000 Einwohnern liegt ziemlich genau in der Mitte zwischen Frankfurt und Kassel. Die Anfänge der Stadt gehen bis ins 9. Jahrhundert zurück. Größere Bedeutung als Stadt erhielt sie aber erst im 13. Jahrhundert, als Elisabeth von Thüringen sich hier niederließ und ein Hospital baute. Während der Reformation entstand hier 1527 eine protestantische Universität, die Philipps-Universität, die Marburgs Ruf als Studentenstadt bis heute prägt.

Teile der Marburger Altstadt sind wegen der steilen Lage mit Aufzügen verbunden.

Ein **Museum** der ungewöhnlichen Art befindet sich in Gießen: Im **Mathematikum** kann man **Phänomene der Mathematik** spielerisch erkunden.

Die Universität ist als größter Arbeitgeber der Stadt auch wirtschaftlich von enormer Bedeutung. Ein Viertel der Einwohner sind Studenten und dementsprechend hoch ist die Zahl der hier ansässigen gastronomischen Betriebe. An der Philipps-Universität lehrten viele berühmte Leute, wie Martin Heidegger oder Ferdinand Sauerbruch, und zahlreiche Persönlichkeiten, wie die Brüder Grimm, haben hier ihre Studienzeit verbracht.

Die auf dem Schlossberg oberhalb der Lahn gelegene Altstadt war von Kriegsschäden weitgehend verschont geblieben, weshalb hier noch zahlreiche Fachwerkhäuser und historische Gebäude zu finden sind, wie zum Beispiel das spätgotische Rathaus. Ein Meisterwerk der deutschen Frühgotik und das bekannteste Bauwerk Marburgs ist die Elisabethkirche.

Wer vom Fluss bis zum Schloss hinaufsteigen will, muss 109 Höhenmeter überwinden, zum Teil über Treppen oder sogar per Aufzug.

■ Gießen

Mitten in Hessen, im Lahntal, liegt die Universitätsstadt Gießen mit ca. 90 000 Einwohnern. Ihren Ursprung hat sie in einer im 12. Jahrhundert gegründeten, nahegelegenen Burg und als Stadt wurde sie 100 Jahre später erstmals erwähnt. Im Laufe ihrer Geschichte musste Gießen mehrere verheerende Ereignisse erleben: 1560 vernichtete ein Großbrand weite Teile der Stadt, Mitte des

17. Jahrhunderts wütete die Pest und im Zweiten Weltkrieg wurde nahezu die gesamte Innenstadt durch Bomben zerstört. So sind heute, außer einigen wiederaufgebauten Fachwerkhäusern, kaum noch historische Gebäude zu sehen.

Die 1607 als Ludoviciana gegründete Hochschule heißt heute Justus-Liebig-Universität und ist die zweitgrößte in Hessen. Hier lehrten und forschten mehrere Nobelpreisträger, so zum Beispiel Wilhelm Conrad Röntgen, der für die Entdeckung der Röntgenstrahlen den Nobelpreis für Physik erhielt. Unter den Studierenden befanden sich Persönlichkeiten wie der Schriftsteller Georg Büchner, der mit dem 1834 in Gießen veröffentlichten Pamphlet „Der Hessische Landbote" auf soziale Missstände aufmerksam machte.

Das Stadtbild Gießens wird von der Johanneskirche geprägt.

■ Fulda

Die osthessische Stadt am gleichnamigen Fluss hat ca. 69 000 Einwohner. Mit der Gründung des Klosters Fulda im Jahr 744 wurde der Grundstein für die Stadt gelegt. Im frühen 18. Jahrhundert entstand an dieser Stelle der Fuldaer Dom St. Salvator, das heutige Wahrzeichen der Stadt. Fulda wird auch Barockstadt genannt und sowohl das Barockviertel mit seinem einmaligen Gebäudeensemble als auch das Schloss und die Orangerie machen diesem Namen alle Ehre. In der Altstadt stehen noch ein Teil der mittelalterlichen Stadtmauer sowie der Hexenturm. Im Mittelalter fanden in Fulda viele Hexenprozesse statt: Innerhalb von 3 Jahren wurden hier 300 angebliche Hexen und Hexenmeister hingerichtet.

In Wetzlar wurde Goethe zu seinem berühmten Roman „Die Leiden des jungen Werthers" inspiriert.

■ Wetzlar

Die mittelhessische Stadt mit ca. 53 000 Einwohnern geht vermutlich auf keltische Siedlungen zurück, erwähnt wurde sie erstmals im 8. Jahrhundert. Heute ist Wetzlar eine bedeutende Industriestadt, in der auch Bildung und Sport eine große Rolle spielen. Weltweit bekannt ist vor allem die optische Industrie – hier ging 1925 die legendäre Kleinbildkamera Leica in die Serienproduktion.

Die Wetzlarer Altstadt thront auf einem Hügel über der Lahn. Hier findet sich ein Ensemble historischer Bauwerke, darunter der romanisch-gotische Dom und das Lottehaus, in dem ein Museum an Goethes Aufenthalt in der Stadt im Sommer 1772 erinnert. Am Fuße der Altstadt liegt die siebenbogige Alte Lahnbrücke, die aus dem 13. Jahrhundert stammt und eine der ältesten erhaltenen Brücken Hessens ist.

*Eine besondere **Attraktion** ist das 5 m hohe **„Begehbare Herz"** in der Kinder-Akademie Fulda: Man kann hindurchspazieren und dabei die Herzfunktionen kennenlernen.*

Der Fuldaer Dom ist alljährlich das Ziel einer Wallfahrt zum Grab des Heiligen Bonifatius.

Landschaft

■ Odenwald

Die abwechslungsreiche, überwiegend bewaldete Mittelgebirgslandschaft des Odenwaldes liegt im Süden Hessens und erstreckt sich zum Teil bis nach Bayern und Baden-Württemberg. Der höchste Berg im hessischen Gebiet ist die 605 m hohe Neunkircher Höhe. Im Odenwald entspringen zahlreiche kleine Flüsse, wie die Weschnitz, die Lauter oder die Modau. Der größte See ist der Marbach-Stausee. Während im Westen kristalline Gesteine vorherrschen, findet sich im Osten eher Buntsandstein.

Im Zentrum des Odenwaldes liegt Michelstadt mit seinem berühmten Rathaus aus dem 15. Jahrhundert.

Vor mehr als 2000 Jahren war der Odenwald ein unberührter Urwald, bis sich hier

*Nach der **Nibelungensage** wurde der **Drachentöter Siegfried** von seinem Widersacher Hagen im **Odenwald** getötet.*

zuerst die Kelten, dann die Germanen und später die Römer niederließen. Heute ist der Odenwald Teil des UNESCO Geo-Naturparks Bergstraße-Odenwald und mit ausgedehnten Wanderwegen, Fachwerkstädtchen und historischen Stätten ein beliebtes Erholungsgebiet.

■ Taunus

Das Mittelgebirge wird im Westen vom Rhein und im Osten von der Wetterau begrenzt. Der Große Feldberg ist mit ca. 880 m Höhe der höchste Berg. Aufgrund der Nähe zu Frankfurt und der guten Erreichbarkeit gilt er als „Hausberg" der Stadt. Der Taunus ist reich an Mineral- und Heilquellen, was bereits die Römer dazu veranlasste, sich hier niederzulassen. Es entstanden viele Bäder, die im 19. Jahrhundert zu mondänen Kurorten aufstiegen, wie zum Beispiel Bad Homburg oder Bad Nauheim.

Der Limes und die Römer

Von der Anwesenheit der Römer in Hessen zeugen noch heute die Überreste des Grenzwalls, den sie an den Außengrenzen des Römischen Reiches errichteten. Der Limes, ein Weltkulturerbe, verläuft hier auf 150 m Länge über die Hügel des Taunus bis in den Odenwald. Besonders gut lässt sich das Leben der Römer in dem wiederaufgebauten Kastell Saalburg im Taunus nachvollziehen. Aber auch im Odenwald findet man noch Relikte, wie römische Wachtürme oder die Villa Haselburg. Ein ehemaliger Steinbruch

Das Römerkastell Saalburg ist ein UNESCO-Weltkulturerbe.

der Römer ist das Felsenmeer in Lautertal. Die Deutsche Limes-Straße verbindet die wichtigsten und sehenswertesten Stationen der Römer.

Die Eschbacher Klippen im Taunus sind ein beliebtes Ziel von Kletterern.

Weltweit berühmt sind die Quellen in Niederselters und der Begriff Selters wurde sogar zum Synonym für Mineralwasser.

Beliebte und spannende Ziele im Taunus sind die Kubacher Kristallhöhle, mit 30 m die höchste Schauhöhle in Deutschland, sowie das Römerkastell Saalburg.

■ Rheingau

Auf der rechten Rheinseite erstrecken sich die Südhänge des Taunus. Aufgrund der klimatisch begünstigten Lage wurde hier schon zu Zeiten Karls des Großen Wein angebaut. Heute gehört der Rheingau mit einer Anbaufläche von 3000 Hektar zwar zu den kleinsten, aber dennoch zu den wichtigsten Weinanbaugebieten Deutschlands: Vor allem der Rheingauer Riesling ist weltberühmt. Neben dem Wein wartet das Rheingau mit zahlreichen sehenswerte Orten und Städten auf, so zum Beispiel mit der ehemaligen Zisterzienserabtei Kloster Eberbach oder der Altstadt von Rüdesheim mit der berühmten Drosselgasse.

Im Rheingau wird vor allem Riesling angebaut.

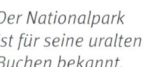

■ Nationalpark Kellerwald-Edersee

Der Nationalpark ist für seine uralten Buchen bekannt.

Der 7688 Hektar große Nationalpark liegt in Nordhessen, südlich des Edersees, und gehört zur UNESCO-Weltnaturerbestätte Buchenurwälder. Er ist der einzige hessische Nationalpark und wurde zum Schutz eines der größten zusammenhängenden Buchenwaldgebiete Mitteleuropas gegründet. Viele der hiesigen Rotbuchen sind über 160 Jahre, manche sogar bis zu 260 Jahre alt. Damit wieder eine ursprüngliche Wildnis entsteht, darf nicht in die natürliche Entwicklung des Gebietes eingegriffen werden. Eine Erkundung des Nationalparks ist auf dem Kellerwaldsteig, einem 156 km langen Rundwanderweg, möglich.

■ Reinhardswald

An der nördlichen Spitze von Hessen liegt der Naturpark Reinhardswald. Das Mittelgebirge mit dem 472 m hohen Staufenberg als höchster Erhebung ist Teil des Weserberglandes. Der Reinhardswald ist das größte zusammenhängende Waldgebiet Hessens mit uralten Eichen, Buchen und Fichten sowie artenreichen Biotopen.

Im Urwald Sababurg finden sich jahrhundertealte Hute-Eichen aus der Zeit der Waldweide (Hute). In dem unbewirtschafteten, mit Totholz durchsetzten Wald gibt es einen außergewöhnlichen Artenreichtum mit mehr als 2000 Insektenarten.

An sagenhaften Orten, wie dem Dornröschenschloss Sababurg mit dem angrenzenden Urwald oder dem Rapunzelturm Trendelburg, kann man auf den Spuren der Brüder Grimm wandeln.

■ Vogelsberg

Im osthessischen Bergland befindet sich der Vogelsberg, ein Mittelgebirge, dessen höchster Gipfel, der Taufstein, 773 m hoch ist. Der Vogelsberg ist mit 2500 km² das größte Vulkangebiet Mitteleuropas. Er besteht aus vielen überlagerten Einzelvulkanen, aus denen vor ca. 15 Millionen

In ihrer Geburtsstadt Hanau steht das Brüder-Grimm-Nationaldenkmal.

Die Sababurg im Reinhardswald wird auch „Dornröschenschloss" genannt.

Die Brüder Grimm

Sie kennt fast jedes Kind: die Brüder Grimm. Die gebürtigen Hanauer Jacob und Wilhelm Grimm schrieben weltberühmte Märchen, wie zum Beispiel Dornröschen, Rapunzel oder Rumpelstilzchen. Dabei dienten ihnen mündliche Überlieferungen, alte Volksmärchen oder Sagen als Quellen, die sie dann ausschmückten. Grimms Märchen wurden inzwischen in über 100 Sprachen übersetzt. Aber auch sprachwissenschaftliche Werke, wie das „Deutsche Wörterbuch", wurden von den Brüdern Grimm verfasst. In Hessen trifft man an vielen Orten auf ihre Spuren, so zum Beispiel in der Grimmwelt in Kassel oder im GrimmsMärchenReich in Hanau.

Jahren Lava ausströmte und Gesteinsbrocken in die Luft geschleudert wurden. Damals lagerte sich das aus dem Erdinneren geflossene Magma in Schichten ab und wurde im Laufe von Millionen Jahren zu Basaltgestein. Dieser Basalt wird heute in Steinbrüchen abgebaut und vor allem im Straßenbau verwendet.

Heute ist aus dem wilden Vulkangebiet eine sanfte Landschaft geworden – mit sanften Bergen und Tälern, kleinen Flüssen und reizvollen Städtchen, wie Alsfeld, Lauterbach oder Schotten. Hier spielt der Tourismus eine wichtige Rolle und zahlreiche Einrichtungen, wie der Vulkanring, ein 115 km langer Rundwanderweg, oder der Vulkanradweg, bieten gute Möglichkeiten, die Region zu erkunden.

■ Rhön

Das 1500 km² große Mittelgebirge erstreckt sich über die Länder Hessen, Bayern und Thüringen. Die hessische Rhön umfasst die Kreise Fulda, Hünfeld und Hersfeld-Rotenburg. Ebenso wie der benachbarte Vogelsberg ist die Rhön vulkanischen Ursprungs, wovon zahlreiche geologische Gesteinsformationen noch heute zeugen. Der höchste Berg der Rhön, die 950 m hohe Wasserkuppe, ist zugleich der höchste Berg Hessens. Die Wasserkuppe ist im Sommer ein beliebtes Ziel für Segelflieger und im Winter für Wintersportler. Als UNESCO-Biosphärenreservat steht der Gesamtlebensraum Rhön unter besonderem Schutz. Dazu zählen unter anderem auch das Rote und das Schwarze Moor, zwei der größten Moorgebiete Deutschlands, die allerdings durch den Torfabbau stark geschädigt wurden.

Das **Rhönschaf**, eine der **ältesten** Schafrassen, war vor 40 Jahren fast ausgestorben. Heute ist es das **Maskottchen** der **Rhön**.

Gewässer

■ Fulda

In der Rhön, nahe bei der Wasserkuppe entspringt die Fulda. Über eine Länge von 220 km fließt sie durch die Stadt Fulda, Bad Hersfeld und Kassel bis nach Hannoversch Münden in Niedersachsen, wo sie dann mit der Werra zusammenfließt und zur Weser wird. Der Fluss hat keine Relevanz als Transportweg – hier finden lediglich touristische Bootsfahrten statt.

■ Rhein

Der meistbefahrene Fluss Europas fließt in Hessen über 107 km entlang der Grenze zu Nordrhein-Westfalen, sodass das rechte Rheinufer in Hessen und das linke im benachbarten Bundesland liegt. Der Rhein hat in Hessen große touristische Bedeutung, so zum Beispiel im Rheingau, an dessen sonnigen Hängen die Trauben für die bekannten Rheingau-Weine reifen.

■ Main

Der Main fließt zwar nur 77 km von 527 km Gesamtlänge durch Hessen, ist aber von besonderer Wichtigkeit für das Rhein-Main-Gebiet und die Städte Hanau, Offenbach und Frankfurt. In Frankfurt liegt der größte Mainhafen, der Frankfurter Osthafen. Die Nutzung des Mains als Transportweg

Der Limburger Dom thront majestätisch über der Lahn.

geht sogar bis in die Zeit der Kelten zurück. Sie gaben ihm damals den Namen „Moin", was so viel wie „gekrümmte Schlange" bedeutet.

■ Lahn

Der Fluss entspringt im Rathaargebirge und mündet in den Rhein. Die längste Strecke der Lahn verläuft dabei in Hessen: Auf 165 km von 245 km Gesamtlänge fließt sie unter anderem durch die Städte Wetzlar, Gießen, Marburg und Limburg. Die Wasserstraße wird fast nur touristisch genutzt, von kleinen Motorjachten, Paddel- und Ruderbooten. Entlang des Flusses führt der Lahn-Radweg, ebenfalls ein beliebtes touristisches Ziel.

Neben den Hochhäusern ist der Main das prägende Element im Stadtbild Frankfurts.

■ Edersee

Im nordhessischen Naturpark Kellerwald-Eder-see liegt der drittgrößte Stausee Deutschlands, mit knapp 12 km² Fläche und 200 Millionen m³ Stauraum. Die 48 m hohe Staumauer, die Edertalsperre, staut den Fulda-Zufluss Eder. Für den Bau des Stausees mussten Anfang des 20. Jahrhunderts ca. 900 Menschen ihre Dörfer verlassen, damit diese überflutet werden konnten. In extrem trockenen Sommern werden bei Niedrigwasser Reste dieser Dörfer wieder sichtbar.

Der **Hessentag** gilt als ältestes **Landesfest** in Deutschland.

Von der **Wasserkuppe**, dem höchsten Berg in Hessen, wagten mutige Männer die ersten **Flugversuche** mit ihren **Segelflugzeugen**.

Rheinhards-wald

Weser

Werra

Kassel

Korbach

Nationalpark Kellerwald-Edersee

Baunatal

Eder-Stausee

Eschwege

Eder

Bad Wildungen

Frankenberg (Eder)

Fulda

Schwalmstadt

Lahn

Stadtallendorf

Bad Hersfeld

Marburg

Fulda

Lauterbach

Westerwald

Gießen

Wasserkuppe

Lahn

Wetzlar

Wetter

Fulda

Rhön

Limburg a. d. Lahn

Bad Nauheim

Vogels-berg

Wetterau

Kinzig

Bad Homburg

Oberursel (Taunus)

Gelnhausen

Spessart

Taunus

Frankfurt

Hanau

Rhein

WIESBADEN

Offenbach

Rheingau

Main

Langen

Rüsselsheim a. Main

Darmstadt

Rhein

Bensheim

Erbach

Viernheim

Odenwald

THÜRINGEN

Der Freistaat Thüringen liegt im Herzen Deutschlands und grenzt an fünf Bundesländer: Sachsen, Sachsen-Anhalt, Niedersachsen, Hessen und Bayern. In der Mitte des Bundeslandes erstreckt sich das Thüringer Becken, eine eher flache Landschaft. Daran schließen sich im Norden der Harz an, im Süden der Thüringer Wald, das größte Gebirge des Landes, und im Westen die Rhön. Der Name Thüringen geht auf den germanischen Stamm der Thüringer zurück, die hier im 6. Jahrhundert siedelten. Obwohl deren Reich zerfiel, blieb der Name über die jahrhundertelange wechselvolle Geschichte hinweg erhalten.

Die Wiedervereinigung Deutschlands 1990 hatte für Thüringen zuerst negative wirtschaftliche Folgen: Viele Betriebe mussten schließen und die Arbeitslosigkeit stieg an. Inzwischen ist das Land aber wieder im Aufschwung begriffen. Wichtigste Wirtschaftszweige sind die Automobil- und die Zuliefererindustrie sowie mechanische, elektronische und optische Fertigungsstätten. Das Thüringer Becken mit seinem fruchtbaren

Lage: Mitteldeutschland

Fläche: 16 202 km²

Einwohner: 2,1 Millionen

Bevölkerungsdichte: 130 Einwohner pro km²

Landeshauptstadt: Erfurt

Einwohner der Hauptstadt: 215 000

Höchster Berg: Großer Beerberg (982 m)

Längster Fluss: Saale (196 km²)

Größter See: Bleilochtalsperre (9,2 km²)

Boden ist für die Landwirtschaft bedeutsam, der Thüringer Wald für die Forstwirtschaft und entlang der Flüsse Saale und Unstrut befinden sich Weinanbaugebiete.

Thüringen ist eine bedeutende Kulturregion, was sich vor allem in den Städten Erfurt, Weimar und Eisenach festmachen lässt. Neben dem Bauhaus in Weimar sind die Wartburg bei Eisenach und der Nationalpark Hainich mit seinem Buchenurwald UNESCO-Welterbestätten, die zahlreiche Besucher nach Thüringen locken. Eine große touristische Rolle spielen auch die mehr als 400 Burgen und Schlösser des Landes sowie die berühmten Persönlichkeiten, auf deren Spuren man sich hier begeben kann: von den Dichtern Goethe und Schiller über die Komponisten Bach und Liszt bis hin zu dem Reformator Martin Luther.

Im Thüringer Wald liegt die historisch bedeutsame Wartburg.

Städte

◼ Erfurt

Mit rund 215 000 Einwohnern und einer Fläche von 270 km² ist die Landeshauptstadt Erfurt zugleich die größte Stadt Thüringens. Sie liegt im Tal des Flusses Gera, am Südrand des Thüringer Beckens. Im Jahr 742 wurde Erfurt zum ersten Mal urkundlich erwähnt und entwickelte sich bis zum Mittelalter zu einer Großstadt, die nicht nur im Handel, sondern auch in der Bildung führend war: So wurde Ende des 14. Jahrhunderts die Universität gegründet, an der über 100 Jahre später Martin Luther studierte.

Heute ist Erfurt ein bedeutender Logistik-, Tagungs- und Messestandort. Auch der Gartenbau spielt eine nicht unwesentliche Rolle: Der „egapark", die Erfurter Gartenbauausstellung mit zahlreichen Themengärten und Pflanzenhäusern aus den 1960er-Jahren, steht unter Denkmalschutz. Hier befindet sich auch das in Deutschland einzigartige Deutsche Gartenbaumuseum.

Der gut erhaltene und sanierte mittelalterliche Altstadtkern umfasst neben Fachwerkhäusern und Renaissancebauten auch viele Kirchen und Turmbauten. Dominiert wird die Altstadt von den gotischen Bauten des Doms St. Martin und der Severikirche, die beide auf dem Domberg liegen. Im Turm des Doms erklingt noch heute die größte freischwingende mittelalterliche Glocke der Welt, die Gloriosa. Ebenfalls in der Altstadt steht die 900 Jahre alte und damit älteste erhaltene Synagoge Europas mit der 750 Jahre alten Mikwe, einem jüdischen Ritualbad. Unter den mehr als 100 Brücken Erfurts sticht besonders die Krämerbrücke hervor, die längste durchgehend mit Häusern bebaute Brücke Europas, die ein bekanntes Wahrzeichen der Stadt ist.

◼ Weimar

Weimar, zwischen Erfurt und Jena im Thüringer Becken gelegen, ist mit ca. 65 000 Einwohnern die viertgrößte Stadt in Thüringen. Erstmals erwähnt wurde die Stadt 899. Damals hieß sie vermutlich „Wimeri", was „Heiligtumsee" bedeutet. Im Laufe seiner Geschichte war Weimar häufig Schauplatz bedeutender Ereignisse. So wurde im Nationaltheater im Jahr 1919 eine Verfassung beschlossen, die die Abschaffung der Monarchie besiegelte und die „Weimarer Republik" begründete.

Das Goethe-Schiller-Denkmal steht vor dem Deutschen Nationaltheater in Weimar.

*Im **Mittelalter** wurde in Thüringen **Färberwald** angebaut, eine Pflanze, aus der der **Farbstoff Indigoblau** gewonnen wird.*

Die Krämerbrücke ist eines der Wahrzeichen der Stadt Erfurt.

Jena liegt zwischen bewaldeten Hügeln im Saaletal.

Ein dunkles Kapitel deutscher Geschichte war die Errichtung des Konzentrationslagers Buchenwald auf dem nahegelegenen Ettersberg während der Zeit des Nationalsozialismus. Auf dem Gelände des ehemaligen Lagers befindet sich heute eine nationale Gedenkstätte.

Aufgrund der unzähligen Kulturstätten ist Weimar das wichtigste Ziel des Städtetourismus in Thüringen. Die Bedeutung Weimars als kulturelle Hochburg Deutschlands geht vor allem auf die Zeit der „Weimarer Klassik" Ende des 18. und Anfang des 19. Jahrhunderts zurück. Damals wirkten hier die Dichter Wieland, Goethe, Herder und Schiller. Vor allem Goethe, der 50 Jahre lang in Weimar lebte, hat die Stadt geprägt. Sein Wohnhaus und zahlreiche andere Gebäude gehören heute ebenso zu dem UNESCO-Welterbe „Klassisches Weimar" wie sein handschriftlicher Nachlass. Auch aus dem 20. Jahrhundert ist der Stadt ein bedeutendes Welterbe geblieben: Das Bauhaus wurde hier 1919 von Walter Gropius gegründet, mit dem Ziel der Erneuerung von Design und Architektur.

■ Jena

Die Stadt ist mit ca. 111 000 Einwohnern die zweitgrößte in Thüringen. Sie liegt an der Saale, zwischen bewaldeten Muschelkalkhängen. Etwas außerhalb der Stadt befindet sich das Naturschutzgebiet Leutratal, in dem seltene Orchideenarten wachsen.

Die erste Erwähnung geht auf das 9. Jahrhundert zurück, als Stadt ist Jena seit 1230 beurkundet. Größere Bedeutung erhielt die Stadt aber erst mit der Gründung der Universität 1558. Hier lehrten später bedeutende Philosophen und Schriftsteller, wie zum Beispiel Hegel oder Clemens von Brentano.

Im 19. Jahrhundert siedelte sich in Jena die Glas- und Optikindustrie an. Die Produkte des Carl-Zeiss-Werks sowie das feuerfeste Jenaer-Glas gelangten zu weltweiter Bekanntheit. Noch heute ist Jena, das sich selbst „Lichtstadt" nennt, ein Zentrum optischer Unternehmen und Forschungsstätten. Hier dreht sich alles um das Sehen, sei es im Zeiss-Planetarium oder im Deutschen Optischen Museum. Der fast 160 m hohe Jentower, dessen Form einem Fernrohr ähnelt, ist das Wahrzeichen der Stadt.

■ Gera

An der Weißen Elster, einem Nebenfluss der Saale, liegt die drittgrößte Stadt Thüringens mit ca. 93 000 Einwohnern. Sie wurde 995 erstmals erwähnt und erhielt Anfang des 13. Jahrhunderts das Stadtrecht. Mit der Industrialisierung erlebte die ansässige Textilindustrie ihre Blütezeit und Gera war zeitweise eine der reichsten Städte Deutschlands.

Aufgrund mehrerer Stadtbrände sowie der Bombardierung im Zweiten Weltkrieg sind in Gera nur wenige historische Gebäude erhalten geblieben, unter anderem das Renaissance-Rathaus und die Stadtapotheke mit ihrem reich verzierten Erker sowie mehrere Kirchen und Stadtvillen. Unter der Altstadt befinden sich die Geraer Höhler: Dieses Kellerlabyrinth diente früher zur Lagerung von Bier und kann heute teilweise besichtigt werden.

Die Orangerie liegt im barocken Küchengarten in Gera.

Das rote Rathaus aus dem Jahr 1574 prägt das Bild der Altstadt Gothas.

*Thüringen ist die Wiege des **Skatspiels**. Spieler aus aller Herren Länder lassen ihre Streitigkeiten in **Altenburg** vom Internationalen Skatgericht schlichten.*

Die wohl bekannteste Persönlichkeit ist der 1891 in Gera geborene Maler Otto Dix, ein Vertreter der Neuen Sachlichkeit. In seinem Geburtshaus werden heute zahlreiche Werke aus verschiedenen Schaffensperioden ausgestellt.

■ Gotha

Gut 20 km von der Landeshauptstadt Erfurt entfernt liegt Gotha mit seinen 46 000 Einwohnern. In einer Urkunde Karls des Großen aus dem Jahr 775 wird die Stadt als „*Villa Gothaha*" („gutes Wasser") erstmals erwähnt. 1820 wurde in Gotha der Grundstein für das deutsche Versicherungswesen gelegt, indem der Kaufmann Ernst Wilhelm Arnoldi die „Feuerversicherungsbank" gründete. Auch für das Verlagswesen war Gotha ein bedeutendes Zentrum: Hier erschien unter anderem die erste Gesamtausgabe von Voltaires Werken sowie „Der Gotha", ein Verzeichnis des deutschen Adels.

Ein Wahrzeichen ist das über der Stadt thronende frühbarocke Schloss Friedenstein aus dem 17. Jahrhundert, das von einem englischen Landschaftsgarten umgeben ist. Eine barocke Festungsanlage diente früher dem Schutz des Schlosses: die Kasematten. Die Altstadt Gothas ist großenteils denkmalgeschützt – mit dem roten Rathaus als Mittelpunkt des Marktplatzes.

■ Eisenach

Im Westen Thüringens, am Rand des Thüringer Waldes, liegt die Lutherstadt Eisenach mit ca. 43 000 Einwohnern. Im 8. Jahrhundert ließen sich fränkische Siedler am Ufer der Hörsel nieder. Aus dieser Siedlung entstand die Stadt, die um 1180 erstmals urkundliche Erwähnung fand. Eisenach wurde schon immer von der über der Stadt gelegenen Wartburg dominiert, dem Wahrzeichen der Stadt. Hier residierten im Mittelalter die

Die meisten Gebäude auf dem Eisenacher Marktplatz stehen unter Denkmalschutz.

Landgrafen von Thüringen, hier versteckte sich Martin Luther und hier fand 1817 das Wartburgfest statt (siehe Kasten).

Seit der Industrialisierung war Eisenach ein führendes Industriezentrum in Thüringen. Vor allem der Fahrzeugbau hat eine lange Tradition: Ab 1904 wurde hier der damals bekannte „Dixi" gebaut und zu Zeiten der DDR der „Wartburg". Auch heute noch werden in Eisenach Fahrzeuge gefertigt.

Ein berühmter Sohn der Stadt ist Johann Sebastian Bach, der hier 1685 geboren wurde und dessen Leben und Werk man im Bachhaus nachvollziehen kann. Im Lutherhaus, eines der ältesten Fachwerkhäuser Thüringens, in dem Luther einst gewohnt hat, befindet sich ebenfalls ein Museum.

 Meiningen

Die Stadt mit ca. 25 000 Einwohnern liegt im Werratal am Ostrand der Rhön, im Süden Thüringens. Die erste Erwähung Meiningens datiert auf das Jahr 982. Mitte des 12. Jahrhunderts wurde Meiningen die Gerichtsbarkeit verliehen und damit erste Stadtrechte.

Das Staatstheater Meiningen wurde 1909 im klassizistischen Stil errichtet, nachdem das vorige Gebäude abgebrannt war.

Zu Bekanntheit gelangte die Stadt durch das 1831 eröffnete Meininger Theater, das einst zu den besten Europas zählte. Unter Herzog Georg II. wurde eine von ihm initiierte Theaterreform durchgeführt, deren Prinzipien auch von anderen Bühnen als richtungsweisend übernommen wurden. Die dem Theater angegliederte Meininger Hofkapelle ist eine der traditionsreichsten Europas. 1690 gegründet, arbeitete sie mit solch hochrangigen Dirigenten wie Hans von Bülow, Richard Strauss, Johannes Brahms oder Max Reger zusammen.

Die Wartburg

Über der Stadt Eisenach liegt die Wartburg, ein deutsches Nationaldenkmal, das seit 1999 UNESCO-Weltkulturerbe ist. Sie entstand 1067 und wurde in ihrer heutigen Form im 19. Jahrhundert erneuert. Die Wartburg ist vor allem

aufgrund zweier Ereignisse von besonderer Bedeutung: Der Reformator Martin Luther verbrachte 1521 rund 300 Tage auf der Wartburg als „Junker Jörg". Er versteckte sich hier vor seinen Feinden und übersetzte das Neue Testament in die deutsche Sprache, sodass es nicht mehr nur den Gelehrten zugänglich war.

Rund 300 Jahre später, im Oktober 1817, fand auf der Burg das erste Wartburgfest statt. Hunderte von Studenten versammelten sich hier, um für einen Nationalstaat mit einer eigenen Verfassung ihre Stimme zu erheben. Gefordert wurden nationale Einheit, Grundrechte sowie eine gesamtdeutsche Verfassung.

Auf der Wartburg fand 1521 der verfolgte Reformator Martin Luther Zuflucht.

Landschaften

■ Nationalpark Hainich

Im Westen Thüringens liegt eines der größten zusammenhängenden Laubwaldgebiete Mitteleuropas, der Hainich. 1997 wurden 7500 Hektar als Nationalpark ausgewiesen, um den hiesigen Buchenwald zu schützen. Seit 2011 ist der Nationalpark Hainich Teil des UNESCO-Weltnaturerbes Buchenurwälder.

Der Thüringer Wald ist zu jeder Jahreszeit ein beliebtes Wanderziel.

Damit wieder ein Urwald entstehen kann, wird so wenig wie möglich in die Natur eingegriffen. Neben den Waldflächen finden sich Flächen mit Magerrasen, Gebüschen und Gehölzen, die vielen Tieren und Pflanzen einen idealen Lebensraum bieten. Hier sind zum Beispiel Wildkatzen, Waldfledermäuse und Spechte zu Hause sowie zahlreiche Käferarten, die in Totholz wohnen.

Durch den Hainich führen viele Wanderwege, unter anderem auch der bekannte Rennsteig. Ein ganz besonderer Weg ist der Baumkronenpfad: Von hier aus kann man in luftiger Höhe den Wald überblicken.

Vom Baumkronenpfad im Nationalpark Hainich hat man einen guten Ausblick über den geschützten Buchenwald.

■ Thüringer Wald

Das ca. 1000 km² große Mittelgebirge ist als Nationalpark Thüringer Wald zugleich ein Naturschutzgebiet. Höchster Punkt ist der Große Beerberg, mit 982 m auch der höchste Berg Thüringens. Weitere über 900 m hohe Berge sind der Schneekopf, der Große Finsterberg und der Große Inselsberg. An das eigentliche Kammgebirge schließt sich im Südosten das Thüringer Schiefergebirge an, das im Allgemeinen zum Thüringer Wald dazugezählt wird. Die Landschaft wird geprägt von Fichten-, Buchen- und Mischwäldern, Bergwiesen und Mooren. Dazwischen liegen viele Dörfer, in denen häufig noch traditionelle Handwerkskunst praktiziert wird, wie zum Beispiel die Glasbläserei in Lauscha.

In Lauscha wurde 1835 das erste künstliche Auge aus Glas entwickelt und gut 10 Jahre später die ersten Christbaumkugeln.

Der Thüringer Wald hat einen hohen Stellenwert als Erholungsgebiet. Vor allem Wanderer finden hier ideale Bedingungen vor: So führt der mit einem weißen R ausgeschilderte, 168 km lange Höhenwanderweg Rennsteig über den Gebirgskamm. Der Rennsteig ist einer der bekanntesten Wanderwege Deutschlands. Er markierte bereits im Mittelalter als „Rynnestig" die Grenze zwischen dem Herzogtum Franken und der Landgrafschaft Thüringen. Unterwegs trifft man unter anderem auf den höchsten Wasserfall Thüringens, den 19 m hohen Spitterfall. Auch der Wintersport hat im Thüringer Wald Tradition, mit Oberhof als bekanntestem Wintersportzentrum.

■ Kyffhäuser

Mit ca. 13 km Länge und 6 km Breite ist der Kyffhäuser ein eher kleines Mittelgebirge. Die höchste Erhebung ist der 474 m hohe Kulpenberg. Im Kyffhäuser findet sich eine große Vielfalt an Formen und Gesteinen. Nicht nur für Geologen interessant sind zum Beispiel die Gipsablagerungen im „Wüsten Kalktal" oder die Schichten von Kyffhäusersandstein im „Sandsteinbruch im Kammtal". Am Fuße des Kyffhäuser führen 50 Stufen in die einzigartige Welt der Barbarossahöhle, mit bizarren Gipsablagerungen an den Wänden saalartiger Gewölbe und kleinen Seen.

Saalfelder Feengrotten

In Thüringen findet man viele Schaubergwerke, die in ehemaligen Bergwerken entstanden sind. Dazu zählen auch die Saalfelder Feengrotten, die als farbenreichste der Welt gelten. Nach der Stilllegung des Bergwerks, in dem im Mittelalter Alaunschiefer abgebaut wurde, bildeten sich durch mineralhaltiges Wasser Tropfsteine. Da die Mineralien unterschiedliche Farben haben, sind auch die Tropfsteine gefärbt.

Das Kyffhäuser- bzw. Barbarossa-Denkmal wurde zu Ehren der Kaiser Friedrich I. und Wilhelm I. errichtet.

Gräfenroda ist der Geburtsort des **Garten-zwergs**. Seine Geschichte lässt sich im Zwergenmuseum nachvollziehen.

Im Naturpark Kyffhäuser befindet sich auch das drittgrößte Denkmal Deutschlands. Es erinnert zwar vorrangig an Kaiser Wilhelm I., ist aber als Barbarossa-Denkmal bekannt – nach dem ebenfalls abgebildeten Friedrich I., auch Barbarossa genannt.

Gewässer

■ Bleilochstausee und Saalekaskade

Die 65 m hohe und 200 m lange Mauer der Bleilochtalsperre staut das Wasser der Saale. Mit einem Fassungsvermögen von 215 Millionen m³ Wasser steht der Bleilochstausee an der Spitze der deutschen Stauseen. Sein Name geht auf die Bleilöcher zurück, in denen hier früher Blei abgebaut wurde. Er ist Teil der Saalekaskade, einer 80 km langen Anlage aus fünf Talsperren und Wasserkraftwerken, die der Wasserstandsregulierung und der Energiegewinnung dient. Zur Saalekaskade gehört ebenso der Hohenwartestausee, auch „Thüringer Meer" genannt. Sowohl der Hohenwartestausee als auch der Bleilochstausee werden außerdem als Naherholungsgebiete genutzt.

In Meiningen teilt sich die Werra in mehrere Flussarme und umfließt die Altstadt.

■ Werra

Die Werra entspringt aus zwei Quellbächen im Thüringer Schiefergebirge und fließt auf einer Länge von ca. 300 km zuerst durch Thüringen und Hessen, um sich dann in Niedersachsen mit der Fulda zur Weser zu vereinen. Wurde die Werra bis Anfang des 20. Jahrhunderts vor allem für die Flößerei genutzt, so dient sie heute der Energieerzeugung. Durch den Abbau von Kalisalzen im Einzugsgebiet der Werra ist der Fluss seit über 100 Jahren stark mit Salz belastet. Mittlerweile hat sich die Zahl der Kali-Bergwerke stark reduziert und der Fluss beginnt sich allmählich zu erholen.

Ein Sechstel des ca. 800 Hektar großen Weinanbaugebiets Saale-Unstrut liegt in Thüringen.

14 000 Tierarten in Deutschland sind vom Aussterben bedroht. Auch die Europäische Wildkatze ist betroffen. Sie sieht der Hauskatze sehr ähnlich, lässt sich aber nicht zähmen. Der Nationalpark Hainich spielt als Lebensraum eine wichtige Rolle beim Erhalt der Wildkatze.

■ Saale

Von der Quelle im Fichtelgebirge fließt die Saale über 400 km durch Bayern, Thüringen und Sachsen-Anhalt. In Thüringen wurde der Fluss auf einer Länge von 80 km zu fünf aufeinanderfolgenden Stauseen, der sogenannten Saalekaskade, aufgestaut. Der Höhenunterschied beträgt dabei insgesamt 170 m. Die hier befindlichen Wasserkraftwerke dienen der Energieversorgung. Auf ihrem Weg durch Thüringen passiert die Saale mehrere Burgen und Schlösser, unter anderem die Leuchtenburg bei Seitenroda, die als ,,Königin des Saaletals'' gilt. In der Stadt Jena wird sie von zwei mittelalterlichen, denkmalgeschützten Brücken überspannt.

■ Unstrut

Der insgesamt 192 km lange Nebenfluss der Saale verläuft über 150 km durch Thüringen. Die Unstrut entspringt bei Kefferhausen, fließt durch die Kreisstadt des Unstrut-Hainich-Kreises, Mühlhausen, weiter durch die Thüringer Pforte und mündet schließlich bei Naumburg in Sachsen-Anhalt in die Saale. An seinem Unterlauf liegt das Weinanbaugebiet Saale-Unstrut. Im 6. Jahrhundert hieß der

Fluss „*Onestrudis*", was „Sumpf-
dickicht" bedeutete. So findet man
auch heute noch in den mit Weiden
und Pappeln bewachsenen Ufer-
regionen feuchte Auenbiotope. Im
Gegensatz dazu finden sich angren-
zend auch trockene und kalkhaltige
Böden. Hier wachsen an geschützten
Standorten seltene Orchideen.

*In **Erfurt** befindet sich die*
***Krämerbrücke**. Es ist die*
*einzige **bewohnte Brücke***
nördlich der Alpen.

Von der Teufelskanzel bei Paska blickt man direkt auf die Saaleschleife.

*Carl Zeiss (1816–1888) gründete
seine Firma vor über **160 Jahren**
in Jena. Das Unternehmen liefert
seine **Mikroskope**, **Lupen** und
Brillengläser noch heute in die
ganze Welt.*

Nordhausen

Wipper

Kyffhäuser

Heilbad
Heiligenstadt

Mühlhausen

Sömmerda

Unstrut

Werra

**Nationalpark
Hainich**

Apolda

Gotha

■ ERFURT

Weimar

Altenburg

Eisenach

Gera

Ilm

Jena

Arnstadt

Gera

Bad Salzungen

Thüringer

Saale

Rudolstadt

Saalekaskade

Greiz

Werra

Großer
Beerberg
▲

Ilmenau

Saalfeld

Schleiz

Meiningen

Suhl

Wald

Hohenwarte-
talsperre

Bleiloch-
stausee

Hildburg-
hausen

Sonneberg

SACHSEN

Der Freistaat Sachsen im Osten Deutschlands grenzt an die vier Bundesländer Bayern, Thüringen, Sachsen-Anhalt und Branden-burg sowie im Osten an Polen und im Süden an die Tschechische Repu-blik. Im Nordwesten des Landes finden sich um Leipzig herum eher flache Landschaften, die nach Süden und Osten hin in waldreiche Mittelgebirgsgebiete übergehen.

Seinen Namen erhielt Sachsen, wie auch Sachsen-Anhalt und Niedersachsen, von dem germanischen Stamm der Sachsen, obwohl diese gar nicht auf diesem Gebiet siedelten. Der eigentliche Ursprung Sachsens liegt in der Mark Meißen und einer Burg, die König Heinrich I. im 10. Jahrhundert hier errichten ließ, nachdem er die ansässigen Sorben besiegt hatte.

Die wechselvolle Geschichte Sachsens führte schließlich nach der Wende zur Gründung des heutigen Freistaats Sachsen. Zuvor hatten die sogenannten Montagsdemonstrationen, die von Leipzig ausgingen, entscheidend zur deut-schen Wiedervereinigung beigetragen.

Lage: Ostdeutschland

Fläche: 18 416 km^2

Einwohner: 4,1 Millionen

Bevölkerungsdichte: 220 Einwohner pro km^2

Landeshauptstadt: Dresden

Einwohner der Hauptstadt: 562 000

Höchster Berg: Fichtelberg (1215 m)

Längster Fluss: Elbe (179 km)

Wirtschaftlichen Aufschwung nahm Sachsen im Mittelalter, als im Erzgebirge wertvolle Boden-schätze gefunden wurden. Der durch den Abbau von Silber und Kupfer damals angehäufte Reich-tum ist noch heute an prunkvollen Schlössern und in den Museen sichtbar. Auch der im 18. Jahr-hundert von August dem Starken geförderte Aufbau einer Porzellanmanufaktur trug zum Wohlstand der Sachsen bei. Nach der Wende mussten zwar viele Firmen schließen, aber in-zwischen ist Sachsen von allen neuen Bundes-ländern wirtschaftlich am besten aufgestellt – und nicht zuletzt aufgrund der Vielzahl an kulturellen und historischen Attraktionen ist der Tourismus hierbei ein wich-tiger Faktor.

Das kulturelle Erbe Sachsens konzentriert sich besonders stark auf die Stadt Dresden:

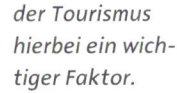

Das Elbsandsteingebirge ist die bekannteste und spektakulärste Land-schaft in Sachsen.

Hier sind mit dem Zwinger, der Semperoper, dem Grünen Gewölbe und der Moritzburg international bekannte sächsische Kulturgüter versammelt. Musikalisch punktet das Bundesland mit dem Gewandhausorchester Leipzig und dem Thomanerchor, dessen berühmtester Leiter einst der Komponist Johann Sebastian Bach war. Auch Produkte handwerklicher Künste wie Meißner Porzellan oder Holzschnitzarbeiten aus dem Erzgebirge gehören ebenso zum Kulturgut des Landes wie die fest verankerten Bräuche der lausitzischen Sorben.

Städte

■ Dresden

Die 328 km² große Landeshauptstadt ist mit 562 000 Einwohnern die zweitgrößte Stadt Sachsens. Sie liegt an der Elbe und am Rande des Elbsandsteingebirges. Erstmals urkundlich erwähnt wird das damalige „Dresdene" im Jahr 1206. Die Entwicklung der Siedlung an der Kreuzung wichtiger Handelsstraßen zu einem bedeutenden kulturellen und politischen Zentrum begann Ende des 15. Jahrhunderts, als die sächsischen Herrscher Dresden zur Residenzstadt erkoren. Unter August dem Starken wurde die Stadt Anfang des 18. Jahrhunderts zur Barockstadt mit zahlreichen Prachtbauten. Im Februar 1945 wurden große Teile der Stadt durch Luftangriffe zerstört. Während einer langen Phase des Wiederaufbaus wurden die wichtigsten Bauwerke rekonstruiert. Größere Schäden richtete auch das „Jahrhunderthochwasser" der Elbe im Jahr 2002 an, als weite Teile der Innenstadt überflutet wurden.

Die Frauenkirche ist das berühmteste Wahrzeichen der Stadt Dresden.

Einer der ältesten und bekanntesten Weihnachtsmärkte der Welt ist der **Dresdner Striezelmarkt**. „Striezel" ist eine alte Bezeichnung für den **Dresdner Stollen**

Dresden gilt als eine der schönsten Städte Deutschlands und wird wegen seiner barocken Gebäude und Brücken auch „Elbflorenz" genannt. Die älteste Brücke Dresdens, die Augustusbrücke, geht auf eine mittelalterliche Elbbrücke zurück. Die bekannteste Brücke der Stadt ist das „Blaue Wunder", eine Stahlfachwerkbrücke aus dem 19. Jahrhundert. Zu den berühmtesten Gebäuden Dresdens gehört die Frauenkirche: 1945 durch Bombardierung zerstört, galt ihre Ruine bis zu ihrem Wiederaufbau jahrzehntelang als Mahnmal gegen den Krieg.

Zum kulturellen Erbe der Stadt gehört das Ensemble aus Residenzschloss, Zwinger und Semperoper. Das im Renaissancestil erbaute Schloss, ehemals Sitz der sächsischen Kurfürsten und Könige, vereint heute fünf Museen unter seinem Dach, darunter das berühmte Grüne Gewölbe mit seinen weltweit einzigartigen Exponaten. Der Zwinger wurde ursprünglich für die prunkvollen Feste Augusts des Starken errichtet. Heute beherbergt er Museen und ist Veranstaltungsort für Konzerte und Theateraufführungen. Daneben befindet sich die Semperoper, ein nach den Plänen des Baumeisters Gottfried Semper errichtetes Opernhaus.

■ Leipzig

Leipzig ist mit 605 000 Einwohnern die bevölkerungsreichste Stadt Sachsens. Sie liegt mitten in der Leipziger Tieflandsbucht in einer flachen Landschaft, die über lange Zeit vom Braunkohletagebau geprägt war.

Bereits Ende des 15. Jahrhunderts wurde Leipzig zur Messestadt.

Die Stadt ist sehr gewässerreich: Hier fließen die Flüsse Weiße Elster, Pleiße und Parthe zusammen. An den Ufern der Parthe entstand auch die erste Ansiedlung. Erste Erwähnung fand „Lipsk" („Ort bei den Linden") 1015 und 150 Jahre später erhielt der Ort das Stadtrecht. Aufgrund der günstigen Lage an zwei Handelsstraßen gelangte die Stadt bald zu Ansehen und Reichtum, vor allem nachdem Kaiser Maximilian I. ihr 1497 das Messeprivileg verliehen hatte.

Noch heute finden in Leipzig bedeutende Messen, wie zum Beispiel die Leipziger Buchmesse, statt. Das Buchgewerbe hat in der Stadt eine lange Tradition: Während der Hochphase waren zahlreiche Verlage und Druckereien wichtige Arbeitgeber. Eine der ältesten Universitäten Deutschlands ist die 1409 gegründete Universität Leipzig. An der renommierten Hochschule für Grafik und Buchkunst studierte einst Johann Wolfgang Goethe. Auch auf dem Gebiet der Musik spielt Leipzig in der obersten Liga – unter anderem mit dem international bekannten Gewandhausorchester und dem berühmten Thomanerchor, einem seit 1212 bestehenden Knabenchor.

Obwohl Leipzig im Zweiten Weltkrieg Ziel häufiger Bombardements gewesen ist, sind viele historische Gebäude erhalten geblieben. In der Innenstadt finden sich noch viele Kaufmannshäuser mit Passagen, die sogenannten Handelshöfe, sowie das Alte Rathaus im Renaissancestil. In der gotischen Thomaskirche aus dem 15. Jahrhundert war Johann Sebastian Bach über 25 Jahre lang Kantor. Historische Bedeutung hat auch die Nikolaikirche, die der Ausgangspunkt der Montagsdemonstrationen war, welche die politische Wende in der DDR forcierten. Mit 142 m Höhe ist das City-Hochhaus das höchste Gebäude der Stadt und zugleich ihr Wahrzeichen, auch „Steiler Zahn" genannt.

Am Rande der Stadt gelegen, erinnert das 91 m hohe Völkerschlachtdenkmal an die etwa 100 000 Opfer der Völkerschlacht bei Leipzig, in der 1813 die Verbündeten Russland, Preußen, Österreich und Schweden gegen Napoleon kämpften. In der Umgebung befinden sich zahlreiche Seen, die aus gefluteten Restlöchern des Braunkohletagebaus entstanden sind, und heute als Naherholungsgebiete beliebt sind.

■ Chemnitz

Die drittgrößte Stadt Sachsens hat eine Fläche von 221 km² und 245 000 Einwohner. Sie liegt im Südwesten des Bundeslandes, am gleichnamigen Fluss. Aus einem 1136 gegründeten Benediktinerkloster entstanden, erhielt die Siedlung ca. 40 Jahre später das Stadtrecht. Mit der Industrialisierung entwickelte sich Chemnitz zu einer wichtigen Industriestadt.

In der ehemaligen DDR hieß Chemnitz „Karl-Marx-Stadt".

*In der Gegend um **Radebeul** an der Sächsischen Weinstraße liegt das **östlichste Weinbaugebiet** Deutschlands.*

Der barocke Glockenturm der Marienkirche prägt das Stadtbild Zwickaus.

Sie wurde unter der Regierung der DDR 1953 in ,,Karl-Marx-Stadt'' umbenannt – davon zeugt noch heute das Karl-Marx-Monument. Nach der Wiedervereinigung bekam die Stadt 1990 ihren alten Namen zurück.

   Schlüsselindustrien sind heute der Maschinen- und Fahrzeugbau sowie die Informationstechnologie. Auch Bildung und Forschung spielen eine große Rolle. Chemnitz ist eine Großstadt, die Tradition und Moderne vereint. Allerdings überstanden nicht allzu viele historische Gebäude die Zerstörungen des Zweiten Weltkrieges. Erhalten blieben unter anderem das Alte und das Neue Rathaus, das barocke Siegertsche Haus, der mittelalterliche Rote Turm und die älteste Stadtkirche, St. Jakobi. Weithin sichtbar ist der bunt bemalte Schornstein des Heizkraftwerks, mit 301 m das höchste Bauwerk Sachsens.

■ Zwickau

Die mit fast 90 000 Einwohnern viertgrößte Stadt Sachsens liegt im Tal der Zwickauer Mulde. Das Gebiet wurde erstmals 1118 erwähnt. Hier wurden bereits im frühen Mittelalter große Steinkohlevorkommen entdeckt und Zwickau entwickelte sich zum Zentrum dieses Reviers. Die Stadt war zugleich ein Zentrum der Tuchmacher. Von deren Blütezeit zeugt noch heute das Gewandhaus, das Zunfthaus der Tuchmacher, in dem heute ein Theater untergebracht ist.

   Eine langjährige Tradition hat in Zwickau der Automobilbau. Seit 1904 werden hier Fahrzeuge hergestellt, von Horch über Audi und Trabant bis hin zu heutigen Modellen von VW. Im August-Horch-Museum lässt sich diese Entwicklung nachvollziehen.

   Die wohl berühmtesten Zwickauer sind der 1810 geborene Komponist Robert Schumann und der 1881 geborene Maler Max Pechstein: Das Geburtshaus Schumanns wurde originalgetreu restauriert und enthält heute ein Museum. Werke des Expressionisten Pechstein sind in der Kunstsammlung Zwickau ausgestellt.

■ Meißen

Nur 25 km nordwestlich der Landeshauptstadt Dresden liegt an der Elbe die Stadt Meißen mit 29 000 Einwohnern. Die Burg, die König Heinrich I. an dieser Stelle im Jahr 929 errichten ließ, gilt als Grundstein der Stadt. Sie wurde zum Sitz der

Im Jahr **1708** entwickelte der **Alchemist** Johann Friedrich Böttger zusammen mit dem **Naturforscher** Ehrenfried Walther von Tschirnhaus das **Porzellan**.

Die Albrechtsburg in Meißen gilt als ältestes Schloss Deutschlands.

Markgrafen und die Markgrafschaft Meißen zur „Wiege Sachsens". Zu Beginn des 14. Jahrhunderts erhielt Meißen die Stadtrechte.

Berühmt wurde die Stadt durch die Porzellanmanufaktur, die August der Starke 1710 gegründet hatte. Nachdem 1708 die Erfindung europäischen Porzellans gelungen war, ließ es August der Starke patentieren. Hergestellt wurde das Porzellan bis 1863 auf der Albrechtsburg, danach wurde die Produktion an den heutigen Standort verlegt. In den Schauwerkstätten können Besucher heute die Entstehung des „weißen Goldes" begleiten.

Meißens Altstadt ist weitgehend erhalten geblieben und spiegelt die über 1000-jährige Geschichte wider: Vom spätgotischen Rathaus über das Prälatenhaus, eines der ältesten Häuser der Stadt, bis zum Brauhaus Meißen finden sich hier viele sehenswerte Gebäude.

Das Alte Rathaus mit seinem Renaissancegiebel und der Kunstuhr ist das Schmuckstück der Stadt Plauen.

Bekannt sind auch Plauens Brücken: Die Friedensbrücke besteht aus einem der größten steinernen Brückenbögen weltweit und die Elstertalbrücke, die über die Weiße Elster führt, ist die zweitgrößte Ziegelsteinbrücke der Welt.

■ Plauen

Die fünftgrößte Stadt Sachsens hat 65 000 Einwohner und liegt im hügeligen Vogtland, an der Weißen Elster. Der im Jahr 1122 erstmals urkundlich erwähnte Ort erhielt 1224 das Stadtrecht und wurde im Mittelalter zu einem Zentrum der Textilindustrie. Vor allem der Herstellung von Spitze und der Einführung der Stickmaschine Ende des 19. Jahrhunderts verdankt die Stadt ihren wirtschaftlichen Aufschwung. Die Plauener Spitze ist auch heute noch weltweit bekannt. Eine Schaustickerei und ein Spitzenmuseum informieren sowohl über ihre Geschichte als auch über ihre Herstellung.

■ Görlitz

Die Stadt mit ihren 56 000 Einwohnern liegt in der Oberlausitz, an der Neiße und damit an der Grenze zu Polen. Sie wurde nach dem Zweiten Weltkrieg geteilt, sodass der östlich der Neiße liegende Teil heute die polnische Stadt Zgorzelec bildet. Die beiden Städte sind durch eine Brücke verbunden und erklären sich seit 1998 gemeinsam als Europastadt. An der Via Regia, einer alten Handelsstraße, gelegen, war Görlitz bereits im Mittelalter ein wichtiges Handelszentrum.

Da die Stadt im Zweiten Weltkriegs nicht zerstört wurde, gehört die historische Altstadt heute zu den besterhaltenen Altstädten Europas. Hier präsentieren sich die europäischen Stile von Spätgotik bis Jugendstil in ca. 4000 restaurierten Baudenkmälern: von den mittelalterlichen Tuchmacher-Häusern

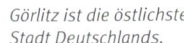
Görlitz ist die östlichste Stadt Deutschlands.

über das Renaissance-Rathaus bis zu den umliegenden Gründerzeit- und Jugendstilvierteln. Eines der bekanntesten Bauwerke ist der Schönhof, das älteste Renaissancegebäude der Stadt. Es wurde von dem berühmten Görlitzer Baumeister Wendel Roskopf geplant.

■ Bautzen

Die Stadt mit ihren 39 000 Einwohnern liegt an der Spree, ca. 50 km östlich von Dresden in der Oberlausitz. Im Jahr 1002 wurde der Ort als Sitz eines slawischen Stammes erwähnt, deren Nachfahren, die Sorben, noch heute hier präsent sind. Die zeigt sich unter anderem an der zweisprachigen Beschilderung: So steht zum Beispiel auf dem Bautzener Ortsschild auch der sorbische Name „Budyšin".

Charakteristisch für das Bautzener Stadtbild sind die zahlreichen Türme, wie zum Beispiel der mittelalterliche Reichenturm, der Turm der Alten Wasserkunst, die der Trinkwasserversorgung diente, oder der Turm des Doms St. Petri.

Bautzen wird auch „Stadt der Türme" genannt.

Die Brosinnadel ist Teil einer „Affensteine" genannten Felsengruppe.

Landschaften

■ Elbsandsteingebirge

Das Elbsandsteingebirge erstreckt sich zu beiden Seiten der Elbe in Sachsen und Tschechien. Der deutsche Teil ist auch als Sächsische Schweiz bekannt. Die höchste Erhebung auf deutschem Gebiet ist der 561 m hohe Zschirnstein, der höchste Berg des Elbsandsteingebirges liegt in Tschechien: der Hohe Schneeberg mit 722 m Höhe. Die Entstehung des zerklüfteten Gebirges mit seinen charakteristischen Felsen reicht bis in die Kreidezeit zurück.

Die Sandsteinplatte, die sich vor Millionen von Jahren auf dem Meeresboden gebildet hatte, wurde später durch den Druck anderer Gesteinsmassive verschoben und schräg gestellt, sodass schließlich die heutige Form entstand.

Die Sächsische Schweiz ist heute der einzige Nationalpark in Sachsen. Hier findet sich nicht nur ein einzigartiger Formenreichtum in der Landschaft,

Die Göltzschtalbrücke ist die größte Ziegelsteinbrücke der Welt: Sie besteht aus 26 Millionen Ziegeln.

sondern auch eine außergewöhnliche Artenvielfalt, unter anderem bei Farnen und Moosen. Die über 1000 Sandsteinfelsen mit ihren Toren, Höhlen, Brücken und Aussichtspunkten sind ein Paradies für Kletterer und Wanderer. Der beliebteste Wanderweg ist der Malerweg, auf dem schon berühmte Maler wie Caspar David Friedrich oder Ludwig Richter Inspiration fanden. Er führt unter anderem zur Bastei, eine der bekanntesten Felsformationen, die 194 m hoch über der Elbe steil aufragt.

◼ Sächsisches Vogtland

Das Sächsische Vogtland bezeichnet vorrangig den im Südwesten Sachsens gelegenen Vogtlandkreis mit der Kreisstadt Plauen als Zentrum. Der Naturraum Vogtland hingegen umfasst noch Teile Bayerns und Thüringens. Der Name Vogtland bezeichnete ursprünglich den Herrschaftsbereich der Vögte von Weida, Gera, Plauen und Greiz. Durch die hügelige Landschaft, die im Süden in das westliche Erzgebirge übergeht, schlängeln sich die Flüsse Weiße Elster und Göltzsch. Da die Region vulkanischen Ursprungs ist, gibt es hier einige Heilquellen, wie zum Beispiel in den Kurorten Bad Elster und Bad Brambach.

International bekannt sind neben den Plauener Spitzen auch die Produkte des sogenannten „Musikwinkels": In Markneukirchen und Klingenthal werden hochwertige Musikinstrumente hergestellt, die in den Spitzenorchestern der Welt zum Einsatz kommen.

◼ Lausitzer Seenland

Seit Mitte des 19. Jahrhunderts ist die Region Lausitz durch den Abbau von Braunkohle geprägt. Viele Tagebaue wurden inzwischen stillgelegt und die Tagebaurestlöcher meist durch Flutung rekultiviert. So entstand eine große künstliche Wasserlandschaft, das 1300 km² große Lausitzer Seenland, dessen Kerngebiet die Lausitzer Seenkette bildet: Die 10 wichtigsten Seen, wie zum Beispiel der Senftenberger See und der Geierswalder See, werden durch schiffbare Kanäle verbunden und ermöglichen damit ein umfangreiches Wassersportangebot. Mit ca. 70 km² Wasserfläche hat die Seenkette vor allem eine große touristische Bedeutung für die Region.

Auch außerhalb des Wassers hat die Kohleproduktion interessante Spuren hinterlassen: Stillgelegte industrielle Anlagen alter Kraftwerke, Fabriken und Bergwerke können vielerorts besichtigt werden.

Aus einer gefluteten ehemaligen Braunkohle-Grube entstand der Berzdorfer See.

Das Biosphärenreservat Oberlausitzer Heide- und Teichlandschaft ist eines der größten Teichgebiete Deutschlands.

Eines der bekanntesten **ostdeutschen Produkte** ist der Bautz'ner Senf. Am beliebtesten ist die Sorte „Mittelscharf".

Gesteinskundlich interessant ist die Nutzung der Rekultivierungsfläche des Braunkohletagebaus Nochten als Findlingspark. Hier werden ca. 6000 eiszeitliche Findlinge aus dem regionalen Bergbau präsentiert und durch verschiedene Gartenbereiche ergänzt, wie zum Beispiel den Heide-, Stein- oder Teichgarten.

Oberlausitzer Heide- und Teichlandschaft

An die Lausitzer Seenkette schließt sich das ca. 30 000 Hektar umfassende UNESCO-Biosphärenreservat Oberlausitzer Heide- und Teichlandschaft an. Die über 350 kleinen Teiche und Seen, zum Teil durch Gräben verbunden, wurden hier bereits seit dem Mittelalter angelegt. Sie dienten damals der Fischzucht, die auch heute noch betrieben wird.

In der Region sind zahlreiche, zum Teil bedrohte Pflanzen- und Tierarten beheimatet, wie zum Beispiel das sehr seltene Scheidenblütgras oder der stark gefährdete Seeadler, der hier brütet. Auch viele Zugvögel haben ihren Rastplatz in der Oberlausitz.

Erzgebirge

Das Erzgebirge ist ein ca. 150 km langes und 40 km breites Mittelgebirge, das sich zwischen dem Elbsandsteingebirge und dem Vogtland bis nach Tschechien erstreckt. Der höchste Berg auf sächsischer Seite ist der 1215 m hohe Fichtelberg, der zugleich der höchste Berg Sachsens ist. Die Region ist seit Hunderten von Jahren vom Bergbau geprägt,

bei dem Erze, vor allem Silber und Zinn, abgebaut wurden. Heute spielt der Bergbau kaum noch eine Rolle, aber die historischen Denkmäler und Kulturlandschaften der Region sind als „Montanregion Erzgebirge" von der UNESCO als Welterbe anerkannt.

Das Erzgebirge ist nicht nur für den Bergbau bekannt, sondern auch für seine traditionelle Holzschnitzkunst. In zahlreichen Manufakturen, unter anderem in dem „Spielzeugdorf" Seiffen, werden die berühmten Räuchermännchen, Pyramiden und Nussknacker gefertigt. Das Städtchen Glashütte am östlichen Rand des Erzgebirges steht für eine andere Tradition, die Uhrmacherkunst. Seit Ende des 19. Jahrhunderts werden hier hochwertige Uhren hergestellt. Einen Einblick in dieses Handwerk gibt das Deutsche Uhrenmuseum Glashütte.

Die Bergkirche in Seiffen ist ein bekanntes Motiv der hiesigen Holzkunst.

Blick von der Bastei in der Sächsischen Schweiz ins Elbtal.

Gewässer

■ Elbe

Die insgesamt fast 1100 km lange Elbe fließt über 179 km durch Sachsen. Sie ist der größte und zugleich der einzige schiffbare Fluss des Bundeslandes. Aus Böhmen kommend, durchbricht sie das Elbsandsteingebirge auf einer Länge von ca. 40 km, fließt dann durch Dresden und Meißen und setzt sich im flacheren Elbtalkessel fort. Da der Fluss im engen Durchfluss des Elbsandsteingebirges wenig Ausweichfläche hat, erreicht er hier bei hohen Niederschlägen sehr schnell hohe Wasserstände und Fließgeschwindigkeiten. Dies war auch beim Elbhochwasser 2002 der Fall, als es in der Region zu katastrophalen Überflutungen kam.

Die Mulde, hier bei Colditz, entsteht aus dem Zusammenfluss von Zwickauer und Freiberger Mulde.

■ Mulde

Die Mulde, ein Nebenfluss der Elbe, heißt eigentlich Vereinigte Mulde, da sie aus dem Zusammenfluss zweier Flüsse entsteht: der im Vogtland entspringenden, 160 km langen Zwickauer Mulde und der im Erzgebirge entspringenden, 120 km langen Freiberger Mulde. Beide vereinen sich in Colditz. Auch die Zwickauer Mulde hat wiederum zwei Quellflüsse, nämlich die Rote und die Weiße Mulde. Beide werden zusammen in der Talsperre Muldenberg gestaut, um von dort aus als Zwickauer Mulde weiterzufließen. Die Mulde mäandert gemächlich durch felsige und bewaldete Auenlandschaften, vorbei an Burgen, Schlössern und historischen Städten. Der nicht schiffbare Fluss ist vor allem bei Wasserwanderern beliebt.

■ Spree

Die insgesamt 382 km lange Spree fließt durch Sachsen, Brandenburg und Berlin, wo sie schließlich in die Havel mündet. Der Fluss entspringt aus drei Quellen in der Oberlausitz: in Ebersbach, Neugersdorf und am Westhang des Kottmars. An ihrem Oberlauf fließt die Spree über ca. 700 m durch Tschechien. Bei Bautzen wird sie durch eine Talsperrre gestaut und verlässt diese dann als Tieflandfluss. Hinter Bautzen zweigt die Kleine Spree ab und mündet nach ca. 40 km wieder in die Spree.

■ Stauseen

Sachsen verfügt über zahlreiche Talsperren, deren Wasser der Trinkwasserversorgung, dem Hochwasserschutz oder der Energiegewinnung dient. Einige Stauseen werden auch zur Naherholung und Freizeitgestaltung genutzt. Die Talsperre Eibenstock ist die größte in Sachsen. Sie staut vor allem die Zwickauer Mulde und dient vorrangig der Trinkwasserversorgung. An der Talsperre Kriebstein befindet sich das größte Wasserkraftwerk Sachsens. Auch die Schifffahrt, die Fischerei und der Tourismus spielen hier eine Rolle. Mit der Talsperre Pöhl wird die Trieb, ein Nebenfluss der Weißen Elster, aufgestaut. Dazu wurden in den 1950er-Jahren die Bewohner des Dorfes Pöhl umgesiedelt. Die Gebäude wurden abgerissen, aber bei Niedrigwasser sind heute noch die Grundmauern des Ortes sichtbar.

Die Talsperre Eibenstock ist die größte Talsperre Sachsens.

Delitzsch

Leipzig

Grimma

Riesa

Döbeln

Meißen · Radebeul

DRESDEN

Pirna

Freital

Limbach-Oberfrohna

Freiberg

Glauchau · Chemnitz

Zwickau

Aue

Talsperre Eibenstock

Plauen · Klingenthal

Fichtelberg ▼

Vogtland

Lausitzer Seenland

Weißwasser

Neiße

Hoyerswerda

Oberlausitz

Spree Oberlausitzer Heide- und Teichlandschaft

Bautzen · Görlitz

Löbau

Zittau

Erzgebirge · Elbsandsteingebirge

Elbe

Mulde

Elbe

Mulde

Mulde

Der Trabant, kurz „Trabi" genannt, war der „Volkswagen" der DDR. Er war aus Kunststoff und hatte mehrere Jahre Lieferzeit.

RHEINLAND-PFALZ

Das Bundesland liegt im Südwesten Deutschlands und grenzt an die vier Bundesländer Nordrhein-Westfalen, Hessen, Baden-Württemberg und Saarland sowie an Frankreich, Luxemburg und Belgien. Die Landschaft wird außerhalb des dicht besiedelten Rheintals hauptsächlich von eher dünn besiedelten Mittelgebirgen geprägt. Mit ca. 40 Prozent Waldanteil ist Rheinland-Pfalz eines der waldreichsten Bundesländer Deutschlands.

Rheinland-Pfalz blickt auf eine wechselvolle Geschichte zurück, die ihre Spuren hinterlassen hat. Nach den Kelten und Germanen kamen die Römer, auf deren Siedlungen viele Städte zurückgehen. Die Regenten des Mittelalters hinterließen Burgen und Schlösser und auch an die Zeit der Besatzung durch Frankreich erinnern viele Gebäude, so zum Beispiel in der früheren Garnisonsstadt Landau. Das heutige Rheinland-Pfalz wurde 1946, nach dem Zweiten Weltkrieg, gegründet und setzt sich aus Provinzen zusammen, die zuvor bayerisch, hessisch und preußisch gewesen sind.

Lage: Südwestdeutschland

Fläche: 19 858 km²

Einwohner: 4,1 Millionen

Bevölkerungsdichte: 206 Einwohner pro km²

Landeshauptstadt: Mainz

Einwohner der Hauptstadt: 217 000

Höchster Berg: Erbeskopf (816 m)

Längster Fluss: Rhein (289 km)

Größter See: Laacher See (3,3 km²)

Die wichtigsten Wirtschaftszweige sind der Weinbau mit der deutschlandweit größten Rebfläche und die chemische Industrie, die in Ludwigshafen mit dem größten Chemiekonzern der Welt ansässig ist. Bedeutend sind außerdem die Pharmaindustrie sowie der Fahrzeug- und Maschinenbau. In der Landwirtschaft spielen neben dem Weinbau auch der Anbau von Getreide, Kartoffeln und Gemüse eine große Rolle. Ein weiterer wichtiger Wirtschaftsfaktor, der Tourismus, ist eng mit dem Weinbau verbunden: Anziehungspunkt Nummer eins ist die Deutsche Weinstraße mit ihren malerischen Weindörfern. Doch auch das Rheintal mit seinen Burgen sowie die Vulkaneifel und der Hunsrück sind oft besuchte Ziele.

Bacharach am Rhein war schon im 19. Jahrhundert ein beliebtes Ziel romantischer Dichter.

Der Mainzer Dom liegt mitten im Zentrum und prägt das Gesicht der Stadt.

Aufgrund seiner langen Geschichte ist das Bundesland auch reich an kulturellen Schätzen – seien es die mittelalterlichen Dombauten von Speyer, Mainz und Worms, das von den Römern gegründete Trier, die älteste Stadt Deutschlands, oder die zahlreichen im Rheintal gelegenen Burgen. Eine kulturell besonders bedeutende Fertigkeit ist der Buchdruck, dessen Erfinder Johannes Gutenberg aus der rheinland-pfälzischen Hauptstadt Mainz stammt. Nicht minder berühmt ist die Universalgelehrte Hildegard von Bingen, deren volksmedizinische Lehren noch heute geschätzt werden. Ein anderer Rheinland-Pfälzer hat 16 Jahre lang die Bundesrepublik regiert und sich mit der Wiedervereinigung Deutschlands ein Denkmal gesetzt: der „Einheitskanzler" Helmut Kohl.

Städte

■ Mainz

Mit ca. 217 000 Einwohnern und einer Fläche von 97 km² ist die Landeshauptstadt zugleich die größte Stadt in Rheinland-Pfalz. Sie liegt am westlichen Ufer des Rheins, direkt gegenüber der hessischen Landeshauptstadt Wiesbaden. Beide Städte sind durch die Theodor-Heuss-Brücke miteinander verbunden. Bereits im ersten Jahrtausend v. Chr. siedelten hier die Kelten. Sie wurden von den Römern abgelöst, die hier das Lager „Mogontiacum" aufschlugen, aus dem später „Mainz" wurde. Relikte aus der Römerzeit sind heute noch sichtbar, so zum Beispiel das römische Bühnentheater, das Römertor oder die Exponate im Römisch-Germanischen Zentralmuseum und im Museum für Antike Schifffahrt.

Ein Zeichen kirchlicher Macht ist der unter Erzbischof Willigis Ende des 10./Anfang des 11. Jahrhunderts errichtete Dom. Hier feierte Kaiser Barbarossa 1184 das größte Fest des Mittelalters, den Mainzer Hoftag. Vom 13. bis zum 15. Jahrhundert erlebte Mainz als „Freie Stadt" politisch und wirtschaftlich seine Blütezeit. Um 1450 erfand der wohl berühmteste Mainzer, Johannes Gutenberg, den Buchdruck mit beweglichen Lettern. Dadurch wurde eine schnellere Verbreitung von Schriften, zum damaligen Zeitpunkt die der Reformation, möglich. Im Gutenberg-Museum kann man heute das älteste gedruckte Buch, die Gutenberg-Bibel, besichtigen. Am Ende des Zweiten Weltkriegs wurden zwar große Teile der Stadt durch die Bombardements zerstört, aber in der Altstadt findet man immer noch einige Fachwerkhäuser, historische Bauten und Kirchen. Die größte gotische Kirche ist St. Stephan, deren blaue Fenster von Marc Chagall gestaltet wurden.

Mainz ist ein wichtiger Medienstandort und beherbergt zahlreiche Unternehmen, zum Beispiel

Beim Rosenmontagszug werden 25 Tonnen „Kamelle" in die Menge geworfen, unter anderem Bonbons, Fruchtgummis und Schokoriegel.

Johannes Gutenberg

Um 1400 wurde der Mainzer Johannes Gensfleisch geboren und nach dem Familiensitz „zum Gutenberg" später Johannes Gutenberg genannt. Ab dem Jahr 1450 erfand er ein Verfahren, bei dem man mit beweglichen Lettern (Buchstaben) Bücher drucken konnte. Bis zu diesem Zeitpunkt hatte man Bücher noch mühsam per Hand schreiben müssen. Nun konnte man sie in größerer Anzahl und in kürzerer Zeit herstellen. Allerdings dauerte es im Vergleich mit heutigen Druckverfahren immer noch recht lange: Für die vermutlich 180 Exemplare der über 1000 Seiten dicken Gutenbergbibel benötigte er ca. 3 Jahre. Dennoch war die Erfindung Gutenbergs ein wichtiger Meilenstein bei der Verbreitung von Wissen.

Mit dem Gutenberg-Denkmal in Mainz wurde zum ersten Mal ein Bürgerlicher auf den Sockel gestellt.

der Glas-, IT- und Pharmaindustrie, die zum wirtschaftlichen Wohlstand beitragen. Aufgrund der Lage am Rande des rheinhessischen Weinbaugebietes haben sich hier auch einige Wein- und Sektkellereien etabliert. Überregional bekannt ist Mainz vor allem wegen seiner Fastnacht und dem Rosenmontagszug: Bei dieser über 170 Jahre alten Traditionsveranstaltung, dem Höhepunkt der „fünften Jahreszeit", säumen bis zu 500 000 Besucher die Straßen.

■ Ludwigshafen

Die zweitgrößte Stadt des Bundeslandes mit ca. 173 000 Einwohnern liegt am Rhein, direkt gegenüber der baden-württembergischen Stadt Mannheim. Trotz der unterschiedlichen Landeszugehörigkeit bilden die beiden Städte ein zusammenhängendes Stadtgebiet. Ludwigshafen ist eine recht junge Stadt: Ursprünglich aus einem Brückenkopf Mannheims am linken Rheinufer, der Rheinschanze, entstanden, erhielt sie erst Mitte des

19. Jahrhunderts die Stadtrechte. Kurz darauf siedelte sich hier die „Badische Anilin- und Sodafabrik" an, womit der Grundstein für die Entwicklung zum Chemiestandort gelegt war. Dieser Industriezweig prägt noch heute die Stadt – nicht nur wirtschaftlich, sondern auch optisch.

Aufgrund der großen wirtschaftlichen Bedeutung Ludwigshafens war die Stadt im Zweiten Weltkrieg das Ziel ausgiebiger Bombardierungen, sodass es heute kaum noch einen nennenswerten Bestand an historischen Gebäuden gibt. Stattdessen zeigen zahlreiche Installationen, Skulpturen oder Denkmäler, welch großen Stellenwert die

Ludwigshafen ist über die Landesgrenzen hinaus vor allem als Industriestandort bekannt. Hier ist der BASF-Hafen zu sehen.

Am Deutschen Eck in Koblenz fließen Rhein und Mosel zusammen.

Kunst im Stadtbild einnimmt: zum Beispiel die End-lose Treppe des Schweizer Künstlers Max Bill oder die bunt gestaltete Miró-Wand am Wilhelm-Hack-Museum. Der berühmteste Sohn der Stadt ist der ehemalige Bundeskanzler Helmut Kohl, der hier geboren wurde und bis zu seinem Tod im Stadtteil Oggersheim lebte.

■ Koblenz

Die Stadt am Zusammenfluss von Rhein und Mosel ist die drittgrößte in Rheinland-Pfalz mit ca. 114 000 Einwohnern. Der Lage am Deutschen Eck, der Mündungsspitze von Rhein und Mosel, verdankt Koblenz seinen Namen: „*Confluentes*", wie es früher einmal hieß, bedeutet „die Zusam-menfließenden". Vor über 2000 Jahren gründeten die Römer hier eine befestigte Siedlung, die später von den Franken übernommen wurde. Anfang des 13. Jahrhunderts erhielt Koblenz die Stadtrechte. Eines der größten Festungssysteme Europas ent-stand unter preußischer Herrschaft im 19. Jahr-hundert: Der besterhaltene Teil dieses Systems, die Festung Ehrenbreitstein, thront noch heute oberhalb des Rheins.

Die im Zweiten Weltkrieg weitgehend zerstörte Altstadt wurde wieder aufgebaut und ist heute Teil des UNESCO-Welterbes Oberes Mittelrheintal, das sich von Bingen aus über 67 km entlang des Rheins bis Koblenz erstreckt. Dazu gehören in Koblenz neben der historischen Altstadt unter anderem das Kurfürstliche Schloss, Schloss Stolzen-fels, die romanische Basilika St. Kastor und das Deutsche Eck mit dem Reiterstandbild Kaiser Wilhelms I. sowie außerhalb der Stadt zahlreiche Denkmäler, Burgen, Orte und Kulturlandschaften.

■ Trier

Die mit ca. 111 000 Einwohnern viertgrößte Stadt des Bundeslandes liegt an der Mosel, nicht weit von der Grenze zu Luxemburg entfernt. Trier gilt als älteste Stadt Deutschlands. Sie wurde vermutlich bereits 16 v. Chr. als „*Augusta Treverorum*" gegrün-det und war zeitweise Regierungssitz römischer Kaiser. Im Laufe ihrer bewegten Geschichte wurde

Die Porta Nigra, ein antikes römisches Stadttor, ist das Wahrzeichen Triers.

Kaiserslautern bei Nacht.

■ Kaiserslautern

Die ca. 100 000 Einwohner zählende Universitätsstadt liegt im Süden von Rheinland-Pfalz, am Rande des Pfälzer Waldes, der das größte zusammenhängende Waldgebiet Deutschlands bildet. Ihr Name geht auf den Fluss Lauter zurück, der inzwischen unterirdisch verläuft, und auf die Anwesenheit von Kaiser Friedrich I., genannt Barbarossa, der hier im 12. Jahrhundert eine Kaiserpfalz bauen ließ. Von dieser Barbarossaburg sind heute nur noch Reste in Form einer Ruine erhalten. In der im Laufe ihrer Geschichte häufig zerstörten Stadt sind nur noch wenige historische Bauwerke erhalten, wie zum Beispiel das Spinnrädl, das älteste erhaltene Fachwerkhaus der Stadt, oder die Fruchthalle, eine ehemalige Markthalle im Stil der Neorenaissance.

Kaiserslautern ist heute ein wichtiger Industriestandort in Rheinland-Pfalz. Die einst blühende Textilindustrie ist kaum noch vertreten, stattdessen spielen Wissenschaft und IT-Branche eine immer größere Rolle. Überregional bekannt ist Kaiserslautern vor allem durch seinen Fußballclub.

die Stadt im 9. Jahrhundert gleich zweimal Opfer eines Wikinger-Überfalls und als deutsch-französische Grenzstadt geriet sie häufig in Auseinandersetzungen.

Heute ist Trier Universitätsstadt und wichtiger Wirtschaftsstandort mit Unternehmen aus der Nahrungs-, Genussmittel- und Textilbranche. Da die Stadt mitten im Weinanbaugebiet Mosel-Saar-Ruwer liegt, spielt auch der Weinbau eine entsprechende Rolle.

Die zahlreichen Baudenkmäler, in denen sich die historische Bedeutung der Stadt widerspiegelt, sind touristische Anziehungspunkte. Einige von ihnen gehören zum UNESCO-Welterbe, wie zum Beispiel das Amphitheater, die *Porta Nigra*, die Römerbrücke oder der Trierer Dom. Die *Porta Nigra* („Schwarzes Tor") ist das besterhaltene römische Stadttor nördlich der Alpen. Die Römerbrücke wurde ca. 150 n. Chr. errichtet und ist die älteste Brücke in Deutschland. Auch der Trierer Dom kann mit einem Superlativ aufwarten: Er ist die älteste Bischofskirche Deutschlands.

Der berühmteste Sohn der Stadt ist der 1818 in Trier geborene Karl Marx, Verfasser des „Kapitals" und, zusammen mit Friedrich Engels, des „Kommunistischen Manifests". In seinen Schriften kritisierte er das kapitalistische System und legte den Grundstein für die Theorie des Marxismus.

■ Speyer

Die Stadt am Rhein, ca. 20 km südlich von Ludwigshafen gelegen, gehört zu den ältesten Städten in Deutschland. Ihre Ursprünge gehen auf ein Lager der Römer aus dem Jahr 10 v. Chr. zurück. Bekannt ist Speyer vor allem durch den Speyerer Dom, ein UNESCO-Welterbe und die größte erhaltene romanische Kirche der Welt.

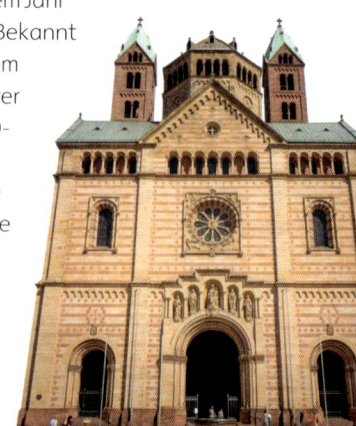

Der Speyerer Dom ist die größte erhaltene romanische Kirche der Welt.

Der Wormser Dom steht auf dem höchsten Punkt der Innenstadt.

Mit dem monumentalen Bau wollte Kaiser Konrad II. seinen Machtanspruch demonstrieren. Baubeginn war um 1030 und 1061 wurde der Dom eingeweiht. Im Laufe der Zeit fanden mehrere Umbauten statt und nach Zerstörungen wurde er wiederaufgebaut. Bis heute unverändert geblieben ist die Krypta, in der mehrere deutsche Kaiser, Könige und Königinnen sowie Bischöfe beigesetzt sind.

■ Worms

Die am Rhein gelegene Stadt wurde bereits von den Kelten besiedelt und ist somit eine der ältesten Städte. Weithin sichtbar thront hier auf dem höchsten Punkt der Stadt der romanische Dom St. Peter, der kleinste der drei Kaiserdome in Rheinland-Pfalz. In den Jahren von 1130 bis 1181 erbaut, erlitt der Dom im Laufe der Jahrhunderte schwere Schäden und wurde ab Mitte des 19. Jahrhunderts wieder aufgebaut.

Worms wird auch „Nibelungenstadt" genannt, da viele Szenen der Heldensage „Die Nibelungen" hier spielen. Die Geschichte rund um Drachentöter Siegfried ist in der ganzen Stadt präsent: ob bei den alljährlich stattfindenden Nibelungen-Festspielen, im Nibelungenmuseum oder am Nibelungenturm, dem 53 m hohen Brückenturm, der die Besucher am Eingang zur Stadt begrüßt.

Auch der Reformator Martin Luther hat in Worms Geschichte geschrieben: Er wurde 1521 von Kaiser Karl V. zum Wormser Reichstag gerufen, um dort seine Schriften, in denen er Missstände der Kirche angeprangert hatte, zu widerrufen – was er jedoch nicht tat und daraufhin geächtet wurde. Daran erinnert noch heute das Lutherdenkmal.

■ Neustadt

Die Stadt an der Weinstraße erhielt im Jahr 1275 die Stadtrechte. Anfang des 19. Jahrhunderts fand auf dem im Stadtteil Hambach gelegenen Schloss das berühmte „Hambacher Fest" statt. Die sechstägige Protestveranstaltung mit ca. 25 000 Teilnehmern gilt als eine der ersten Demokratiebewegungen in Deutschland.

Wirtschaftlich und touristisch ist die Stadt im Wesentlichen durch den Weinbau geprägt: Mit knapp 2000 Hektar Rebfläche ist Neustadt eine der größten Weinbaugemeinden in ganz Deutschland. Neustadt ist auch Ausgangspunkt für viele Rad- und Wandertouren in die umliegenden Weinberge und den Pfälzer Wald.

Das Hambacher Schloss bei Neustadt gilt als „Wiege der Demokratie".

Idar-Oberstein

Idar-Oberstein liegt an der Nahe, unweit des Nationalparks Hunsrück-Hochwald. Die heutige Stadt entstand 1933 aus dem Zusammenschluss mehrerer Orte, unter anderen der Ortsteile Idar und Oberstein. In der Edelsteinstadt dreht sich alles um die begehrten Schmucksteine: Über 500 Jahre lang wurden in der Region Mineralien abgebaut, vor allem Achate. Doch Mitte des 19. Jahrhunderts waren die natürlichen Vorkommen allmählich erschöpft und heute werden hier Edelsteine aus aller Welt verarbeitet. In den Edelsteinminen im Steinkaulenberg, der historischen wasserradangetriebenen Edelsteinschleiferei Weiherschleife sowie den Ausstellungen im Deutschen Mineralienmuseum und im Deutschen Edelsteinmuseum erfahren interessierte Besucher alles über Entstehung, Abbau und Verarbeitung der Steine.

Das Wahrzeichen Idar-Obersteins ist die oberhalb der Stadt gelegene Felsenkirche. Die Kirche wurde im 15. Jahrhundert in einen Felsen hineingebaut und kann nur über einen Tunnel erreicht werden.

Die in einen Felsen gebaute Kirche in Idar-Oberstein kann nur über einen Tunnel erreicht werden.

Die Hängeseilbrücke Geierlay führt über das Mörsdorfer Bachtal im Hunsrück.

Landschaften

Hunsrück

Der Hunsrück ist ein Mittelgebirge mit ca. 100 km Länge und bis zu 35 km Breite, das sich zwischen Rhein und Mosel erstreckt. Der höchste Gipfel ist der 816 m hohe Erbeskopf. Als Teil des Rheinischen Schiefergebirges gehört der Hunsrück zu den älteren Gebirgen. Hier wurde bis Mitte des 20. Jahrhunderts Schiefer abgebaut, was sich noch heute im Schaubergwerk in Bundenbach nachvollziehen lässt. Im Hunsrückschiefer gibt es immer wieder bedeutende Fossilienfunde.

Über die Hochlagen des Hunsrücks verläuft auf einer Fläche von 10 000 Hektar der Nationalpark Hunsrück-Hochwald. Hier darf die Natur noch Natur sein und in den urigen Wäldern finden seltene Tier- und Pflanzenarten ideale Lebensbedingungen. So gibt es hier unter anderem den fleischfressenden Sonnentau, die bedrohte Moorlibelle und eine besonders hohe Population der scheuen Wildkatze. Mit dem Saar-Hunsrück-Steig, Rad- und Reitwegen ist der Hunsrück auch touristisch gut erschlossen.

*Der „**Schinderhannes**" war der Legende nach ein „**edler Räuber**" im Hunsrück, aber in Wirklichkeit beging er über 200 Straftaten, darunter sogar einige Morde.*

Die Stadt Monschau in der Eifel ist für ihr mittelalterliches Zentrum bekannt.

■ Eifel

Die Eifel erstreckt sich zwischen Mosel und Rhein. Das Mittelgebirge reicht als Teil des Rheinischen Schiefergebirges im Westen bis nach Belgien und Luxemburg hinein und im Osten bis nach Nordrhein-Westfalen. Höchster Gipfel ist mit 746 m die Hohe Acht, einer von mehreren Vulkanen der Vulkaneifel. Der letzte Ausbruch eines Vulkans fand vor ca. 11 000 Jahren statt, doch auch heute gibt es noch vulkanische Aktivität in Form austretender Gase. Ein eindrucksvolles Beispiel ist der Geysir Andernach, der höchste Kaltwassergeysir der Welt. Auch die für die Eifel typischen Maare (siehe Kasten) gehen auf Vulkanausbrüche zurück, ebenso wie die schroffen Felsformationen der Südeifel, zum Beispiel in der Teufelsschlucht.

Die Eifel war schon immer ein eher strukturschwaches Gebiet, in dem keine nennenswerte Industrie angesiedelt ist und auch die Landwirtschaft wird nur in bestimmten Regionen betrieben. Traditionell lebten die Menschen hier vorrangig vom Bergbau und von der Holzwirtschaft. In jüngster Zeit nimmt aber der Tourismus eine zunehmend bedeutsame Rolle ein.

■ Pfälzer Wald

Im Süden von Rheinland-Pfalz erstreckt sich über eine Fläche von ca. 180 000 Hektar der Pfälzer Wald. Zusammen mit den südlich angrenzenden Vogesen bildet er das UNESCO-Biosphärenreservat Pfälzerwald-Nordvogesen. Der deutsche Teil wurde als Naturpark Pfälzerwald 1958 als einer der ersten Naturparks gegründet und 1992 als Biosphärenreservat anerkannt. Der höchste Gipfel ist der 672 m hohe Kalmit. Der Pfälzer Wald ist das größte zusammenhängende Waldgebiet Deutschlands und weist besonders viele Kiefern auf. Am Übergang zur Weinstraße findet man auch einen großen Bestand an Edelkastanien.

Maare

Ein Maar ist ein natürlicher See vulkanischen Ursprungs. Der Name leitet sich von dem lateinischen „*mare*" (Meer) ab. Die kesselformigen Maare sind durch Vulkanausbrüche entstanden. Sie sind sozusagen übriggebliebene Explosionstrichter, die sich nach dem Abklingen der vulkanischen Aktivität mit Wasser gefüllt haben. Von den über 70 Maaren der Eifel sind heute nur noch 12 mit Wasser gefüllt, die restlichen sind „verlandet".

Die wassergefüllten Maare sind typisch für die Vulkaneifel.

Der Holzbachdurchbruch ist ein Landschaftsschutzgebiet im Westerwald.

Eine Besonderheit des Gebietes ist die Buntsandsteinlandschaft, die vor allem im Dahner Felsenland ins Auge fällt: Hier liegen Schichten aus Buntsandstein bis zu 500 m hoch übereinander und bilden spektakuläre Felsen, wie zum Beispiel den Teufelstisch. Von mittelalterlichen Machtverhältnissen zeugen noch zahlreiche Ruinen und Burgen, wie die Burg Trifels aus dem 11. Jahrhundert.

Am östlichen Rande des Pfälzer Waldes schließt sich die Deutsche Weinstraße an, an deren Hängen die Trauben für erlesene Weine wachsen. Hier reihen sich malerische Winzerdörfer aneinander – beliebte Ausflugs- und Urlaubsziele mit großer wirtschaftlicher Bedeutung.

Der Teufelstisch ist die imposanteste von vielen Felsformationen im Pfälzer Wald.

■ Westerwald

Das von den Flüssen Sieg, Dill, Lahn und Rhein umschlossene Mittelgebirge erstreckt sich von Rheinland-Pfalz aus bis über die Grenzen nach Nordrhein-Westfalen und Hessen. So gehören Teile des höchsten Berges, der 657 m hohen Fuchskaute, zu Hessen. Die größte Stadt im Westerwald ist Montabaur, dessen barockes Schloss weithin sichtbar auf dem Schlossberg thront. Zwischen Montabaur, Hachenburg und Westerburg liegt auf 400 m Höhe die Westerwälder Seenplatte. Sie umfasst sieben Teiche, die im 17. Jahrhundert zur Fischzucht angelegt wurden. Heute ist die Seenplatte ein Vogelschutzgebiet und dient dem Naturerlebnis.

Pfälzer Wein

Das Weinanbaugebiet Pfalz ist mit ca. 230 km² Anbaufläche das zweitgrößte Weinanbaugebiet in Deutschland. Hier wird seit der Römerzeit Wein angebaut, der dank der geschützten Lage und dem nahezu mediterranen Klima bestens gedeiht. In über 3500 Winzerbetrieben werden ca. 2,5 Millionen Hektoliter Wein gekeltert. Die 64 Sorten Weiß- und Rotweine werden nicht nur vor Ort ausgeschenkt, sondern auch exportiert.

Das milde Klima an der südlichen Weinstraße begünstigt den Anbau von Reben.

Die Theodor-Heuss-Brücke verbindet die Landeshauptstadt Mainz mit der hessischen Landeshauptstadt Wiesbaden.

Eine lange Tradition hat im Westerwald der Abbau von Schiefer, Basalt und Ton. Den großen Tonvorkommen verdankt das Kannenbäckerland seinen Namen: Hier wird seit Ende des 16. Jahrhundert das bekannte grau-blaue Westerwälder Steinzeug hergestellt.

Gewässer

■ Rhein

,,*Rhenus Pater*", so nannten die Menschen früher den Fluss, der ihnen als Transportweg diente und an dessen Ufer sie sich niederließen. Heute ist ,,Vater Rhein" einer der verkehrsreichsten Flüsse der Welt. Er fließt über eine Strecke von 290 km durch Rheinland-Pfalz und bildet die Grenze zu den Nachbarländern Baden-Württemberg und Hessen. Die größten rheinland-pfälzischen Städte liegen am Rhein, darunter Ludwigshafen mit dem drittgrößten Rheinhafen in Deutschland.

Richtung Norden bildet der Fluss von Bingen bis Koblenz die Kulturlandschaft Oberes Mittelrheintal, ein UNESCO-Welterbe, zu dem auch der berühmte Loreley-Felsen gehört. In diesem Abschnitt wird der Rhein von zahlreichen Burgen, Schlössern und Weinbergen gesäumt.

■ Mosel

Die Mosel ist ein Nebenfluss des Rheins und kann wie dieser von großen Schiffen befahren werden. Sie entspringt in den Vogesen und mündet nach 544 km bei Koblenz in den Rhein. Über eine Strecke von 232 km fließt sie durch Rheinland-Pfalz. Zwischen Eifel und Hunsrück durchfließt sie das Moseltal, an dessen Hängen Wein angebaut wird, sowie die beiden Städte Trier und Koblenz. Am ,,Deutschen Eck" in Koblenz markiert ein großes Reiterstandbild von Kaiser Wilhelm I. den Ort, an dem sie in den Rhein mündet.

■ Nahe

Die Nahe entspringt im Saarland auf 500 m Höhe und mündet nach ca. 130 km bei Bingen in den Rhein. Durch Rheinland-Pfalz fließt sie auf einer Strecke von knapp 60 km. Als Transportweg hat die Nahe keine Bedeutung, sie dient nur der Freizeitschifffahrt.

In der Eifel liegt die längste dauerhafte Rennstrecke der Welt: der legendäre Nürburgring.

Auf der Höhe des Ortes Bremm dreht die Mosel eine imposante Schleife.

*In Bad Kreuz-
nach liegt die
Pauluskirche
auf einer Insel
in der Nahe.*

Der Fluss bahnt sich seinen Weg sowohl durch
leicht hügeliges Gelände als auch durch felsige
Schluchten, wie zum Beispiel bei Bad Münster:
Hier ist der 202 m hohe Rotenfels die höchste
Steilwand zwischen den Alpen und Skandinavien.
Die Stadt Bad Kreuznach ist das Zentrum des
Weinbaugebiets Nahe. Auf über 4000 Hektar
Rebfläche wird hier schon seit Jahrhunderten
Wein angebaut.

■ Laacher See

In der Vulkaneifel, nahe der Stadt Andernach,
liegt der größte See des Bundeslandes: Der
Laacher See hat eine Fläche von ca. 3,3 km² und ist
ca. 50 m tief. Er entstand aus der kesselförmigen

Der Laacher See ist der Kratersee eines schlafenden Vulkans.

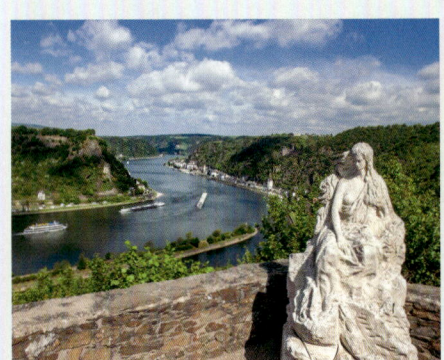

*Einer **Sage** nach sitzt auf dem **Loreley-
Felsen** eine Nymphe, die die Fischer mit
ihrem **Gesang** ablenkt, sodass ihre
Schiffe an dem Felsen zerschellen.*

Vertiefung eines Vulkans, die sich im Laufe der Zeit
mit Wasser gefüllt hat. Der letzte Ausbruch dieses
Vulkans war vor ca. 11 000 Jahren. Obwohl die vulkanische Aktivität ruht, ist sie noch nicht ganz er-
loschen, denn an manchen Stellen des Sees treten
Gasblasen auf.

Der See und seine Umgebung sind heute als
Naturschutzgebiet ausgewiesen. Hier brüten und
überwintern zahlreiche Wasservögel. Im Sommer
wird das Gebiet rund um den Laacher See auch
touristisch genutzt.

Das Zentrum der deutschen Edelstein- & Schmuckindustrie liegt in Idar-Oberstein. Neben Amsterdam ist es einer der Welthandelsplätze für Edelsteine.

Westerwald

Bad Neuenahr-Ahrweiler

Rhein

Neuwied

Andernach

Montabaur

Lacher See

Mayen

Koblenz

Eifel

Gerolstein

Boppard

Prüm

Mosel

Cochem

Wittlich

Hahn

Bitburg

Simmern

Bingen

MAINZ

Hunsrück

Bad Kreuznach

Nahe

Mosel

Trier

Erbeskopf

Alzey

Rhein

Konz

Idar-Oberstein

Lauterecken

Saar

Worms

Frankenthal

Ludwigshafen am Rhein

Kaiserslautern

Haßloch

Neustadt a. d. Weinstr.

Speyer

Zweibrücken

Pfälzer Wald

Germersheim

Pirmasens

Landau

In der **Südeifel** kann man im **Dinosaurierpark Teufelsschlucht** auf **Zeitreise** gehen. Der große Urzeitpark liegt in Ernzen.

SAARLAND

Das Saarland im Süd- westen Deutschlands ist, nach den drei Stadtstaaten Bremen, Hamburg und Berlin, das kleinste Bundes- land. Es grenzt an Rheinland-Pfalz, an Frankreich und an Luxemburg. Land- schaftlich wird das

Saarland von waldreichem Mittelgebirge, wie dem Hunsrück, geprägt sowie von dem hügeligen Bliesgau und den Auen der Saar. Während in den Mittelgebirgen früher ausgiebig Bergbau betrieben wurde, werden die fruchtbaren Saar- Täler überwiegend landwirtschaftlich genutzt.

Das Gebiet des heutigen Saarlandes war über Jahrhunderte in kleine Fürstentümer aufgeteilt. Mit der zunehmenden Erschließung der hiesigen Bodenschätze, vor allem von Kohle, gewann die Region an Bedeutung und wurde immer mehr zum Zankapfel. Auch die Nähe zu Frankreich führte zu Gebietsstreitigkeiten, die im Laufe der jüngeren Geschichte zweimal durch Volks- abstimmung entschieden wurden: Nach dem Ersten Weltkrieg war das Land als „Saargebiet" dem Völkerbund unterstellt und Frankreich erhielt die Erlaubnis, hier seine wirtschaftlichen Inte- ressen zu verfolgen. Ein Volksentscheid führte 1935 zu einer Zugehörigkeit zu Deutschland.

Lage: Südwestdeutschland

Fläche: 2569 km²

Einwohner: 984 000

Bevölkerungsdichte: 383 Einwohner pro km²

Landeshauptstadt: Saarbrücken

Einwohner der Hauptstadt: 180 000

Höchster Berg: Dollberg (695 m)

Längster Fluss: Blies (96 km)

Größter See: Bostalsee (1,2 km²)

Nach dem Zweiten Weltkrieg geriet das Saarland unter die Verwaltung Frankreichs. 1955 stimmte die Bevölkerung erneut ab und das Ergebnis war die endgültige Anbindung an Deutschland ab 1957.

Wirtschaftlich wurde das Saarland lange vom Steinkohlebergbau und von der Stahlindustrie geprägt. Als die Kohlevorkommen allmählich erschöpft waren, wurden auch immer mehr Berg- werke geschlossen, das letzte im Jahr 2012. Trotz des erfolgten Strukturwandels ist die Industrie noch immer ein wichtiger Wirtschaftszweig, so beispielsweise die Automobil-, Stahl- und Infor- mationsindustrie. Die Landwirtschaft spielt mit einer Flächennutzung von 30 Prozent eine weni- ger große Rolle. Heute zeugen noch Museen, Besucherbergwerke und Industrie- denkmäler, wie die Völklinger Hütte, von der Geschichte des Bergbaus im Saarland. Ein besonders eindrucks- volles Denkmal ist das 30 m hohe, begehbare Saarpolygon auf der Halde Ensdorf: Die Stahlkonstruk- tion ist zugleich ein Symbol für den regionalen Wandel.

Die Saarschleife ist ein Naturwunder und die bekannteste Sehenswürdigkeit im Saarland.

Städte

■ Saarbrücken

Mit ca. 180 000 Einwohnern auf 167 km² Fläche ist die Landeshauptstadt zugleich die einzige Großstadt des Saarlandes. Saarbrücken, in einem Tal der Saar gelegen und umrahmt von bewaldeten Höhen, grenzt direkt an Frankreich.

Wie so oft an Flussläufen, so siedelten auch hier die Römer an der Saar und hinterließen zahlreiche Spuren. Nach den Römern kamen die Franken. Erste Erwähnung als „castellum Sarabrucca" fand 999 eine Burg, die sich vermutlich an der Stelle des heutigen Schlosses befand. 1322 erhielt Saarbrücken das Stadtrecht. In den folgenden Jahrhunderten geriet die Stadt aufgrund ihrer grenznahen Lage immer wieder in kriegerische Auseinandersetzungen und erlitt mehrere Brände und Zerstörungen. Die heutige Stadt entstand schließlich durch einen Zusammenschluss der Städte Saarbrücken, St. Johann und Malstatt-Burbach im Jahr 1909.

Heute ist Saarbrücken das wirtschaftliche und kulturelle Zentrum des grenzübergreifenden Ballungsraums SaarMoselle und eine bedeutende Universitäts-, Messe- und Kongressstadt. Trotz der massiven Zerstörungen des Zweiten Weltkriegs sind noch einige sehenswerte Gebäude erhalten geblieben. Dazu gehören unter anderen die barocke Ludwigskirche, der barocke Marktbrunnen im Stadtteil St. Johann oder das Renaissanceschloss, das auf den Resten einer mittelalterlichen Burg entstanden ist. Im Historischen Museum Saar können die Ausgrabungen der unterirdischen Burganlage besichtigt werden. Die Moderne Galerie, deren Gebäude unter Denkmalschutz steht, zählt mit ihren Ausstellungen zu den führenden Museen in Südwestdeutschland. Einen spannenden Kontrast zum Großstadtflair bildet der „Urwald vor den Toren der Stadt": Hier wird die Natur sich selbst überlassen und bildet ihre eigenen Kunstwerke in Form von mit Flechten und Moosen überwucherten Baumstämmen, Pilzen, Blumen und vielem mehr.

Ein berühmter Sohn der Stadt war der Regisseur Max Ophüls, dessen Geburtshaus sich im Stadtteil St. Johann befindet. Bei einem alljährlichen Festival wird der Max-Ophüls-Preis an Nachwuchsschauspieler vergeben.

■ Neunkirchen

Die zweitgrößte Stadt des Saarlandes mit ca. 47 000 Einwohnern liegt an der Blies, nur 20 km von der Landeshauptstadt Saarbrücken entfernt. Neunkirchen ist quasi die Wiege des Steinkohlebergbaus, da dessen Spuren hier bis in vorchristliche Zeit zurückreichen. Urkundlich erstmals erwähnt wurde die Stadt 1281. Gut 300 Jahre später entstand das Neunkircher Eisenwerk, das die Stadt nachhaltig prägte – bis zu seiner Schließung im Jahr 1982. Darauf folgte eine Zeit mit hoher Arbeitslosigkeit, bis der Stadt endlich der Strukturwandel gelang.

Die Ziehung der **Lottozahlen** findet in der Sendezentrale des Saarländischen Rundfunks in **Saarbrücken** statt.

Die evangelische Ludwigskirche im Barockstil ist das Wahrzeichen der Stadt Saarbrücken.

Das alte Hüttenareal, ein stillgelegtes Eisenwerk, ist heute ein Industriedenkmal.

Das Eisenwerk im Herzen der Stadt wurde abgerissen und an seiner Stelle ein Einkaufszentrum, das Saarpark-Center, errichtet. Erhalten blieb das ,,Alte Hüttenareal'', ein Ensemble von alten Hochöfen, das an die lange Bergbautradition der Stadt erinnert. Die beeindruckende Kulisse wird nachts farbig angestrahlt. Die Stummsche Reithalle und die ehemalige Gebläsehalle sind heute Kulturzentren, in denen Konzerte, Theater- und Kabarettaufführungen stattfinden.

■ Homburg

Die mit ca. 42 000 Einwohnern drittgrößte Stadt liegt im Osten des Bundeslandes und grenzt an die Ausläufer des Pfälzer Waldes. Dementsprechend gibt es in direkter Umgebung viele Wald- und Naturschutzgebiete. Die am Fuße der Hohenburg, der früheren Residenz der Grafen von Homburg, gelegene Stadt erhielt 1330 die Stadtrechte. Ende des 17. Jahrhunderts wurden die Burg und die Stadt von dem französischen Festungsbaumeister Vauban zu einer Festung ausgebaut. Die Ruinen der Burg thronen noch heute auf dem Schlossberg oberhalb der Stadt. Unterhalb der Ruinen befinden sich die Schlossberghöhlen, die größten Buntsandsteinhöhlen Europas. In den Kuppelhallen und Gängen erhält man einen einzigartigen Eindruck von den 250 Millionen Jahre alten, gelb und rot gefärbten Gesteinsschichten. Weit zurück in die Vergangenheit reichen auch die Überbleibsel der Römerstadt im Stadtteil Schwarzenacker. Das Freilichtmuseum zeigt die Ausgrabungen einer ehemaligen römischen Etappenstadt.

Heute ist Homburg eine moderne Universitäts- und Kreisstadt, in der zahlreiche Unternehmen ihren Sitz haben.

■ Völklingen

Die Stadt ist mit ca. 40 000 Einwohnern die viertgrößte des Saarlands. Sie liegt an der Saar, in der Nähe der Landeshauptstadt Saarbrücken. Völklingen entstand aus einer frühmittelalterlichen fränkischen Siedlung. Erstmals urkundlich erwähnt wurde es als ,,*Fulcolingas*'' im Jahr 822. Damals war die Stadt sowohl durch Landwirtschaft als auch durch Handwerk und Handel geprägt. Mit der Gründung der Eisenhütte Ende des 19. Jahrhunderts begannen der wirtschaftliche Aufschwung und die Entwicklung zum Industriezentrum.

Nach Island ist das Saarland das *größte* Zuchtgebiet für Islandponys.

Die Höhlen im Homburger Schlossberg sind die größten Buntsandsteinhöhlen in Europa.

Dem Patron der Metallarbeiter, dem heiligen Eligius, ist die Pfarrkirche St. Eligius (links im Bild) gewidmet.

Die Völklinger Hütte wurde 1986 geschlossen und ist seit 1994 eines der bedeutendsten Industriedenkmäler, das Tausende von Besuchern anzieht. In der im Zweiten Weltkrieg weitgehend zerstörten Innenstadt gibt es noch einige sehenswerte Gebäude, wie zum Beispiel das Alte Rathaus, die Eligiuskirche oder die Versöhnungskirche.

■ Saarlouis

Die Stadt an der Saar hat ca. 35 000 Einwohner. Sie liegt nordwestlich von Saarbrücken, an der Grenze zu Frankreich. Der Einfluss des Nachbarlandes ist überall spürbar – auch im Namen: Dieser wurde der Stadt von ihrem Gründer, dem französischen König Louis XIV., verliehen. Allerdings wurde der Name Saarlouis unter den Nationalsozialisten 1936 in Saarlautern geändert. Nach dem Zweiten Weltkrieg erhielt die Stadt ihren ursprünglichen Namen wieder zurück. Louis XIV. hatte 1680 den französischen Baumeister Vauban beauftragt, die Stadt als Festung auszubauen,

In den Kasematten, den preußischen Festungsanlagen, sind heute gastronomische Betriebe untergebracht.

Völklinger Hütte

Als einzigartiges Zeugnis der Industriekultur und der Technikgeschichte des 19. und frühen 20. Jahrhunderts wurde die Völklinger Hütte 1994 zum UNESCO-Weltkulturerbe ernannt. Ab 1881 erlebte die Hütte unter der Leitung der Industriellenfamilie Röchling ihre Blütezeit und beschäftigte bis zu 17 000 Menschen. Die weltweite Stahlkrise Mitte der 1970er-Jahre führte 1986 zur Schließung der Völklinger Hütte. Heute ist die Hütte, deren technische Anlagen einmal zu den modernsten der Welt gehörten, ein berühmtes Denkmal des Zeitalters der industriellen Revolution. Ihre Erkundung ist ein besonderes Erlebnis, das sowohl in dunkle Hallengänge als auch in luftige Hochofen-Höhen führt.

Die beeindruckenden Maschinenanlagen der Völklinger Hütte sind heute ein Weltkulturerbe.

da sie als nördliche Verteidigungsbastion dienen sollte. Die Überreste der Festung finden sich noch heute in Form der sogenannten Kasematten. Diese mit Erde bedeckten Gewölbe wurden restauriert und werden nun von zahlreichen gastronomischen Einrichtungen genutzt. Die Festungsgräben sind Teil der städtischen Grünanlagen.

Landschaft

■ Biosphärenreservat Bliesgau

Im Südosten des Saarlands, an der Grenze zu Frankreich und Rheinland-Pfalz, liegt das UNESCO-Biosphärenreservat Bliesgau. Auf einer Fläche von ca. 36 000 Hektar durchfließt das Flüsschen Blies die leicht hügelige Landschaft. Hier findet man Streuobstwiesen, Buchenwälder, Trockenrasen und Auen. Diese Vielfalt der Landschaft ist ein idealer Lebensraum für seltene Tier- und Pflanzenarten, wie zum Beispiel den Steinkauz, den Biber oder zahlreiche Orchideen.

Kennzeichnend für das Bliesgau ist das Nebeneinander von städtischem und ländlichem Raum. Ein Beispiel hierfür ist das ganz in der Nähe von Homburg künstlich angelegte Beeder Biotop: Heckrinder und Wasserbüffel werden zur Beweidung eingesetzt, Weißstorchenpaare haben hier ihre Brutstätten und zahlreiche Vögel nutzen das Biotop als Rastplatz.

Die Überreste des keltischen Ringwalls in Otzenhausen.

■ Nationalpark Hunsrück-Hochwald

Der länderübergreifende Nationalpark wurde 2015 eröffnet und erstreckt sich über eine Fläche von 10 000 Hektar über die Hochlagen des Hunsrücks zwischen Idar-Oberstein und Nonnweiler. Der größte Teil gehört zu Rheinland-Pfalz, ca. 1000 Hektar liegen auf saarländischem Gebiet. Hier ließen sich bereits die Kelten nieder und noch heute gibt es steinerne Zeugen aus dieser Zeit: Der keltische Ringwall Otzenhausen ist eine eindrucksvolle Befestigungsanlage aus dem ersten Jahrhundert v. Chr.

Der Nationalpark mit seinen alten Buchenwäldern, den Feuchtbiotopen, Mooren und Wiesen ist das Rückzugsgebiet zahlreicher Wildtiere. Hier fühlen sich nicht nur Schwarzstörche, Fledermäuse und Insekten wohl, sondern auch die sehr scheuen Wildkatzen. Eine gute Möglichkeit, die Natur hier hautnah zu erleben, ist der Saar-Hunsrück-Steig: Der insgesamt 410 km lange Wanderweg führt über vier Etappen durch den saarländischen Teil des Nationalparks und hat mit 60 Prozent einen besonders hohen Anteil an Naturwegen.

Im Beeder Biotop lassen sich auch gerne Störche nieder.

Der 4000 Jahre alte Gollenstein bei Blieskastel ist der größte Menhir in Mitteleuropa.

Gewässer

■ Blies

Die Blies entspringt in 430 m Höhe am Momberg und mündet nach ca. 100 km bei Saargemünd in die Saar. Sie ist somit der längste saarländische Fluss. Auf ihrem Weg durchfließt die Blies mehrere Landschaften, unter anderem das Biosphärenreservat Bliesgau, und führt an den Städten St. Wendel, Neunkirchen, Homburg und Blieskastel vorbei. In der Nähe der Barockstadt Blieskastel steht der Gollenstein, ein 6,5 m hoher Menhir aus Sandstein, der auf die Jungsteinzeit zurückgeht. Der Flusslauf der Blies wurde früher für die Flößerei genutzt, um Holz aus dem Pfälzer Wald über die Saar, die Mosel und den Rhein nach Holland zu bringen. Heute ist die Blies mit ihren Auenwäldern ein wichtiger Lebensraum für seltene Tiere, wie den Eisvogel, den Pirol oder den Biber.

*Das Saarland wechselte in den letzten **200 Jahren** acht Mal die **Nationalität**. Es gehörte mal zu Deutschland, mal zu Frankreich und war eine Zeit lang eigenständig.*

Vom 42 m hohen Turm des Baumwipfelpfads blickt man auf die Saarschleife hinunter.

■ Saar

Auf einer Länge von 235 km fließt die Saar zuerst durch Frankreich und dann in Deutschland durch das Saarland und durch Rheinland-Pfalz. Das Saarland, dem sie auch ihren Namen gab, durchfließt sie auf einer Strecke von 68 km. Sie entspringt in den Vogesen, wo gleich zwei Quellflüsse, die rote und die weiße Saar, zusammenfließen, und mündet bei Konz in die Mosel. Bedeutung als Verkehrsweg erhielt der Fluss im 17. Jahrhundert: Damals wurde Holz bis nach Holland geflößt. Heute ist die Saar von Konz bis Saarbrücken für die Großschifffahrt ausgebaut, danach ist sie nur für

In dem Vogel-schutzgebiet am Stadtrand von Dillingen finden neben den Vögeln auch Insekten, Amphibien und Reptilien einen Lebensraum.

kleine Schiffe befahrbar. Der wohl spektakulärste Abschnitt des Flusses ist die Saarschleife bei Mettlach. Sie ist die bekannteste Sehenswürdigkeit des Saarlands und entstand mit dem Durchbruch der Saar durch das harte Quarzitgestein. Einen besonders guten Blick auf die Saarschleife hat man von dem Aussichtspunkt Cloef sowie dem oberhalb davon gelegenen Baumwipfelpfad.

■ Bostalsee

Im nördlichen Saarland, mitten im Naturpark Saar-Hunsrück, liegt der 120 Hektar große Bostalsee. Der mit einem 500 m langen Damm Ende der 1970er-Jahre angestaute See wird vorrangig für Freizeitaktivitäten genutzt. Neben zahlreichen Möglichkeiten, sich am oder auf dem See sportlich zu betätigen, locken ein Wanderweg und ein Radweg die Besucher an. Der südwestliche Teil des Sees ist ein Naturschutzgebiet.

■ Dillinger See

Am Stadtrand von Dillingen liegt der 23 Hektar große See in einem 80 Hektar umfassenden Vogelschutzgebiet. Das auch „Ökosee" genannte Gewässer entstand in den 1980er-Jahren aus einem Altarm der Saar. Der Pegel des Sees liegt unter dem der Saar, sodass er den Fluss bei Hochwasser regulieren kann. Von einem eigens angelegten Beobachtungshügel aus kann man die zahlreichen gefiederten Bewohner der Uferzonen studieren: Hier brüten neben Krickenten, Teichrohrsängern und Haubentauchern auch die seltenen Orpheusspötter.

Bereits in der Grundschule lernen hier viele Kinder Französisch als erste Fremdsprache – das liegt an der Lage des Saarlands.

Der Bostalsee wurde angelegt, um die touristische Infrastruktur der Region zu stärken.

Die Bienen von Burg Montclair

Als feindliche Ritter die Burg Montclair in der Nähe von Mettlach nicht einnehmen konnten, wollten sie abwarten, bis die Vorräte der Burgleute aufgebraucht waren. Die Ritter rechneten jedoch nicht damit, dass die Burgbewohner Bienen in Körben an die Burgmauern stellen würden. Beim Angriff der Ritter stießen die Burgleute die Körbe um, und die wütenden Bienen schlugen die Feinde in die Flucht. So erzählt es zumindest eine alte Sage.

Dollberg

Nationalpark Hunsrück-Hochwald

Nonnweiler

Bostal-see

Nohfelden

Nahe

Hunsrück

Wadern

Blies

Mettlach   Losheim

Prims

Theel

St. Wendel

Saargau

Saar

Merzig

Lebach

Ottweiler

Rehlingen-Siersburg   Beckingen

Prims

Illingen

Dillingen

Bexbach

Dillinger See

Heusweiler

Neunkirchen

Blies

Saarlouis

Riegelsberg

Sulzbach

Friedrichsthal

Homburg

Saar

Wadgassen

Völklingen

SAARBRÜCKEN

St. Ingbert

Blieskastel

Biosphären-reservat Bliesgau

Bliesgau

Saar

Blies

Im Wolfsfreigehege bei Merzig kann man Wölfe hautnah erleben.

BADEN-WÜRTTEMBERG

Das drittgrößte Bundesland liegt im Südwesten Deutschlands. Es grenzt an Rheinland-Pfalz, Hessen und Bayern sowie im Westen an Frankreich und im Süden an die Schweiz. Die Landschaft lässt sich in drei Bereiche gliedern: Die Oberrheinische Tiefebene umfasst den südlichen Odenwald, das Kraichgau, den Kaiserstuhl und den Schwarzwald. Daran schließt sich von Süden bis Nordosten verlaufend das Schichtstufenland an, mit den verkarsteten Flächen der Schwäbischen Alb. Im Süden beginnt mit dem westlichen Allgäu bereits das Alpenvorland.

Über ein Drittel der Fläche Baden-Württembergs wird landwirtschaftlich genutzt, wobei ein großer Teil auf den Obstanbau entfällt. Im Schwarzwald und im Allgäu dominiert die Viehzucht und in den klimatisch günstigen Regionen, wie am Kaiserstuhl, der Anbau von Wein.

Lage: Südwestdeutschland

Fläche: 35 751 km^2

Einwohner: 11,1 Millionen

Bevölkerungsdichte: 311 Einwohner pro km^2

Landeshauptstadt: Stuttgart

Einwohner der Hauptstadt: 630 000

Höchster Berg: Feldberg (1493 m)

Längster Fluss: Rhein (437 km)

Größter See: Bodensee (insg. 536 km^2)

Entstanden ist das „Ländle", wie seine Bewohner es gerne nennen, erst nach dem Zweiten Weltkrieg. Die Landesteile Baden, Württemberg-Hohenzollern und Württemberg-Baden wurden per Volksabstimmung 1952 zu einem gemeinsamen Bundesland zusammengefügt. Hintergrund war das Bestreben, die

Auf der Schwäbischen Alb thront das Hohenzollernschloss hoch über der Donau.

Verwaltung zu vereinfachen und gemeinsam wirtschaftlich stärker zu sein. Dies ist auch gelungen, denn heute zählt Baden-Württemberg zu den wirtschaftlich stärksten und innovativsten Regionen. In den Industriestädten Mannheim, Karlsruhe und Stuttgart haben sich zahlreiche Gewerbe erfolgreich angesiedelt, vor allem aus den Bereichen Fahrzeug- und Maschinenbau, Metallverarbeitung und Elektrotechnik.

Auch kulturell ist das Bundesland gut aufgestellt, mit zahlreichen als UNESCO-Welterbe ausgezeichneten Stätten. Dazu gehören unter anderem die Klosterinsel Reichenau, die Zisterzienserabtei Kloster Maulbronn und die prähistorischen Pfahlbauten am Bodensee. Während in renommierten Museen, wie dem Museum Frieder Burda in Baden-Baden oder der Kunsthalle Mannheim, bemerkenswerte Sammlungen moderner Kunst präsentiert werden, zeugen historische Gebäude, wie die Schlossanlage in Heidelberg, nicht minder eindrucksvoll von vergangenen Zeiten.

Neben berühmten Gebäuden begegnet man in Baden-Württemberg auch vielen berühmten Persönlichkeiten: Sowohl die beiden Automobil-Entwickler Gottfried Daimler und Carl Benz als auch der Physiker Albert Einstein und der Dichter Friedrich Schiller wurden hier geboren.

Städte

■ Stuttgart

Mit einer Fläche von 207 km² und 630 000 Einwohnern ist die Landeshauptstadt die größte Stadt Baden-Württembergs und zugleich die sechstgrößte Deutschlands. Sie liegt im Zentrum des Bundeslandes, zwischen Weinbergen und Waldgebieten, und wird teilweise vom Neckar durchflossen. Erste Siedlungsspuren gehen auf die Römer zurück: Sie errichteten ca. 90 n. Chr. auf dem Gebiet des heutigen Canstatt ein Kastell. Erst im 10. Jahrhundert entstand ein Gestüt ("Stuotgarten"), aus dem sich eine Siedlung und später die Stadt "Stuttgart" entwickelte. Sie erhielt 1219 die Stadtrechte und war ab dem Spätmittelalter über Jahrhunderte die Residenz der württembergischen Grafen, Herzöge und Könige. Die letzte große barocke Residenzschlossanlage Deutschlands ist das Neue Schloss im Zentrum der Stadt.

Heute ist Stuttgart eine der wirtschaftlich bedeutendsten Städte Deutschlands. Das verdankt sie nicht zuletzt den baden-württembergischen Pionieren Gottlieb Daimler, Wilhelm Maybach und Carl Benz. Sie legten mit ihren Entwicklungen den Grundstein zur hier ansässigen Automobil- und Maschinenbauindustrie. So ist das Mercedes-Benz-Museum, in dem die Geschichte des Automobils dokumentiert wird, das meistbesuchte Museum der Stadt.

Obwohl Stuttgart im Zweiten Weltkrieg stark zerstört wurde, sind viele historisch bedeutende Gebäude erhalten geblieben, wie z. B. das Alte und das Neue Schloss, Schloss Solitude oder der spätgotische Fruchtkasten, eines der ältesten Gebäude der Stadt, in dem heute ein Musikmuseum untergebracht ist.

Mit dem barocken Neuen Schloss wollte Herzog Carl Eugen von Württemberg in Stuttgart ein zweites Versailles erschaffen.

Die 1927 entstandene Weissenhofsiedlung ist ein sehenswertes Zeugnis der Moderne: Die beiden von dem Architekten Le Corbusier entworfenen Häuser sind ein UNESCO-Welterbe. Als Wahrzeichen der Stadt gelten gleich zwei Türme: der 216 m hohe Fernsehturm und der 61 m hohe Tagblatt-Turm.

Besondere Anziehungspunkte sind der zoologisch-botanische Garten Wilhelma, mit ca. 11 000 Tieren in ca. 1200 Arten einer der artenreichsten Zoos weltweit, und die Cannstatter Wasen, das bedeutendste Volksfest Baden-Württembergs.

■ Mannheim

Die zweitgrößte Stadt Baden-Württembergs hat ca. 310 000 Einwohner. Sie grenzt an Rheinland-Pfalz und Hessen an und ist mit der auf der anderen Rheinseite gelegenen Stadt Ludwigshafen über eine Brücke verbunden. Als „Mannenheim" 766 erstmals urkundlich erwähnt, erhielt die Stadt im Jahr 1607 die Stadtrechte. Damals wurde auch das quadratische Straßennetz geplant, aufgrund dessen die Straßen der Innenstadt keine Namen, sondern Buchstaben und Zahlen tragen.

Wirtschaftlich ist Mannheim von seinem Hafen, dem zweitgrößten Binnenhafen Deutschlands, geprägt. Er erstreckt sich zwischen den beiden Flüssen Rhein und Neckar. Zahlreiche Unternehmen, vor allem der Elektro- und Maschinenbauindustrie und der chemischen Industrie verhalfen Mannheim zu seinem Ruf als Industriestadt – obwohl es inzwischen ein ebenfalls wichtiger Standort des Dienstleistungs-, Finanz- und Bildungssektors ist. Überregional bekannt ist der alljährlich stattfindende Mannheimer Maimarkt, die größte regionale Verbraucherausstellung Deutschlands.

Da Mannheim im Zweiten Weltkrieg weitgehend zerstört wurde, sind nur wenige historische Gebäude erhalten geblieben. Einige wurden wieder aufgebaut, wie z. B. der Wasserturm, das heutige Kongresszentrum Rosengarten oder das Schloss, eine der größten Barockanlagen Europas und Sitz der Universität.

Mit dem Nationaltheater, der Kunsthalle oder dem Technoseum verfügt die Stadt über bedeutende kulturelle Zentren, die durch zahlreiche Veranstaltungen, wie z. B. Konzerte, ergänzt werden. Die Bedeutung, die der Musik hier zukommt, zeigt sich nicht nur in der vielfältigen Musikszene, sondern auch im von der UNESCO verliehenen Titel „City of Music".

■ Karlsruhe

In der drittgrößten Stadt Baden-Württembergs leben ca. 308 000 Menschen auf einer Fläche von 173 km². Sie liegt in der Oberrheinischen Tiefebene, zwischen Rhein, südlichem Kraichgau und nördlichem Schwarzwald. Mit über 300 Jahren ist die

*Die **erste E-Mail** in Deutschland wurde an die **Universität Karlsruhe** geschickt.*

Der Wasserturm, das Wahrzeichen der Stadt Mannheim, ist der eindrucksvolle Mittelpunkt einer Jugendstilanlage.

Stadt sehr jung: Sie wurde 1715 von Karl Wilhelm, Markgraf von Baden-Durlach, als Residenzstadt gegründet. Da die Straßen strahlenförmig von dem barocken Schloss ausgehen, nennt man Karlsruhe auch die „Fächerstadt".

Bundesweite Bedeutung erhielt die Stadt, als 1950/1951 sowohl der Bundesgerichtshof als auch das Bundesverfassungsgericht sich hier niederließen. Karlsruhe ist auch ein wichtiger Wirtschaftsstandort: Aufgrund der guten Verkehrsanbindung und des Rheinhafens haben sich hier zahlreiche, vorwiegend mittelständische Unternehmen angesiedelt. Den Titel „UNESCO City of Media Arts" verdankt die Stadt ihren vielfältigen Kultureinrichtungen, vor allem im Bereich Medienkunst. Das Flaggschiff ist diesbezüglich das Zentrum für Kunst und Medien (ZKM), das neben Forschungseinrichtungen zwei Museen und eine Galerie beherbergt.

Das Wahrzeichen der Stadt ist eine Grabstätte mitten auf dem Marktplatz: In der Pyramide ruhen die Gebeine des Stadtgründers Karl Wilhelm. Aus Karlsruhe stammen auch Erfinder wie Karl Drais, dessen Draisine die Urform des heutigen Fahrrads darstellte, oder Carl Benz, der einen dreirädrigen Motorwagen, Vorgänger unseres heutigen Autos, entwickelte.

Das im Renaissance-Stil erbaute Schloss Gottesaue beherbergt heute die Hochschule für Musik Karlsruhe.

Das Schwabentor ist eines der beiden erhaltenen mittelalterlichen Stadttore Freiburgs.

■ Freiburg

Am Fuße des Schwarzwalds gelegen, ist die 230 000 Einwohner zählende Universitätsstadt die südlichste Großstadt Deutschlands. Ihre Entstehung geht auf eine Siedlung unterhalb der 1091 errichteten Burg „Castrum de Friburch" zurück, die 1120 das Stadtrecht erhielt. Ihren Wohlstand und in Folge den Bau des Münsters verdankten die Freiburger den Silberminen im Schwarzwald. Das Freiburger Münster, das Wahrzeichen der Stadt, ist auch eines der wenigen Gebäude in der Innenstadt, die die Zerstörungen des Zweiten Weltkriegs überstanden haben. Heute sind es vor allem kleinere und mittelständische Unternehmen sowie Bildungs- und Forschungseinrichtungen, die die Wirtschaft der Stadt bestimmen.

Eine große Rolle spielt auch der Tourismus. Mit ihrer klimatisch begünstigten Lage, dem südlichen Flair und den zahlreichen Sehenswürdigkeiten zieht die Stadt viele Besucher an. Typisch für die Gassen der Altstadt sind die Freiburger „Bächle" –

Der **Barbarastollen** bei Freiburg ist ein stillgelegter **Bergwerksstollen** und zugleich das „**Gedächtnis**" Deutschlands: Hier wird alles archiviert, was für die Geschichte des Landes von Bedeutung ist.

Wasserläufe, die von dem Flüsschen Dreisam gespeist werden. Zum Freiburger Stadtbild gehören, neben dem Münster, auch die beiden Stadttore Martinstor und Schwabentor, gut erhaltene Relikte der mittelalterlichen Stadtmauer, das historische Kaufhaus aus dem 16. Jahrhundert sowie der Münstermarkt mit seinem bunten Marktgeschehen. Der 1283 m hohe Schauinsland, per Seilbahn erreichbar, ist der Hausberg der Stadt.

■ Heidelberg

Nur ca. 20 km südwestlich von Mannheim, im Neckartal, liegt die Universitätsstadt Heidelberg mit ca. 159 000 Einwohnern. Das Gebiet war schon sehr früh besiedelt. Es gibt sogar Funde, die als älteste in ganz Europa gelten und auf einen Vorfahren des Neandertalers hinweisen: den Heidelbergmensch. Später ließen sich zuerst die Kelten und dann die Römer hier nieder. Erste Erwähnung fand die Stadt im Jahr 1196. Ab dem 13. Jahrhundert residierten die Pfälzer Kurfürsten über Jahrhunderte auf dem Heidelberger Schloss. Dieses erfuhr im Laufe dieser Zeit viele Erweiterungen und Umbauten, bis Kurfürst Karl Philipp 1720 seine Residenz nach Mannheim verlegte.

Heidelberg blieb im Gegensatz zu anderen deutschen Großstädten von den Bombardierungen des

*Im **Heidelberger Schloss** befindet sich das vermutlich größte Weinfass der Welt: Es fasst 219 000 Liter Wein!*

Zweiten Weltkriegs weitgehend unversehrt. Es heißt, dass die Amerikaner die Stadt absichtlich verschont hätten, um sich hier nach dem Krieg niederzulassen. Die Altstadt mit einer Vielzahl an erhaltenen historischen Gebäuden sowie die Schlossruine machen Heidelberg heute zu einem Anziehungspunkt für Touristen aus aller Welt.

Neben dem Tourismus nehmen die Bereiche Bildung und Forschung eine wichtige Rolle ein – allen voran die renommierte Universität, die älteste Deutschlands, an der viele Nobelpreisträger studiert oder gelehrt haben.

■ Ulm

Die Stadt an der Donau mit ihren ca. 127 000 Einwohnern liegt im Osten Baden-Württembergs und grenzt an das Nachbarland Bayern. Im Jahre 854 erstmals urkundlich erwähnt, wurde Ulm 1184 zur Freien Reichsstadt. Im 14. Jahrhundert begann der Bau des Ulmer Münsters, der 1890 vollendet wurde. Mit 161 m Höhe ist sein Turm der

Vom Philosophenweg aus blickt man auf die Alte Brücke und das Heidelberger Schloss.

Die eiserne Neutorbrücke in Ulm wurde 1907 erbaut und steht heute unter Denkmalschutz.

höchste Kirchturm der Welt. Die mittelalterliche Altstadt Ulms galt als eine der bedeutendsten in Süddeutschland – bis zu den Zerstörungen des Zweiten Weltkriegs. Erhalten blieben unter anderem das Münster und das Fischerviertel, ein mittelalterliches Handwerkerquartier am Donauzufluss des Flüsschens Blau sowie das Rathaus mit der astronomischen Uhr. In der neueren Zeit wurde ein bewusster Kontrast gesetzt durch zeitgenössische Bauten, wie dem Stadthaus des Architekten Richard Meier oder der Kunsthalle Weishaupt mit ihrer Sammlung moderner Kunst.

Zahlreiche berühmte Persönlichkeiten stammen aus der Stadt an der Donau. Die bekanntesten sind der Physiker Albert Einstein und die Schauspielerin Hildegard Knef.

Heilbronn

Die ungefähr 50 km südlich der Landeshauptstadt Stuttgart gelegene Stadt hat ca. 126 000 Einwohner. Sie liegt am Neckar und ist umgeben von Weinbergen, in denen vor allem weiße Reben angebaut werden. Nachdem der ursprüngliche Ort „Helibrunna" Mitte des 14. Jahrhunderts die Stadtrechte erhalten hatte, entwickelte er sich aufgrund der günstigen Lage an einer Wasserstraße zu einem wichtigen Handelsplatz. Anfang des 19. Jahrhunderts wurde Heilbronn zu einem Zentrum der Industrialisierung und noch heute ist ein Drittel der Arbeitsplätze im produzierenden Gewerbe zu verzeichnen.

Obwohl Heilbronn von modernen Bauten, wie dem futuristischen Gebäude der „experimenta",

dominiert wird, sind noch einige historische Bauwerke erhalten geblieben: Die bedeutendsten sind die Kilianskirche mit dem Marienaltar sowie das Rathaus mit der Kunstuhr. Am Neckar stößt man noch auf Überreste der mittelalterlichen Stadtmauer: den Götzen- und den Bollwerksturm.

Eine Skulptur erinnert an das Käthchen von Heilbronn, die Hauptfigur des gleichnamigen Schauspiels von Heinrich von Kleist.

Pforzheim

Die Stadt am nördlichen Rand des Schwarzwalds hat ca. 126 000 Einwohner und liegt zwischen Karlsruhe und Stuttgart. Hier fließen die Flüsse Enz, Nagold und Würm zusammen. Aufgrund seiner Lage wird Pforzheim auch „Tor zum Schwarzwald" genannt. Die Stadt entstand aus der römischen Siedlung „Portus", was so viel wie „Hafen" bedeutet. 1080 erhielt der Ort die Marktrechte und im Laufe der folgenden Jahrhunderte entwickelten sich wichtige Gewerbe, wie z. B. die Flößerei oder die Tuchmacherei. Im 18. Jahrhundert entstand die Schmuck- und Uhrenindustrie, die der Stadt den Beinamen „Goldstadt" einbrachte.

Auf dem Wallberg erinnern Stelen aus Stahl an die Zerstörung der Stadt Pforzheim im Zweiten Weltkrieg.

Im Tübinger Tor, einem Teil der Stadtmauer, hielt im Mittelalter der „Türmer" die Brandwache.

> Die Spreuerhofstraße in **Reutlingen** steht als **engste Straße** der Welt im Guinnessbuch der Rekorde: An der engsten Stelle ist sie nur **31 cm** breit.

Pforzheim ist noch heute das Zentrum der deutschen Schmuck- und Uhrenindustrie: Hier werden drei Viertel aller deutschen Schmuckwaren produziert. Davon zeugen anschaulich das Schmuckmuseum, das Technische Museum und die Schmuckwelten Pforzheim. Einen weiteren wichtigen Wirtschaftsfaktor stellt der ansässige Versandhandel dar.

Pforzheim war das Ziel der ersten Fernfahrt mit einem motorisierten Gefährt: Die gebürtige Pforzheimerin Bertha Benz fuhr 1888 mit dem von ihrem Mann, Carl Benz, konstruierten Motorwagen von Mannheim nach Pforzheim und zurück – und bereitete damit den Weg für den Autoverkehr.

■ Reutlingen

Die ca. 115 000 Einwohner zählende Stadt liegt an den Ufern des Flüsschens Echaz, am Rande der Schwäbischen Alb. Hier siedelten vermutlich bereits in der Spätsteinzeit die ersten Menschen.

Erstmals erwähnt wurde der Ort im 11. Jahrhundert. Damals wurde auf der Achalm, dem Reutlinger Hausberg, eine Burg errichtet, die den damaligen Grafen als Herrensitz diente. Heute sind davon noch Fundamente erhalten sowie ein zwischenzeitlich erneuerter Bergfried.

Ein besonders schreckliches Ereignis in der Geschichte der Stadt war der große Stadtbrand 1726, bei dem 80 Prozent aller Gebäude zerstört wurden.

Dennoch verfügt Reutlingen über zahlreiche Sehenswürdigkeiten aus vergangenen Zeiten, wie zum Beispiel die Reste der mittelalterlichen Stadtmauer, das Gartentor aus dem 14. Jahrhundert, die gotische Marienkirche oder der Königsbronner Hof, eines der ältesten Bauwerke der Stadt.

Schwäbisch-alemannische Fastnacht

Die schwäbisch-alemannische Fastnacht, auch „Fasnet" genannt, ist das südwestdeutsche Pendant zum rheinischen Karneval. Am „Schmotzigen Donnerstag", dem Donnerstag vor Aschermittwoch, beginnt die närrische Zeit mit Narrensprüngen (Umzüge), Mummenschanz und Rathaussturm. Typisch ist die Verkleidung mit Masken aus Holz oder anderen Materialien und phantasievollen Kostümen, die oft über Generationen weitergegeben werden. Sie stellen regional unterschiedliche Figuren dar, wie zum Beispiel Teufels-, Tier- oder Sagengestalten. Auch die Narrenrufe sind von Ort zu Ort verschieden. Als regionales Brauchtum mit langer Tradition wurde die „Fasnet" als immaterielles Kulturerbe ausgezeichnet.

Typisch für die schwäbisch-alemannische Fastnacht ist die Vermummung mit Masken.

Tübingen

Die Stadt am Neckar ist zwar eine der ältesten Universitätsstädte, aber gleichzeitig auch sehr jung: Der Altersdurchschnitt gehört deutschlandweit zu den niedrigsten, da ein knappes Drittel der ca. 91 000 Einwohner Studenten sind. Die 1477 gegründete Universität war im Laufe ihrer Geschichte Studien- und Lehrort zahlreicher berühmter Persönlichkeiten, wie zum Beispiel des Schriftstellers Martin Walser oder des Papstes Benedikt XVI. Die Universität ist auch der größte Arbeitgeber; die Industrie spielt nur eine geringe Rolle.

Tübingen verfügt mit seiner Altstadt, die direkt an den Neckar grenzt, über ein Ensemble aus Fachwerkhäusern und Kulturdenkmälern. Besonders berühmt ist der Hölderlinturm, in dem einst der Dichter Friedrich Hölderlin lebte und der eines der Wahrzeichen der Stadt ist. Oberhalb der Altstadt liegt das Schloss, welches das Museum der Universität beherbergt. Die Kunsthalle Tübingen wurde vor allem mit vielbeachteten Ausstellungen großer Maler der Moderne bekannt.

Die Imperia-Statue an der Hafeneinfahrt in Konstanz ist das Wahrzeichen der Stadt.

Konstanz

Konstanz liegt an der Grenze zur Schweiz und ist mit ca. 85 000 Einwohnern die größte Stadt am Bodensee. Nach den Kelten siedelten hier die Römer, sodass der Name vermutlich auf den römischen Kaiser Constantius zurückgeht. Besondere geschichtliche Bedeutung erhielt die Stadt 1414 bis 1418 durch das Konzil von Konstanz, bei dem die einzige Papstwahl nördlich der Alpen stattfand. Das Gebäude, in dem Papst Martin V. gewählt wurde, besteht heute noch. Folgenreich war das Konzil auch für den Reformator Jan Hus: Da er seine damals als ketzerisch geltenden Lehren nicht widerrufen wollte, wurde er mit seinen Schriften auf dem Scheiterhaufen verbrannt. Im Hus-Museum kann man sein Leben und Wirken nachvollziehen.

Konstanz lebt vor allem vom Tourismus: Da die Stadt von den Zerstörungen des Zweiten Weltkriegs verschont blieb, verfügt sie über eine sehenswerte mittelalterliche Altstadt, die, zusammen mit dem Bodensee, viele Besucher anzieht.

Die Altstadt von Tübingen ist idyllisch am Neckar gelegen.

Baden-Baden

Baden-Baden liegt am nordwestlichen Rand des Schwarzwalds an der Oos. Ihren Ruf als Kur- und Bäderstadt verdankt sie den Thermalquellen, die schon die Römer veranlassten, sich hier niederzulassen. Sie nannten den Ort „Aquae", was „Wasser" bedeutet. Im 19. Jahrhundert wurde Baden-Baden zu einem bekannten Kurort, der Gäste aus aller Welt anzog. Neben den Thermen begründete das Glücksspiel den Ruf der Stadt. In dem legendären Casino im Kurhaus

Die Bäderstadt mit ihrem berühmten Casino ist seit dem 19. Jahrhundert der mondäne Treffpunkt Wohlhabender.

versuchten viele Berühmtheiten ihr Glück, so zum Beispiel der russische Schriftsteller Dostojewski. Das Gebäude ist heute das Wahrzeichen der Stadt.

Baden-Baden ist auch ein Anziehungspunkt für Kunstinteressierte, wobei vor allem das Museum Frieder Burda mit seinen Ausstellungen moderner und zeitgenössischer Kunst zu nennen ist.

Landschaft

■ Schwarzwald

Im Südwesten Baden-Württembergs erstreckt sich der Schwarzwald über eine Länge von 160 km von Pforzheim bis zur Schweizer Grenze. Er ist das größte Mittelgebirge Deutschlands und sein höchster Berg, der Feldberg, ist mit 1493 m zugleich der höchste deutsche Berg außerhalb der

Alpen. Im Schwarzwald entspringen zahlreiche Flüsse, wie z. B. die Enz oder die beiden Quellflüsse der Donau, Breg und Brigach. Der größte See, der Schluchsee, ist ein Stausee, wohingegen Titisee, Mummelsee und Feldsee ihren Ursprung in eiszeitlichen Gletschern haben. Gneis und Granit sind die hauptsächlich vorkommenden Gesteine, im Nordschwarzwald auch Buntsandstein.

Die Römer hielten sich nur am Rande des Schwarzwaldes auf – das Innere wurde vor allem durch die Alemannen besiedelt. Die Menschen, die sich hier niederließen, lebten hauptsächlich von der Nutzung des Holzes, sei es für die Flößerei, als Bauholz oder als günstiges Material für Uhren. Letzteres führte nicht nur zum Bau der berühmten Kuckucksuhr, es war auch der Grundstein für die Entwicklung des hiesigen Uhrengewerbes. Bis Mitte des 19. Jahrhunderts war der ursprüngliche Mischwald nahezu verbraucht und man pflanzte stattdessen überwiegend Fichten an. Ende des 20. Jahrhunderts wüteten mehrere Stürme, die den Wald teilweise zerstörten. Neben der Holzwirtschaft war der Bergbau lange Zeit ein wichtiger Wirtschaftsfaktor. Davon zeugen immer noch viele Schaubergwerke. Heute leben die Schwarzwälder überwiegend von Touristen, die die vielfältigen Möglichkeiten der Region nutzen, wie zum Beispiel Wandern, Mountainbiken, Skifahren oder Wassersport.

*Eine original Schwarzwälder **Kirschtorte** gleicht in den Farben der **Schwarzwälder Tracht:** Die Schokolade ist schwarz wie das Kleid, die Kirschen sind rot wie der Bollenhut und die Sahne ist weiß wie die Bluse.*

Die dichtstehenden Bäume führten dazu, dass die Römer den Wald „silva nigra", „schwarzer Wald", nannten.

■ Schwäbische Alb

Das ca. 180 km lange und bis zu 40 km breite Mittelgebirge grenzt im Osten an Bayern und im Süden an die Schweiz Höchster Punkt ist der 1015 m hohe Lemberg. Die Schwäbische Alb ist Teil des süddeutschen Schichtstufenlandes und erdgeschichtlich besonders interessant: Die hier abgelagerten Gesteine entstanden auf dem Grund eines Meeres, welches vor Millionen von Jahren das Gebiet bedeckte. Noch heute werden hier viele Fossilien gefunden. Da das Gestein der Schwäbischen Alb hauptsächlich aus Kalk besteht, sind im Laufe der Zeit zahlreiche Höhlen entstanden. Die bekanntesten sind Schauhöhlen und können besichtigt werden, wie zum Beispiel die Bärenhöhle mit Skeletten von Höhlenbären, die Nebelhöhle mit ihrem aufsteigenden Nebel oder die Charlottenhöhle, eine der längsten Höhlen Süddeutschlands. In einigen Höhlen wurden geschnitzte Figuren gefunden. Diese Kunstwerke sind Zeugnisse aus der Eiszeit und wurden als UNESCO-Welterbe ausgezeichnet.

Eine lange Tradition auf der Schwäbischen Alb hat die Schäferei: Bereits im 15. Jahrhundert kamen die Wanderschäfer und noch heute gehören sie zum Landschaftsbild. Die Schafe tragen maßgeblich zum Erhalt der Kulturlandschaft Wacholderheide bei.

Umgeben von Weinbergen thront die Burg Steinsberg im Kraichgau auf einem ehemaligen Vulkan.

■ Kraichgau

Im Nordwesten Baden-Württembergs, zwischen Odenwald und Schwarzwald, liegt der Kraichgau, eines der ältesten Siedlungsgebiete Deutschlands: Hier wurde 1907 der Unterkiefer des Homo heidelbergensis gefunden. Weitere Zeugnisse der frühen Besiedelung stammen von den Kelten, den Römern und den Alemannen.

Aufgrund der fruchtbaren Böden wurde die Hügellandschaft des Kraichgaus schon früh überwiegend landwirtschaftlich genutzt. Vor allem der Wein spielt hier heute noch eine große Rolle und die Region ist Teil der Badischen Weinstraße.

■ Wurzacher Ried

Das 18 km² große Naturschutzgebiet im südwestlichen Baden-Württemberg ist ein Relikt aus der Eiszeit und das größte intakte Hochmoorgebiet Mitteleuropas. Auf den baumlosen Hochmoorflächen wachsen nur ganz spezielle Pflanzen, wie das Wollgras, der Sumpfrosmarin oder verschiedene Torfmoose. Auf den nährstoffreichen Niedermoor- und Übergangsmoorflächen gibt es hingegen vielfältige und teilweise auch

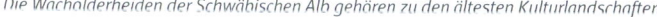

Die Wacholderheiden der Schwäbischen Alb gehören zu den ältesten Kulturlandschaften

Im Wurzacher Ried begegnet man einer eindrucksvollen Moorlandschaft.

Bei Hessigheim windet sich der Neckar schleifenförmig durch die Landschaft.

gefährdete Arten: von Orchideen und anderen Blütenpflanzen über Gräser bis hin zu Reptilien und Vögeln. Besucher können auf dem Torf-Lehrpfad oder bei einer Fahrt mit dem „Torfbähnle" interessante Informationen über das Moorgebiet erhalten.

Gewässer

■ Rhein

Der längste Fluss Deutschlands fließt über 437 km durch die Oberrheinische Tiefebene in Baden-Württemberg. Von Mannheim im Norden bis Weil am Rhein im Süden bildet er die Grenze zu den Nachbarländern Rheinland-Pfalz und Frankreich. Der Rhein hat als Wasserstraße für den Warentransport eine enorme wirtschaftliche Bedeutung, was vor allem in den großen Industriehäfen von Karlsruhe und Mannheim sichtbar wird.

■ Neckar

Der Neckar, zweitgrößter Fluss Baden-Württembergs, fließt über 367 km nahezu ausschließlich durch das Bundesland. Er entspringt in der Nähe von Villingen-Schwenningen auf 705 m Höhe und ist über eine Länge von 201 km zwischen Plochingen und Mannheim, wo er in den Rhein mündet, schiffbar. Bereits ab dem 12. Jahrhundert wurde der Neckar genutzt, zuerst für die Flößerei, um das Holz aus dem Schwarzwald bis zum Rhein und von da aus bis Holland zu bringen, und später zunehmend für die Schifffahrt. Ab 1926 spielte dann auch die Personenschifffahrt eine wichtige Rolle. Neben dem Transport dient der Neckar auch der Energiegewinnung, wozu mehrere Wasserkraftwerke errichtet wurden.

Der Neckar hat auch große touristische Bedeutung: Sowohl der Neckartal-Radweg als auch der Fernwanderweg Neckarsteig und die zahlreichen Burgen und Schlösser sind beliebte Ausflugsziele.

Der Rhein trennt die beiden Städte Ludwigshafen (links) und Mannheim (rechts).

■ Donau

Die Donau, der zweitgrößte Fluss Europas, entspringt im südlichen Schwarzwald, wo die beiden Quellflüsse Breg und Brigach zusammenfließen. Sie verläuft über eine Strecke von 251 km durch Baden-Württemberg. Bei Ulm verlässt sie das Bundesland und fließt zuerst durch Bayern und dann durch mehrere Länder, bis sie schließlich ins Schwarze Meer mündet.

Besonders ursprünglich ist die Donau im oberen, baden-württembergischen Teil, wo sie noch nicht als Wasserweg nutzbar ist. Hier verschwindet sie sogar kurzzeitig – in der Donauversickerung –, um einige Kilometer weiter wieder an die Oberfläche zu treten. Wirtschaftlich nutzbar für Schifffahrt und Wasserkraft wird die Donau erst nach ihrem Eintritt ins benachbarte Bundesland Bayern.

Laut einem Zungenbrecher fließt die Donau „in Ulm, um Ulm und um Ulm herum".

■ Bodensee

Der Bodensee ist mit 536 km² der größte See nicht nur Baden-Württembergs, sondern auch Deutschlands. Allerdings liegt er zum Teil auch in Bayern, der Schweiz und Österreich. Er besteht aus dem Ober- und dem Untersee, die durch den Seerhein miteinander verbunden sind. Der nördliche Teil des Obersees wird auch als Überlinger See bezeichnet.

Im Bodensee liegen mehrere Inseln. Die größte ist die Insel Reichenau im Untersee. Sie beherbergt eine bedeutende Benediktinerabtei, die zum UNESCO-Welterbe zählt. Die zweitgrößte Insel, Lindau, liegt im bayerischen Teil des Obersees. Zu Baden-Württemberg zählt die Insel Mainau, die aufgrund der botanischen Anlagen auch als Blumeninsel bekannt ist. Sie befindet sich in Privatbesitz, ist aber für die Öffentlichkeit zugänglich.

Hauptsächlicher Wirtschaftsfaktor der Region ist der Tourismus. Aber auch der Obst- und Weinbau spielen eine große Rolle sowie die Fischerei, deren Erträge allerdings rückläufig sind.

Die Insel Mainau im Bodensee ist als Blumeninsel bekannt.

![Im Sommer ist der Schluchsee ein beliebtes Ziel für Segelsportler.](image)

Im Sommer ist der Schluchsee ein beliebtes Ziel für Segelsportler.

*Baden-Württemberg ist ein Land der **Tüftler** und **Erfinder** – deshalb werden hier auch durchschnittlich die meisten **Patente** in Deutschland angemeldet. Das **Auto**, der **Skilift** und das **Spaghetti-Eis** wurden beispielsweise hier im „Ländle" erfunden.*

Woher der Titisee seinen Namen hat, ist umstritten – vielleicht von dem römischen Feldherrn Titus, der einst hier lagerte.

■ Schluchsee

Der gut 5 km² große Stausee ist der größte See im Schwarzwald. Ursprünglich ein Gletschersee, entstand der Schluchsee ab 1929 durch Anstauung der Schwarza. Bei den Bauarbeiten für die Staumauer fand man einen Einbaum, der darauf schließen lässt, dass der Schluchsee bereits im Jahre 650 mit Booten befahren wurde.

Neben der Energiegewinnung wird der See heute auch touristisch genutzt – vor allem im Sommer von Seglern und Badegästen.

■ Titisee

Im südlichen Schwarzwald, ca. 30 km östlich von Freiburg, liegt der Titisee. Der ca. 2 km lange und 1 km breite See entstand in der letzten Eiszeit aus einem Gletscherbecken. Er verfügt über eine große Vielfalt an Fischarten und an seinen Ufern wachsen seltene Brachsenkräuter. Der Titisee wird im Wesentlichen für Freizeitaktivitäten genutzt.

Die Blumeninsel Mainau ist die drittgrößte Insel im Bodensee. Die Insel zieht zu jeder Jahreszeit viele Besucher an und gehört zu den schönsten Parkanlagen Europas.

Wertheim

Mannheim

Bad Mergentheim

Heidelberg

Hockenheim

Sinsheim

Neckar

Heilbronn

Crailsheim

Kraichgau

Schwäbisch Hall

Bruchsal

Karlsruhe

Ludwigsburg

Pforzheim

Waiblingen

Aalen

Leonberg

Sindelfingen

STUTTGART

Schwäbisch-Gmünd

Baden-Baden

Enz

Esslingen

Göppingen

Böblingen

Heidenheim

Rhein

Offenburg

Tübingen

Reutlingen

Kinzig

Schwarzwald

Neckar

Ulm

Balingen

Albstadt

Schwäbische Alb

Donau

Villingen-Schwenningen

Biberach a. d. Riß

Freiburg

Feldberg

Titisee

Tuttlingen

Wurzacher Ried

Schluchsee

Singen

Ravensburg

Lörrach

Konstanz

Friedrichshafen

Rhein

Bodensee

Die deutschen Autobauer Porsche und Mercedes-Benz haben ihren Sitz in Stuttgart. Daher wird sie auch Automobilstadt genannt.

BAYERN

Der Freistaat Bayern ist das größte Bundesland Deutschlands. Es grenzt an die vier Bundesländer Baden-Württemberg, Hessen, Thüringen und Sachsen sowie im Osten an Tschechien, im Süden an Österreich und im Südwesten an den Bodensee und damit indirekt an die Schweiz. Im Norden bestimmen Mittelgebirge, wie der Spessart oder das Fichtelgebirge, das Landschaftsbild, während sich im Süden an das eher flache Alpenvorland das Hochgebirge anschließt.

Im Alpenvorland siedelten ab dem 3. Jahrhundert v. Chr. die ersten keltischen Stämme, bis das Gebiet unter Kaiser Augustus Teil des Römischen Reiches wurde. Danach bildete sich das Volk der Bajuwaren – wie die heutigen Bayern ursprünglich hießen – aus verschiedenen Gruppen heraus. Bis zum Freistaat war es noch ein langer Weg: Im Mittelalter wurde das Land zunächst von den Welfen regiert, ab 1180 übernahmen die Wittelsbacher die Herrschaft. Die Ära der Monarchie fand 1918, im Rahmen der Novemberrevolution,

Lage: Südostdeutschland

Fläche: 70 541 km²

Einwohner: 13,1 Millionen

Bevölkerungsdichte: 186 Einwohner pro km²

Landeshauptstadt: München

Einwohner der Hauptstadt: 1,5 Millionen.

Höchster Berg: Zugspitze (2962 m)

Längster Fluss: Main (407 km)

Größter See: Chiemsee (80 km²)

ihr Ende und Bayern entwickelte sich zu einer parlamentarischen Demokratie.

Heute zählt Bayern zu den wirtschaftlich erfolgreichsten Regionen. Ursprünglich rein landwirtschaftlich geprägt, hat sich das Land zu einem bedeutenden Technologiestandort entwickelt, mit den Großräumen München und Nürnberg an der Spitze. Ein sehr wichtiger Wirtschaftsfaktor ist der Tourismus: Alleine das Oktoberfest, die Bayreuther Festspiele und Schloss Neuschwanstein ziehen alljährlich eine

Typisch Bayern: Saftige grüne Wiesen und schneebedeckte Berge, wie der hier abgebildete Watzmann.

„Weißwurstäquator" ist eine scherzhafte Bezeichnung für große **Teile Bayerns**, in denen die **Weißwurst** ein traditionelles Gericht ist.

Städte

■ München

Mit ca. 1,5 Millionen Einwohnern auf einer Fläche von 310 km² ist die Landeshauptstadt die größte Stadt Bayerns und zugleich die drittgrößte in Deutschland. München liegt im Alpenvorland und wird von der Isar durchflossen. Das Klima der Stadt wird von den Alpen geprägt: Sie ist besonders schneereich und auch der hier typische „Föhn" entsteht als Fallwind am Alpenhauptkamm.

In der Region gab es schon früh Siedlungen von Kelten, Römern und später Bajuwaren. Erstmals urkundlich erwähnt wird das damalige „*Munichen*" – der Name („bei den Mönchen") geht auf eine Niederlassung von Mönchen zurück – im Jahr 1158, als Heinrich der Löwe eine Brücke über die Isar bauen ließ, um den damals profitablen Salzhandel zu erleichtern. Aus dem kleinen Handelsplatz wurde Anfang des 16. Jahrhunderts die Hauptstadt des Herzogtums Bayern. In der Folgezeit entstanden zahlreiche Bauten, die noch heute berühmt sind, wie zum Beispiel das Hofbräuhaus. Vor allem unter König Ludwig I. wurden viele Gebäude errichtet, die das Stadtbild Münchens noch heute prägen.

Vielzahl an Touristen an, dazu kommen die hohen Besucherzahlen in den typischen Urlaubsgebieten, wie das Allgäu oder die bayerischen Seen.

Im Laufe seiner Geschichte hat das Bundesland auch ein reiches kulturelles Erbe entwickelt, das nicht nur in Museen, Schlössern und Burgen, sondern auch anhand von vielen Traditionen sichtbar wird. Feste und Bräuche, wie z. B. der Almabtrieb, sind typisch für die bayerische Lebensart und werden ausgiebig gepflegt. Auch die bayerische Tracht kann man zu vielen Anlässen sehen. Mit dem Deutschen Museum verfügt Bayern über das größte Wissenschafts- und Technikmuseum der Welt, die Pinakothek in München zählt zu den weltweit bedeutendsten Gemäldegalerien und die Augsburger Puppenkiste ist nicht nur für Kinder ein Highlight.

Auch viele bedeutende Künstler und Persönlichkeiten stammen aus Bayern, so zum Beispiel der in Nürnberg geborene Maler Abrecht Dürer, der Münchner Komponist Carl Orff oder der Augsburger Schriftsteller Bertolt Brecht.

Typisch bayerisch

Der Schuhplattler ist ein traditioneller Volkstanz, bei dem sich der Tänzer auf Schenkel, Knie und Fußsohle schlägt und mit den Füßen aufstampft. Es wird vermutet, dass damit der Balztanz des Auerhahns nachgeahmt wird. Eine besondere Art des Kraftsports ist das Fingerhakeln: Hierbei sitzen sich zwei Personen gegenüber und versuchen, sich mit Hilfe eines Fingers über den Tisch zu ziehen (woher auch die entsprechende Redewendung kommt). Nicht nur beim Sport, auch kulinarisch haben die Bayern spezielle Vorlieben. Ganz oben auf der Skala stehen Weißwurst, Leberkäs', Haxn und Brezn – deftige Genüsse, meist begleitet von einer Maß Bier (1 Liter).

Die Frauenkirche mit ihren charakteristischen Zwillingstürmen ist das Wahrzeichen der bayerischen Landeshauptstadt.

Mit „*Dirndl*" bezeichnet man in Bayern nicht nur ein traditionelles **Kleidungsstück**, sondern auch ein junges **Mädchen**.

Nach dem Zweiten Weltkrieg wurde ein Großteil der durch Bombardierungen zerstörten Gebäude nach historischer Vorlage wieder aufgebaut und ein wirtschaftlicher Aufschwung setzte ein.

Heute ist München der Sitz bedeutender Unternehmen, Medienbetriebe, Behörden und Bildungseinrichtungen. Weltweit bekannt ist die Stadt nicht nur aufgrund populärer Institutionen wie dem Fußballverein FC Bayern und der Wiesn, dem Oktoberfest mit Millionen Besuchern, sondern im Wesentlichen wegen der bedeutenden kulturellen Einrichtungen. So ist das Deutsche Museum auf der Museumsinsel in der Isar das größte naturwissenschaftlich-technische Museum der Welt. Anfang des 20. Jahrhunderts war München ein Zentrum der europäischen Malerei: Hier waren die ersten Ausstellungen der Künstlergruppe „Der Blaue Reiter" zu sehen, gegründet unter anderem von dem Münchner Maler Franz Marc. Kunstwerke aus neuer und alter Zeit präsentieren die Pinakotheken, die zusammen mit dem Lenbachhaus zu den weltweit wichtigsten Kunstgalerien gehören.

Orte der Erholung sind zum Beispiel der Hofgarten, die älteste Gartenanlage aus der Renaissancezeit, sowie der über 4 km² große Englische Garten und der Tierpark Hellabrunn mit 740 Tierarten.

■ Nürnberg

Die zweitgrößte Stadt Bayerns hat ca. 515 000 Einwohner. Sie liegt in Franken, südlich der Fränkischen Schweiz und beiderseits des Flusses Pregnitz. Im Westen grenzt Nürnberg an die Nachbarstadt Fürth. Im Norden der Stadt erstreckt sich ein Gemüseanbaugebiet und im Süden und Osten der Nürnberger Reichswald.

Erste Siedlungsspuren datieren aus der Zeit um das Jahr 850 und 200 Jahre später wurde der Ort als „*nuorenberc*" von Kaiser Heinrich III. erstmals urkundlich erwähnt. Der Name geht auf „*nor*" („steiniger Fels") zurück und bezieht sich auf den Keuperfels, auf dem die Burg steht. 1290 wurde Nürnberg zur Freien Reichsstadt und erlebte Ende des 15./Anfang des 16. Jahrhunderts eine wirtschaftliche und kulturelle Blütezeit. Damals lebten und wirkten einige berühmte Söhne der Stadt, wie zum Beispiel der Maler Albrecht Dürer oder der Erfinder der Taschenuhr, Peter Henlein.

Nürnbergs mittelalterliche Altstadt wurde originalgetreu wiederaufgebaut.

Als Nürnberg 1806 dem Königreich Bayern zufiel, begann ein erneuter wirtschaftlicher Aufschwung, dessen symbolische Krönung die erste Eisenbahnfahrt Deutschlands zwischen Nürnberg und Fürth war. Berühmtheit im schlechtesten Sinne erfuhr die Stadt während der Zeit des Nationalsozialismus: Hier fanden die „Reichsparteitage" statt und nach dem Krieg die „Nürnberger Prozesse".

Beim Wiederaufbau nach dem Zweiten Weltkrieg achtete man in Nürnberg darauf, alte Stadtstrukturen und historische Bausubstanz zu erhalten, sodass hier noch heute zahlreiche Bauwerke von verschiedenen Epochen zeugen. Eines der bedeutendsten ist das Wahrzeichen der Stadt, die Nürnberger Burg, deren Ursprünge bis in die Zeit um das Jahr 1000 zurückgehen. Die mittelalterliche Kirche St. Sebald, die älteste Pfarrkirche der Stadt, verfügt über einige gut erhaltene Ausstattungsstücke. In der Altstadt findet man zahlreiche gotische Häuser, wie zum Beispiel das Albrecht-Dürer-Haus, in dem der Maler bis zu seinem Tod lebte und arbeitete und das heute ein Museum beherbergt.

In Nürnberg findet alljährlich einer der größten Weihnachtsmärkte Deutschlands, der Christkindlesmarkt, statt. Er entwickelte sich seit dem 17. Jahrhundert aus einem herkömmlichen Wochen- und Handwerksmarkt. Hier gibt es natürlich auch die berühmten Nürnberger Lebkuchen und Nürnberger Rostbratwürste.

*In **Augsburg** gibt es die meisten gesetzlichen **Feiertage**, nämlich 14.*

■ Augsburg

Die Universitätsstadt ist mit ca. 300 000 Einwohnern die drittgrößte Stadt Bayerns. Sie liegt im Westen des Bundeslandes, zwischen Ulm und München. Durch Augsburg fließen die Flüsse Lech, Wertach und Singold. Umgeben von ausgedehnten Waldgebieten, ist die Stadt selbst auch sehr begrünt. Ihren Ursprung hat sie in einem Legionslager des römischen Kaisers Augustus aus dem Jahr 15 v. Chr. Im Laufe des folgenden Jahrhunderts entwickelte sich daraus die Siedlung „*Augusta Vindelicorum*", von der sich der Name Augsburg ableitet. Sie war nach Trier die zweitgrößte Römerstadt nördlich der Alpen.

Die Stadt gewann im Mittelalter zunehmend an Bedeutung: 1156 erhielt sie von Kaiser Barbarossa das Stadtrecht und 1316 wurde sie zur Reichsstadt. Seinen wirtschaftlichen Aufschwung verdankt Augsburg vor allem der hier ansässigen Handelsfamilie Fugger. Jakob Fugger war damals der bedeutendste Kaufmann Europas und trug aufgrund seines immensen Vermögens den Beinamen „der Reiche". Er stiftete Anfang des 16. Jahrhunderts die Fuggerei, eine Siedlung für arme und bedürftige Bürger, die immer noch besteht. Handel und Industrie spielen auch heute noch eine große Rolle als Wirtschaftsfaktor.

Von der Bedeutung Augsburgs als kulturelles Zentrum zeugen zahlreiche historische Gebäude, wie zum Beispiel die damalige Reisdenz der Familie Fugger, die Fuggerhäuser, oder

Die Decke des Goldenen Saals des Augsburger Rathauses ist mit Blattgold verkleidet.

das Renaissance-Rathaus, erbaut vom berühmten Augsburger Baumeister Elias Holl. Zusammen mit dem benachbarten Perlachturm bildet das Rathaus das Wahrzeichen der Stadt. Eine Augsburger Institution lässt (nicht nur) Kinderherzen höher schlagen: die Augsburger Puppenkiste, ein berühmtes Puppentheater.

Die bekanntesten Söhne der Stadt sind Rudolph Diesel, der Erfinder des Dieselmotors, und der Schriftsteller Bertolt Brecht, in dessen Geburtshaus heute ein Museum untergebracht ist.

■ Regensburg

Mit ca. 153 000 Einwohnern steht Regensburg an vierter Stelle der bayerischen Großstädte. Sie liegt am nördlichsten Punkt der Donau und am westlichen Rand des Bayerischen Waldes. Die Gegend um den Donaubogen war schon in der Steinzeit besiedelt. Später ließen sich hier die Römer nieder und legten mit ihrem Legionslager den Grundstein für die Stadt. Im 12. und 13. Jahrhundert erlebte Regensburg eine Blütezeit, in der der Handel florierte und zahlreiche Bauwerke entstanden, wie zum Beispiel die Steinerne Brücke, neben dem Dom das Wahrzeichen der Stadt. Ende des 17. Jahrhunderts fand in der damaligen Reichsstadt der „Immerwährende Reichstag" statt, der für die Politik in ganz Europa bestimmend war.

Glücklicherweise blieb Regensburg sowohl bei den Angriffen im Verlauf seiner bewegten Geschichte als auch bei den Bombardierungen des Zweiten Weltkriegs in weiten Teilen erhalten. Seine mittelalterliche Altstadt sowie der durch die Steinerne Brücke verbundene Stadtteil Stadtamhof wurden als Ensemble unter den Schutz der UNESCO gestellt. So ist auch der Tourismus ein wichtiger Wirtschaftsfaktor, neben den Bereichen Maschinenbau, Elektronik und Dienstleistungen.

■ Ingolstadt

In der Mitte Bayerns, zwischen Nürnberg und München, liegt Ingolstadt. Die Stadt an der Donau ist mit ca. 137 000 Einwohnern die fünftgrößte des Bundeslandes. Im Jahr 806 in einer Urkunde Karls des Großen erstmals erwähnt, erhielt Ingolstadt ca. 1250 die Stadtrechte. In den folgenden Jahrhunderten wurde die Stadt mit einer Mauer und 87 Türmen bewehrt, weshalb sie auch „die hundertürmige Stadt" genannt wurde. Die stattliche Stadtmauer Ingolstadts wurde damals zum Vorbild für die Bewehrung zahlreicher anderer Städte. Teile der Stadtmauer sowie das Kreuztor, eines der ehemals vier Haupttore, sind bis heute erhalten geblieben. Auch die historische Altstadt ist weitgehend intakt und wartet mit zahlreichen Gebäuden aus verschiedenen Epochen auf.

*Das älteste noch gültige **Lebensmittelgesetz** ist das **Reinheitsgebot** für bayerisches Bier: Es wurde **1516** in **Ingolstadt** verkündet.*

Die Steinerne Brücke, eines der Wahrzeichen von Regensburg, stammt aus dem 12. Jahrhundert.

Das Kreuztor mit seinen sieben Türmen ist das Wahrzeichen Ingolstadts.

Im Laufe seiner Geschichte spielte Ingolstadt auch im Bildungswesen eine Vorreiterrolle: Die 1472 gegründete Hohe Schule war die erste bayerische Landesuniversität und ihre theologische Fakultät wurde Anfang des 16. Jahrhunderts zum Zentrum der Gegenreformation. 1723 entstand in der Alten Anatomie eine der ersten medizinischen Fakultäten. Heute befinden sich hier ein Museum sowie ein Garten mit Heilpflanzen.

Wirtschaftlich dominiert in Ingolstadt die Autoindustrie, aber auch der Maschinenbau sowie die Erdölindustrie sind wichtige Arbeitgeber.

■ Fürth

Die sechstgrößte bayerische Stadt hat ca. 128 000 Einwohner. Sie liegt zwischen Erlangen und Nürnberg, im Norden Bayerns, und wird von der Regnitz durchflossen, die hier aus dem Zusammenfluss von Pegnitz und Rednitz entsteht. Ihr Name geht auf eine Furt (eine Flachstelle im Fluss) durch die Rednitz zurück, an der zuerst gesiedelt wurde. Fürth erhielt bereits Mitte des 11. Jahrhunderts die Marktrechte, stand aber immer im Schatten des benachbarten Nürnberg. Eine Zusammenlegung der beiden Städte wurde 1922 per Volksabstimmung abgelehnt.

Die fast vollständig erhaltene, historische Altstadt Fürths steht unter Denkmalschutz. Die älteste Kirche der Stadt, St. Michael, stammt aus dem 14. Jahrhundert und ist das einzige Gebäude, das den großen Brand im Jahr 1634 überdauert hat.

■ Würzburg

Die Stadt im Nordwesten Bayerns hat ca. 127 000 Einwohner und liegt am Main. Ihre Spuren gehen bis in vorchristliche Zeiten zurück, aber erwähnt wurde sie zuerst 704. Aufgrund der günstigen Lage wurde Würzburg schon bald zum Bischofssitz. Im Mittelalter wurde zur Verteidigung der Stadt eine Festung auf dem Marienberg errichtet. Sie ist heute das Wahrzeichen der Stadt. Als Fürstensitz wurde die barocke Würzburger Residenz nach den Plänen des berühmten Baumeisters Balthasar Neumann verwirklicht. Die UNESCO zeichnete sie als eines der ersten Bauwerke in Deutschland als Weltkulturerbe aus.

Der 55 m hohe Turm des Fürther Rathauses ist eine Nachahmung des Palazzo Vecchio in Florenz.

Die Würzburger Residenz gilt als Prunkstück des europäischen Barock.

Die 1402 gegründete Universität ist eine der ältesten Bayerns. Hier entdeckte 1895 der Physiker Wilhelm Conrad Röntgen die Röntgenstrahlen und erhielt dafür den Nobelpreis. Wirtschaftlich gesehen ist Würzburg eine der erfolgreichsten Städte des Landes, vor allem in den Bereichen Fahrzeug- und Maschinenbau sowie auf dem Dienstleistungssektor. Auch der traditionsreiche Frankenwein, der an den Hängen des Mains gedeiht, spielt eine große Rolle. Weltweit bekannt wurde er durch die Abfüllung im sogenannten „Bocksbeutel", eine typische ovale, flache Flasche.

■ Bamberg

Mit ca. 77 000 Einwohnern ist Bamberg eine mittelgroße Stadt. Sie liegt im Norden Bayerns, an den beiden Fluss-armen der Regnitz, die auch das Stadtbild prägt: Sie bildet eine Insel, deren Bebauung Teil der Altstadt ist. Entstanden ist Bamberg im Gefolge der 902 erstmals erwähnten Baben-burg. Im Laufe seiner Geschichte litt die Stadt unter verheerenden Bränden, Hochwassern und Aufständen. Da sie aber von den Bombardierungen des Zweiten Weltkriegs weitgehend verschont blieb, verfügt sie dennoch über ein einzigartiges Stadtbild, das als UNESCO-Weltkulturerbe ausgezeichnet wurde.

Das markanteste Gebäude Bambergs ist der Dom mit seinen vier Türmen. In seinem Inneren befindet sich der berühmte Bamberger Reiter, ein steinernes Standbild aus dem Jahr 1237. Eine Besonderheit in der Altstadt ist das Alte Rathaus, das mitten im Fluss auf einer Brücke gebaut wurde.

Wirtschaftlich bedeutend ist neben vielen kleinen und mittelständischen Unternehmen vor allem der Tourismus: Die zahlreichen Sehenswürdigkeiten und kulturellen Angebote locken Besucher aus aller Welt an. Betriebe mit langer Tradition sind die Brauereien, in denen unter anderem die überregional bekannte Spezialität „Rauchbier" hergestellt wird.

Das Alte Rathaus in Bamberg liegt auf einer künstlichen Insel mitten in der Regnitz.

Mitte des 18. Jahrhunderts erbaute Markgräfliche Opernhaus ist ein UNESCO-Weltkulturerbe und zählt zu den schönsten Barocktheatern der Welt.

Vor den Toren der Stadt liegt die Eremitage, ein Landschaftsgarten im Stil des Rokokos, mit dem Alten und dem Neuen Schloss sowie einer Grotte und Wasserspielen.

Alljährlich finden im Richard-Wagner-Festspielhaus die Bayreuther Festspiele statt.

■ Bayreuth

Die Stadt im Norden Bayerns, östlich von Bamberg gelegen, wurde erstmals 1231 als Stadt erwähnt. Heute verbindet man mit dem Namen Bayreuth vor allem den Komponisten Richard Wagner, der von 1872 bis 1881 in Bayreuth lebte und wirkte. Er ließ das Festspielhaus errichten, das heute noch Schauplatz der jährlich stattfindenden Bayreuther Festspiele ist. Im Haus Wahnfried, dem ehemaligen Wohnhaus des Komponisten, ist heute das Richard-Wagner-Museum untergebracht. Beachtenswert ist aber noch ein anderes Theatergebäude: Das

■ Aschaffenburg

Am südwestlichsten Zipfel Bayerns und an der Grenze zu Hessen liegt Aschaffenburg am Main. Die Stadt gilt als Tor zum Spessart. Die Alemannen, die sich hier bereits im 5. Jahrhundert niederließen, mussten sich noch mit einer Furt durch den Main begnügen. Die erste Brücke errichtete dann Erzbischof Willigis im Jahr 987. Anfang des 17. Jahrhunderts entstand im Renaissance-Stil Schloss Johannisburg, das Wahrzeichen der Stadt. Es war lange Zeit die Zweitresidenz der Mainzer Kurfürsten und Erzbischöfe. Heute beherbergt das Schloss die Staatsgalerie sowie die Hofbibliothek. Im Westen der Stadt befindet sich einer der ältesten Landschaftsgärten Deutschlands, der Ende des 18. Jahrhunderts im englischen Stil angelegte Park Schönbusch.

Schloss Johannisburg in Aschaffenburg wurde im 17. Jahrhundert aus Rotsandstein gebaut.

■ Passau

Die östlichste Stadt Bayerns liegt an der Grenze zu Österreich. Durch die „Drei-Flüsse-Stadt" fließen die Donau, der Inn und die Ilz. Das Besondere am Zusammenfluss der drei Flüsse ist die Farbe des Wassers: Das Wasser des Inns ist

Das Bild der Passauer Altstadt wird von drei Flüssen geprägt.

anderem die Breitachklamm, die tiefste Klamm der Bayerischen Alpen, oder der Freibergsee, der höchstgelegene Badesee Deutschlands.

■ Füssen

Im Südwesten Bayerns, an der Grenze zu Österreich, liegt Füssen auf 808 m Höhe und ist somit die höchstgelegene Stadt Bayerns. Aufgrund der strategisch wichtigen Lage an der Römerstraße Via Claudia Augusta entstand hier bereits früh ein römisches Militärlager, aus dem sich die heutige Stadt entwickelte. Zur Berühmtheit verhalf der Stadt vor allem der sogenannte „Märchenkönig" Ludwig II.: Ende des 19. Jahrhunderts ließ er auf einem Bergrücken in der Nähe von Füssen das Schloss Neuschwanstein im Stil einer mittelalterlichen Ritterburg errichten. Seine Kindheit hatte Ludwig II. auf dem Sommersitz der Königsfamilie, Schloss Hohenschwangau, verbracht. Es liegt gegenüber von Schloss Neuschwanstein. Beide Schlösser gehören heute zu den bedeutendsten Sehenswürdigkeiten Deutschlands.

Einige Kilometer außerhalb befindet sich eine der berühmtesten Rokokokirchen der Welt: Die Wieskirche, ein UNESCO-Welterbe, wurde 1745 als Wallfahrtsstätte erbaut, nachdem hier eine Bäuerin in den Augen einer Jesusfigur Tränen gesehen hatte.

grün, das der Donau blau und das der Ilz schwarz. Die Farben bestehen nebeneinander, bis sie sich nach einem längeren Streckenverlauf vermischen. Ihre Lage bescherte der Stadt im Jahr 2013 das schlimmste Hochwasser seit 500 Jahren, bei dem große Teile Passaus unter Wasser standen. Auf der länglichen Halbinsel zwischen Donau und Inn liegt die Passauer Altstadt und auf ihrem höchsten Punkt thront der barocke Dom St. Stephan. Die Bebauung der Altstadt lässt die südländische Handschrift ihrer italienischen Baumeister erkennen.

■ Oberstdorf

Der Kurort ist die südlichste Gemeinde Deutschlands. Aufgrund der umliegenden Skigebiete, wie zum Beispiel an Nebelhorn, Fellhorn oder Kanzelwand, dominiert hier der Wintersport. Die Heini-Klopfer-Skiflugschanze ist die drittgrößte Skiflugschanze der Welt und die Skisprunganlage rund um die Schattenbergschanze ist alljährlich einer der Austragungsorte der Vierschanzentournee. Aber auch außerhalb der Skisaison zieht es zahlreiche Besucher nach Oberstdorf: Beliebte Ziele sind unter

König Ludwig II. ließ Schloss Neuschwanstein bei Füssen erbauen.

Viele der Patrizierhäuser in der Marktstraße in Bad Tölz sind mit Fassadenmalereien geschmückt.

Bad Tölz

Ungefähr 50 km südlich von München, im Tal der Isar, liegt Bad Tölz. Die Isar wurde hier schon im Mittelalter von Flößern für den Transport von Holz genutzt und auch die Lage an der Salzstraße trug zur Belebung der Region bei. Im 18. Jahrhundert war die Stadt auch für ihre Brauereien bekannt, damals Hauptlieferanten für das Münchner Oktoberfest. Heute spielt in der Kurstadt und ihrem Umland vor allem der Tourismus eine wichtige Rolle: Anziehungspunkte sind die Marktstraße mit ihrer „Lüftlmalerei", der Kalvarienberg mit der Heilig-Kreuz-Kirche oder die alljährlich stattfindende Tölzer Leonhardi-fahrt, eine Wallfahrt zu Ehren des Viehpatrons Leonhard, die als immaterielles Kulturerbe gelistet ist.

Rothenburg o. d. T.

Die Kleinstadt liegt im Westen Bayerns, an der Grenze zu Baden-Württemberg. Aufgrund ihrer idyllischen Lage im Taubertal, der gut erhaltenen Fachwerk-Altstadt und der begehbaren Stadtmauer ist sie weltberühmt und gilt als Idealbild einer mittelalterlichen deutschen Stadt. Die frühere Reichsstadt verlor nach dem Dreißig-jährigen Krieg an Bedeutung und es gab wenig Anlass zur Veränderung. Zwar fanden einige Zerstörungen im Zweiten Weltkrieg statt, aber dank eines sensiblen Wiederaufbaus konnte die Stadt ihr historisches Bild bewahren. Rothenburg ist das Ziel unzähliger Besucher aus dem In- und Ausland: Gründe dafür sind neben der romantischen Altstadt das Deutsche Weihnachtsmuseum sowie der „Rothenburger Meistertrunk", eine Veranstaltung zu Ehren eines Rothenburger Bürgers, der der Legende nach die Stadt vor der Plünderung rettete, indem er einen 3 ¼ Liter Wein fassenden Becher in einem Zug leerte.

Oberammergau

Im Süden Bayerns, im Naturpark Ammergauer Alpen und am Fluss Ammer, liegt die Gemeinde Oberammergau. Die Geschichte des Ortes ist eng mit der des Klosters Ettal verbunden: Kaiser Ludwig der Bayer ließ aus Dankbarkeit, dass er wohlbehalten von einem Feldzug zurückkehrte, 1330 das nahegelegene Kloster Ettal errichten.

In der mittelalterlichen Altstadt Rothenburgs sind noch viele Stadttore erhalten geblieben.

Das Kloster Ettal mit seiner barocken Basilika und der Rokoko-Sakristei ist nur wenige Kilometer von Oberammergau entfernt.

Das Wohnhaus der Künstlerin Gabriele Münter ist heute ein Museum.

Damit begann auch Oberammergau aufzublühen. Die heutige weltweite Bekanntheit des Ortes geht ebenfalls auf ein Gelübde zurück: Im Jahr 1633, als die Pest wütete, versprachen die Einwohner, regelmäßig ein Passionsspiel aufzuführen. Seitdem finden alle zehn Jahre die berühmten Oberammergauer Passionsspiele statt, an denen Tausende Bürger beteiligt sind.

Etwas außerhalb von Oberammergau liegt Schloss Linderhof, das kleinste der Schlösser von Ludwig II. Es war das Lieblingsschloss des Königs und zugleich das einzige seiner drei Schlösser, dessen Fertigstellung er noch erlebte.

■ Murnau

Im bayerischen Alpenvorland, ca. 70 km südlich von München, liegt die Gemeinde Murnau am Staffelsee. Rund um die Burg Murnau, die inzwischen zum Schloss umgebaut wurde, entstand ab dem 12. Jahrhundert ein Marktflecken. Seine Bedeutung als Kunstzentrum erhielt Murnau Anfang des 20. Jahrhunderts, als sich mehrere Künstler, darunter Gabriele Münter und Wassily Kandinsky, Mitglieder der Malergruppe ,,Der Blaue Reiter'', hier niederließen. Von dieser Zeit zeugen heute das ,,Münterhaus'' und das Schlossmuseum mit seiner Ausstellung.

Im Süden Murnaus breitet sich das größte geschlossene Moorgebiet Mitteleuropas, das Murnauer Moos, aus.

Landschaften

■ Alpen

Im Süden Bayerns beginnt das höchste Gebirge Europas, die Alpen. Ihnen vorgelagert ist das Alpenvorland, ein Hochland, das sich von den Alpen bis zur Donau erstreckt. Bayern ist das einzige deutsche Bundesland, das Anteil an den Alpen hat. Dieser Anteil umfasst die Bayerischen Alpen, die sich ungefähr von Füssen bis Bad Reichenhall erstrecken, die Allgäuer Alpen am südlichsten Teil Bayerns und östlich des Bodensees sowie die Berchtesgadener Alpen rund um Berchtesgaden

im Südosten. Daneben gibt es noch weitere Gebirgsgruppen, wie das Karwendel- oder das Wettersteingebirge. In Letzterem liegt auch der höchste Berg Deutschlands, die 2962 m hohe Zugspitze.

Entstanden sind die Alpen im Laufe von Millionen von Jahren, indem sich die beiden Kontinente Afrika und Europa aneinanderschoben. An der Stelle, an der sie sich trafen, wurden die Berge nach oben gedrückt. Da es immer kälter wird, je höher der Berg ist, liegt dort dauerhaft Schnee und es entsteht Eis. Berge mit großen und dichten Eisfeldern nennt man Gletscher. In Bayern gibt es heute noch fünf Gletscher, die allerdings aufgrund der zunehmenden Erderwärmung immer mehr schmelzen.

Die alpine Flora und Fauna umfasst zahlreiche Arten, die nur hier vorkommen, wie zum Beispiel das Alpenmurmeltier, den Alpensalamander, das Edelweiß oder den Alpenenzian. Viele dieser Arten sind jedoch vom Aussterben bedroht. Die saftiggrünen Wiesen, auch Almen genannt, eignen sich gut für die Viehwirtschaft, weshalb hier schon früh Milch und Käse produziert wurden. Heute ist das für die meisten Menschen, die hier leben, nur noch ein Nebenerwerb. Der wesentliche Wirtschaftsfaktor ist inzwischen der Tourismus.

■ Spessart

Im westlichsten Teil Nordbayerns erstreckt sich grenzübergreifend zu Hessen das waldreiche Mittelgebirge Spessart. Sein höchster Gipfel ist der 586 m hohe Geiersberg. Der Name Spessart bedeutet so viel wie „Spechtswald" und tatsächlich sind hier neben zahlreichen anderen Vogelarten auch sieben Spechtarten beheimatet.

Das Wasserschloss Mespelbrunn liegt etwas versteckt in einem Seitental im Spessart.

Über Jahrhunderte war der Spessart das Jagdgebiet der Herrschenden und erst ab dem 12. Jahrhundert erlaubten diese, dort Siedlungen zu gründen. Die frühen Bewohner lebten vor allem von der Bewirtschaftung des Waldes, aber auch vom Abbau von Bodenschätzen und vom Handwerk. Da das Gebiet lange Zeit politisch zersplittert war, gab es keine Zuständigkeiten bei der Strafverfolgung, sodass Räuberbanden ihr Unwesen im Spessart trieben. Dies diente als Vorlage für viele Legenden und Erzählungen. Das bekannteste Bauwerk im Spessart ist das Wasserschloss Mespelbrunn aus dem 15. Jahrhundert.

Die Bayerischen Alpen sind ein beliebtes Wandergebiet.

Der Ochsenkopf ist der zweithöchste Berg des Fichtelgebirges.

Wald erhielt das Gebiet erst im 19. Jahrhundert. Ursprünglich nannte man ihn einfach nur Nordwald und später dann Böhmerwald. 1970 wurde ein Teil des Gebirges als Nationalpark Bayerischer Wald ausgewiesen. Zusammen mit dem angrenzenden Naturschutzgebiet im Böhmerwald bildet er nun die größte zusammenhängende Waldfläche Mitteleuropas. Hier leben seltene Tierarten, wie der Luchs oder die Wildkatze, sowie vom Aussterben bedrohte Pflanzen.

Der Bayerische Wald ist aber auch ein beliebtes Urlaubsziel, das unter anderem mit seinen Seen, Tierparks, Baumwipfelpfaden, Museen und Burgruinen zahlreiche Besucher anzieht.

■ Fichtelgebirge

Das Mittelgebirge im Nordosten Bayerns erstreckt sich von Bayreuth bis über die Grenze zu Tschechien hinweg. Höchster Berg ist der 1051 m hohe Schneeberg, der seinem Namen alle Ehre macht und als besonders schneesicher gilt. Das vorherrschende Gestein im Fichtelgebirge ist der Granit, es gab aber auch Vorkommen von Basalt, Gold, Marmor und anderen. Dies führte dazu, dass hier schon im Mittelalter Bergbau betrieben wurde, wovon heute noch Besucherbergwerke zeugen. Wirtschaftlichen Aufschwung erfuhr die Region durch die Porzellanherstellung, die international bekannt wurde. Deren lange Tradition veranschaulicht das Porzellanikon in Selb.

■ Bayerischer Wald

Im Osten Bayerns verläuft das Mittelgebirge entlang der Grenze zu Tschechien, wo es in den Böhmerwald übergeht. Höchster Gipfel ist der Große Arber mit 1456 m Höhe. Den Namen Bayerischer

Der Nationalpark Bayerischer Wald war der erste Nationalpark Deutschlands.

Gewässer

■ Main

Der Main wird von den beiden Quellflüssen Weißer Main und Roter Main gespeist, die sich bei Kulmbach vereinen. Ab hier fließt er von Osten nach Westen, um hinter Aschaffenburg seinen Lauf in Hessen fortzusetzen. Von den insgesamt 527 km verlaufen 407 km in Bayern. Hier fließt der Fluss, auch oft kurvenreich, durch das fränkische Weinbaugebiet und an historischen Orten vorbei.

Miltenberg ist eines der zahlreichen am Main gelegenen Fachwerkstädtchen.

Der Donaudurchbruch beim Kloster Weltenburg gilt als Nationales Naturmonument.

Bis Anfang des 20. Jahrhunderts war der Main einer der fischreichsten Flüsse Deutschlands, was sich aber mit zunehmender Wasserverschmutzung drastisch änderte. Inzwischen gibt es jedoch viele Bestrebungen, dem entgegenzuwirken.

■ Donau

Der zweitlängste Fluss Europas fließt von Westen nach Osten durch Bayern, von Ulm bis Passau, über eine Länge von 380 km. Dabei durchquert die Donau das Alpenvorland. Ist sie in ihrem Ursprung in Baden-Württemberg noch recht beschaulich, so wird sie in Bayern immer breiter, bis sie schließlich kurz vor Regensburg auch für große Schiffe schiffbar wird. Die Donau war bereits in früheren Zeiten eine wichtige Handelsroute für ganz Europa, da sie zehn Länder verbindet. Diese Bedeutung kommt ihr heute immer noch zu.

Zwischen Ingolstadt und Regensburg befindet sich ein besonders spektakulärer Flussabschnitt: die Weltenburger Enge. Etwas oberhalb, in einer Donau-Schlinge, liegt das Kloster Weltenburg, eine Benediktinerabtei, in der bereits seit dem Jahr 1050 Bier gebraut wird.

■ Isar

Die Isar entspringt im österreichischen Karwendelgebirge, fließt nach 22 km über die Grenze nach Bayern und mündet dort nach weiteren 270 km in die Donau. Sie ist nicht schiffbar, wurde früher aber für den Transport mit Flößen genutzt. Heute werden Flöße nur noch für touristische Zwecke eingesetzt.

Im oberen Bereich weist die Isar die Merkmale eines typischen Gebirgsflusses auf, mit Schotterbänken und einem sich verlagernden Flussbett. Hier und in den umgebenden Auen gibt es noch naturnahe Lebensräume für viele bedrohte Arten, wie zum Beispiel die seltene Orchideen-Art Europäischer Frauenschuh.

■ Inn

Der 517 km lange Fluss entspringt in der Schweiz auf über 2400 m Höhe, fließt durch Österreich und dann über 218 km durch Bayern, bis er in Passau in die Donau mündet. Als einer der längsten und mächtigsten Alpenflüsse führt er viel Wasserkraft mit sich, was den zahlreichen Kraftwerken an seinem Ufer zugutekommt. Allerdings birgt er dadurch auch ein größeres Hochwasserpotenzial als andere Flüsse. Bereits im Mittelalter wurde der

Die Isar entspringt in Österreich, fließt aber größtenteils durch Bayern.

In Passau mündet der Inn in die Donau.

Altmühl

Die Altmühl ist ein rein bayerischer Fluss: Sie entspringt einige Kilometer nordöstlich von Rothenburg ob der Tauber und mündet bei Kelheim in die Donau. Dabei ist sie die letzten 34 km der insgesamt 227 km Teil des Main-Donau-Kanals. Der gefällearme und langsam fließende Fluss beginnt als Wiesenfluss, fließt am Altmühlsee vorbei und schlängelt sich durch enge Täler mit Felsformationen, bis sie schließlich im Main-Donau-Kanal schiffbar wird. Entlang der Altmühl verläuft der Altmühltalradweg, einer der ältesten und beliebtesten Radfernwege Deutschlands.

Fluss zum Transport von Waren und auch von Personen genutzt. Er war ein wichtiger Handelsweg zwischen Bayern und – über die Donau – Wien. Sowohl der Bau einer Bahnstrecke als auch von Staustufen und Wasserkraftwerken beendete im 19. Jahrhundert die gewerbliche Schifffahrt und heute wird nur noch streckenweise Fahrgastschifffahrt betrieben.

Die Auwälder auf den Inseln der Innstauseen stehen unter Naturschutz, da sie zahlreichen Arten einen Lebensraum bieten: Neben mehr als 800 Schmetterlings- und 300 Vogelarten findet hier der Nachtreiher eines der wenigen Brutgebiete in Europa.

Eichstätt mit seinem mittelalterlichen Dom ist der Hauptort des Altmühltals.

Chiemsee

Der mit knapp 80 km² größte See Bayerns liegt im Südosten des Bundeslandes, am Rande der Bayerischen Alpen. Wie alle Seen des Alpenvorlandes, entstand der Chiemsee als Folge der letzten Eiszeit. Damals schürfte ein riesiger Gletscher ein Becken aus, das sich später beim Abschmelzen des Gletschers mit Wasser füllte.

Heute sind der Chiemsee und seine Umgebung, das Chiemgau, beliebte touristische Ziele. Anziehungspunkte sind unter anderem die beiden größten Inseln im Chiemsee, die Fraueninsel und die Herreninsel. Mit einer Fläche von 238 Hektar ist die Herreninsel die größte Insel des Sees. Die autofreie Insel ist per Schiff erreichbar und vor allem für das Schloss Herrenchiemsee bekannt: Ludwig II. ließ hier ein Schloss nach dem Vorbild von Schloss Versailles bei Paris errichten. Die kleinere und ebenfalls autofreie Fraueninsel wird von dem Kloster Frauenwörth geprägt, einem

Am Chiemsee werden seit Jahren immer wieder Flamingos gesichtet.

Der Chiemsee wird wegen seiner Größe auch „Bayerisches Meer" genannt.

Wallfahrtsort, dessen Wurzeln bis in die Zeit der Karolinger zurückreichen. Zusammen mit der Krautinsel bilden die Herren- und die Fraueninsel die Gemeinde Chiemsee.

■ Starnberger See

Der 56 km² große See ist der zweitgrößte in Bayern und liegt ca. 25 km südlich von München. Bis 1962 hieß er Würmsee, nach dem Fluss Würm, der bei Starnberg aus dem See fließt. Als wichtiges Rast- und Brutgebiet zahlreicher Vögel wurde der See zum Vogelschutzgebiet erklärt. Die Anwohner des Sees verdienten ihren Lebensunterhalt früher vor allem mit der Fischerei. Auch heute gibt es hier noch Fischer, aber der wesentliche Wirtschafts-faktor ist der Tourismus. Mit seinen vielfältigen Freizeitmöglichkeiten ist der Starnberger See ein wichtiges Naherholungsgebiet für die Bewohner der Landeshauptstadt. Zu historischer Berühmt-heit gelangte der See, als König Ludwig II. 1886 hier unter nicht geklärten Umständen ertrank.

■ Ammersee

Der mit einer Fläche von 46 km² drittgrößte See Bayerns liegt ca. 35 km südwestlich von München und ca. 50 km südlich von Augsburg. Aufgrund der Nähe zu den beiden Großstädten ist der See, vor allem in den Sommermonaten, sehr stark

Als „Haussee" Münchens ist der Starnberger See ein belieb-tes Ausflugsziel der Stadtbe-wohner.

Die Kirche St. Alban liegt am Westufer des Ammersees.

Die Kirche St. Bartholomä am Westufer des Königssees ist das Ziel der Almer Wallfahrt, der ältesten Gebirgswallfahrt Europas.

frequentiert. Eine Besonderheit des Ammersees ist die zunehmende Verlandung: Aufgrund von Ablagerungen, die die beiden großen Zuflüsse Ammer und Windach mitbringen, wird der See immer kleiner. Man vermutet, dass seine Lebensdauer noch ca. 20 000 Jahre beträgt.

■ Tegernsee

Der knapp 9 km² große See südlich von München ist einer der saubersten Seen in Bayern. Dazu trug entscheidend die Mitte des 20. Jahrhunderts gebaute Ringkanalisation bei, die die weltweit erste ihrer Art war. Zuvor war das Wasser des Sees stark durch die Abwässer der umliegenden Gemeinden belastet. Die einzige Insel im Tegernsee ist die Ringseeinsel im südwestlichen Teil des Sees. Der Tourismus ist in der Region der bestimmende Wirtschaftsfaktor. Bekannte Ziele sind zum Beispiel Bad Wiessee mit seinen Jodschwefelquellen oder die Stadt Tegernsee mit dem Kloster Tegernsee.

■ Forggensee

Der 15 km² große Stausee liegt im Süden Bayerns, nahe der Stadt Füssen und der Grenze zu Österreich. Er dient der Stromerzeugung, der Hochwasserregulierung sowie im Sommer der Naherholung. Im Winter wird das Wasser abgelassen, sodass man im See spazieren gehen kann. Dann wird hier auch Kies abgebaut.

■ Königssee

Der 5 km² große Königssee ist im südöstlichsten Zipfel Bayerns malerisch vor der Kulisse des Watzmann in den Berchtesgadener Alpen gelegen. Das Wasser des fjordartigen, zwischen steilen Berghängen eingebetteten Gebirgssees ist besonders sauber, da es keine Einleitung von Abwässern gibt und nur Schiffe mit Elektroantrieb zugelassen sind. Die Halbinsel, auf der die berühmte Wallfahrtskirche St. Bartholomä liegt, ist nur per Schiff oder über einen Wanderweg erreichbar.

Der Forggensee ist der flächenmäßig größte Stausee Deutschlands.

Oktoberfest

Das Oktoberfest bzw. „d'Wiesn" ist das weltweit größte Volksfest und zieht jährlich Millionen Besucher an. Seit 1810 jährlich auf der Theresienwiese ausgerichtet, ist es inzwischen ist ein wichtiger Wirtschaftsfaktor für die Stadt München.

Das Volksfest findet immer Mitte September bis Anfang Oktober statt. Aufgrund der Corona-Pandemie musste es 2020 und 2021 abgesagt werden.

Rund ein Viertel der deutschen Milchkühe lebt in Bayern. Kein Wunder also, dass man sich Bayern – und vor allem das Allgäu – nur schwer ohne Kühe vorstellen kann.

Die hier abgebildete bayerische Brezel ist gleichmäßig dick – die schwäbische Variante hingegen hat dünne „Ärmchen" und einen dicken „Bauch".

Aschaffenburg
Spessart
Main
Würzburg
Schweinfurt
Coburg
Kulmbach
Bamberg
Fichtelgebirge
Bayreuth
Forchheim
Weiden
Erlangen
Rothenburg o. d. T.
Fürth
Nürnberg
Amberg
Ansbach
Schwabach
Neumarkt
Schwandorf
Main-Donau Kanal
Bayerischer Wald
Altmühl
Regensburg
Ingolstadt
Donau
Straubing
Deggendorf
Donau
Passau
Lech
Isar
Landshut
Günzburg
Augsburg
Freising
Dachau
Erding
Inn
Isar
Fürstenfeldbruck
MÜNCHEN
Memmingen
Ammersee
Traunreut
Kaufbeuren
Starnberger-see
Rosenheim
Kempten
Murnau
Bad Tölz
Chiemsee
Tegernsee
Forggen-see
Oberammergau
Berchtesgaden
Bodensee
Lindau
Füssen
Bayerische Alpen
Königs-see
Allgäuer Alpen
Zugspitze
Garmisch-Partenkirchen
Oberstdorf

REGISTER

Genehmigte Lizenzausgabe
NEUER KAISER VERLAG GmbH
Industriestraße 19
64407 Fränkisch-Crumbach 2022
www.neuer-kaiser-verlag.de

ISBN 978-3-8468-0028-7

Idee & Projektleitung: Sonja Sammüller
Layout, Satz und Umschlaggestaltung:
design cat GmbH